호모
사피엔
스씨의
위험한
고민

미래
과학이
답하는
8가지
윤리적
질문

호모 사피엔스씨의 위험한 고민

원종우
이명현
정지훈
이창무
권복규
홍성욱
이필렬
이정모

메디치

과학은 인간의 얼굴을 하고 있는가

프롤로그

"나는 기술이 정말 무엇인가라는
생각을 전혀 한 적이 없다는
사실을 깨달았다."

케빈 켈리, 《기술의 충격》

현대 과학기술 사회에는 두 종류의 인간이 있다. 과학기술의 정체와 특성을 이해하여 잘 활용하는 인간과 그렇지 못한 인간. 이들 사이에서는 부와 사회적 지위의 격차가 점점 극심해지고 있다. 동시에 새로운 기술이 이끌어내는 파괴적인 사회적 변화도 점점 가시화되는 것들이 있다. 이런 상황에서 과학연구를 하고 기술개발을 하는 사람들은 과학의 사회적인 의미보다는 논문과 특허 그리고 어떻게 비즈니스를 만들어나갈 것인지 여부에 대해서만 관심을 가지고 있다. 이들은 자신들의 커다란 책임을 외면하고 있다. 《호모 사피엔스 씨의 위험한 고민》은 이들에게 울리는 경종이다.

우리는 이미 기술의 힘과 속도에 압도되어 있다

"나는 기술이 정말 무엇인가라는 생각을 전혀 한 적이 없다는 사실을 깨달았다. 기술의 본질은 무엇이었을까. 기술의 근본 특성을 이해하지 않는다면, 매번 기술의 새로운 산물이 등장할 때마다 나는 그것을 얼마나 약하게 또는 세게 껴안아야 할지 판단할 기준틀을 지니지 못할 터였다."

위의 글은 우리 시대 최고 '테크 칼럼니스트' 케빈 켈리가 쓴《기술의 충격(What Technology Wants)》의 서문이다. 그는 기술의 축복을 최대화하고 비용을 최소화하기 위해 기술이란 무엇인가에 대해 끝없이 고뇌했다. 그가 나와 비슷한 고민을 안고 있었다는 사실에 놀라지 않을 수 없었다. 또한 그는 이미 오래전에 이런 작업을 시작했고, 그 범위를 인터넷과 정보기술 등에 국한하지 않았다. 사실상 기술 역사의 발전과정에서 나타나는 물리, 화학, 생명과학 등 다양한 공학기술과 정보과학을 넘나들었다. 광범위한 주제를 꿰뚫는 통찰력을 보여주었다. 그가 지금까지도 그러한 것을 끊임없이 내놓고 있다는 점에서 나는 많은 자극을 받았다.

나는 주로 디지털 및 IT 기술을 중심으로 과학기술의 철학적·사회적 의미를 재해석하고 이를 인문학적인 관점에서 설명하는 글들을 많이 쓰고 있다. 아직도 많이 부족하지만 이제는 이런 활동의 진정성을 이해해주는 분들도 많아졌고, 나와 조금은 다른 시각과 전공 분야의 지식을 가지고 비슷한 방향으로 걸어가는 분들도 생기기 시작했다.

지난 2011년 3월 12일 서울대학교에서 열린 비영리 지식공유행사 '테드엑스 서울대(TEDx SNU)'의 강연 제의를 받았을 때도 가장 먼저 떠오른 주제가 '기술의 사회적 책임'이었다. 굳이 이 주제를 선택했던 이유는 우리 사회에 가장 큰 영향을 주고 있는 것이 과학기술이라고 생각했기 때문이다. 오늘날 과학기술이 미치는 사회적 영향력은 그 어떤 것보다도 거대하다. 그러므로 과학기술이 사회에 미치는 영향력이나 부작용 그리고 그 결과로 나타나는 철학의 변화도 필연적으로 뒤따를 수밖에 없다. 현재 우리가 영위하는 사회 시스템의 안정성과, 발전을 위한 혁신성의 균형을 적절히 맞춰야 한다는 점도 간과해서는 안 된다. 안정과 혁신이라는 두 날개 중 하나라도 삐걱댄다면 우리 사회는 너무나 커다란 기회비용을 지출해야 할 것이다. 또한 더 나아가서는 사회적 혼란의 소용돌이에 빠져들 위험도 있다.

이제 과학기술은 더 이상 학자들이나 기술자들의 전유물이 아니다. 모든 사회구성원들에게 막대한 영향력을 미치고 있는 만큼, 과학기술에 대한 올바른 이해와 사회적인 합의를 이끌어내는 과정이 중요해졌다. 그런 측면에서 이 책에서 여덟 명의 저자가 다룬 다양한 주제들, 그리고 강연과 작업에 동참해주신 여러 집필자들의 노력은 매우 소중한 자산이 되리라 믿는다.

과학기술의 발전이 새로운 고민을 낳는다

《호모 사피엔스의 위험한 고민》의 바탕이 된 수림 인문강좌는 '과학과 휴머니즘의 해후', '왜 과학기술의 시대에 인문학인가', '인간을 인간답게 하는 과학의 미래'라는 세 가지 기본개념에 따라 기획되었다. 그중에서도 이 책의 집필 의도는 과학과 기술이 낳을 수 있는 가장 중요한 가치의 논란을 여덟 저자들의 시각을 통해 바라보고, 새로운 시각에 대해 많은 사람들이 같이 고민할 수 있는 기회를 만들어보고자 하는 데 있다.

저자들은 생명, 평등, 자유, 인권 등 과학과 기술이 낳은 가치와 관련한 논란을 각자의 시각으로 쉽게 풀어갔다. 생물 멸종 속도가 1000배나 빨라진 제6의 대멸종 시기가 도래한 지금, 호모 사피엔스는 생존을 위해 무엇을 해야 할까? 유전자가 조작된 아기가 태어난다면 우리는 어떻게 대처할 것인가? CCTV를 비롯한 각종 첨단장비로 우리의 모든 것을 들여다보는 빅브라더는 누구인가? 정보권력의 탄생과 인권침해에 대해서 우리는 무엇을 알고 있으며, 자유와 권리를 지키기 위해서 무엇을 해야 하는가? 과거 자본을 중심으로 양극화가 진행이 되었다면, 이제는 과학기술도 양극화되고 있다. 이런 양극화 문제를 우리는 어떻게 해결해야 할까? 로봇과 인공지능이 널리 보급되어 인간과 공존하는 사회가 된다면 이들과 인간의 관계는 어떻게 규정해야 할 것인가? 한때 메르스-코로나바이러스에 점령당했던 한국은 미래 인류를 습격할 바이러스를 막아낼 수 있을까?

위의 질문들은 과거에는 없었던 새로운 질문들이다. 이런 질문에 대해 완벽한 답을 할 수는 없다. 하지만 저자들의 다양한 시각을 통해 어렴풋이나마 그 윤곽을 찾아갈 수 있을 것이다. 그리고 실제로 이런 질문들에 대한 정답은 존재하지 않는다. 다만, 우리가 정답을 찾아가는 여정이 존재할 뿐이다.

이 책은 다소 어렵게 느껴질지 모른다. 하지만 그것은 과학의 어려운 내용으로 가득 찼기 때문은 아니다. 그보다는 많은 생각을 하게 만들기 때문에 다소 도전적이라는 의미에 조금 더 가까울 것이다. 다르게 말하자면, 쉽고 빨리 읽히는 책보다는 우리에게 훨씬 많은 것을 알려줄 수 있는 책이라고도 할 수 있다. 또한, 이 책은 최신의 과학기술을 재미있게 풀어내고 있어서 과학과 기술의 매력에 흠뻑 빠져들게 할 만한 요소가 가득하다. 특히 생명공학, 로봇공학, 미래학, 과학철학, 의학과 같은 학문분야를 좋아하는 청소년과 대학생들이라면 흥미진진하게 읽을 수 있을 것이다.

리즈 콜먼(Liz Coleman)은 베닝턴 대학을 미국에서 가장 혁신적인 교육을 하는 대학으로 변신시켰다. 당시 미국의 대학교육은 전문화가 과도하게 진행되어 있었다. 그는 본래의 대학이 가지고 있던 폭넓은 시각과 시민사회 참여를 위한 확장된 능력을 제공하는 데 아무런 역할을 하지 못하게 되었다는 사실을 지적했다. 지난 100년 사이 '전문가' 개념이 '교육받은 종합지식인'의 자리를 찬탈하고 지적 성취의 유일한 모델이 되었다는 것이다. 그는 이를 바로잡기 위해 대학교수의 정년보장(테뉴어, tenure) 시스템을 폐지하고, 수많은 대학교수들을 해고하는 등의 파괴적인 혁신을 감행하면서 학과를 없애고 융합과 인문학을 중심으로 하는 통합교육 체제를 출범시켰다. 이를 혁신적인 미국 대학의 이야기로 치부해서는 안 된다. 국내에서도 지나친 전문화를 경계하고, 개개인의 전인적인 능력을 함양하며, 행복한 삶을 살 수 있도록 하는 다양한 형태의 시도가 서울대학교 자유전공학부를 포함하여 여러 대학에서 시도되고 있다. 이는 대학에서만 해야 하는 일이 아니다. 사회에서 필요로 하는 인재와 대학이 변한다면 어쩌면 당연히 초·중·고등학교 시절에도 이러한 시각이 반영된 공부를 할 필요가 있다.

개인적으로 젊은 과학도나 공학도들에게서 가장 아쉬웠던 점은 과학과 공학을 좋아한 나머지 그에 매몰되는 친구들이 꽤 많았다는 점이다. 아마도 여기에는 고등학교에 들어가면 '문과'와 '이과'로 나누어버리는 우리나라 특유의 교육 시스템에도 일부 책임이 있을 것이다. 그렇지만 근본적으로는 학생들 개인에게도 약간의 책임이 있다는 사실 역시 부정할 수 없다.

가장 인문학적인 것이 가장 과학적인 것이다

혹시 여러분은 최초의 SF소설이 무엇인지 알고 있는가? SF소설의 시초에 대해서는 약간의 설왕설래가 있지만 1818년에 발표된《프랑켄슈타인(Frankenstein)》으로 보는 사람들이 많다. 이 작품의 부제인《현대판 프로메테우스(The Mordern Prometheus)》에서도 알 수 있듯이,《프랑켄슈타인》의 스토리에는 프로메테우스 신화의 많은 부분들이 차용되어 있다. 과학을 이용했지만, 인간의 이중성을 절묘하게 드러냈다. 일정 부분은 신의 능력에 가까운 과학이라는 힘을 이용해서 새로운 어떤 것을 창조했으나, 이 창조물이 커다란 비극적인 사건을 끌어낼 수 있다는 사실을 암시했다.《프랑켄슈타인》은 19세기 초반 과학의 긍정적인 부분만 과도하게 넘쳐흐르던 당시의 분위기에 과학의 발전에 따른 부작용으로 나타날 수 있는 어두운 메시지를 전했고, 이를 두려움을 이끌어내기 좋은 소재와 캐릭터로 승화시켰다.

갑자기《프랑켄슈타인》의 이야기를 끄집어낸 것은 과학과 기술에 매몰된 과학자와 기술자들이 얼마나 위험할 수 있는지에 대해 이야기하고 싶었기 때문이다. 이에 덧붙여 과학과 기술을 좋아해서 그 길을 걷고자 하는 많은 청소년과 대학생을 포함한 젊은이들에게 당부하고 싶은 것이 있다. 다양한 학문에 대한 접근을 두려워하지 말고, 언제나 의심하고, 탐구하며, 자신의 생각을 표현하는 연습을 하라는 것이다.

인문학은 인간에 대한 학문이다. 인간의 존재의미와 삶에 대한 가치관을 찾게 하고, 과거에서 현재까지의 역사를 이해함으로써 미래를 대비하게 하는 학문 또한 인문학이다. 나아가 예술과 문학을 비롯해 보편적이고도 다양한 행복한 삶과 관련된 학문도 인문학에 포함된다.

반면에 자연과학은 합리적이고 비판적인 사고를 통해 자연의 법칙과 정체를 밝혀내는 학문이다. 또한 인간에게 유용하게 쓸 수 있도록 하는 학문이기도 하다. 기초과학이 주로 법칙 그 자체에 초점을 맞춘다면, 응용과학인 공학은 인간의 삶을 편리하게 하는 데 초점을 맞춘다.

그런데 여기에서 중요한 것은 이런 인문학과 자연과학이 대립할 이유가 없다는 것이다. 인간은 자연을 떠나 존재할 수 없고, 세상에 대한 인식은 과학적 이해를 통해서만 가능하다. 반대로 과학에서 얻어낸 법칙이나 여러 기술은 우리가 인간의 삶에 대한 가치와 아무런 연관성 없다면, 그것은 가치가 없는 것이나 마찬가지다.

《호모 사피엔스 씨의 위험한 고민》은 인간과 자연의 법칙에 관한 질문에 대하여 서로 연결되고 일관된 답을 찾고자 한 노력의 기록이다. 완전한 정답을 제시하고 있지는 않지만, 최소한 여러 시각의 답변을 제시한다는 점에서 길잡이는 할 수 있으리라는 생각이다. 여덟 명의 저자가 보여주는 인류의 과거와 미래 과학의 모습에서 독자들이 그동안 보지 못했던 과학의 가치와 미래로 가는 길을 찾아낼 수 있다면, 이 책은 자신의 사명을 했다고 본다.

사설이 길었다. 중요한 것은 알맹이가 아니겠는가? 끝으로, 내가 가장 좋아하는 칼 세이건의 과학 다큐멘터리 《2014년 코스모스》의 마지막 에피소드 〈창백한 푸른 점〉에서, 닐 디그래스 타이슨(Neil deGrasse Tyson)이 했던 내레이션을 들려주고자 한다. 그리고, 우리의 여행은 여기에서부터 시작한다.

> We, who embody the local eyes and ears and thoughts and feelings of the cosmos…
> 우리는 우주에 대해 갖고 있는 모두의 보고 듣고 생각하고 느낀 것을 통합하면서
>
> we've begun to learn the story of our origins…
> 우리의 근원이 무엇인지 배우기 시작했습니다.
>
> star stuff contemplating the evolution of matter tracing that long path by which it arrived at consciousness.
> 별의 성분이었던 우리가 물질의 진화를 숙고하고 의식을 형성하게 된 긴 여정을 추적했습니다.

We and the other living things on this planet carry a legacy of cosmic evolution spanning billions of years.
이 행성에서 우리와 다른 살아 있는 존재들이 10억 년 이상 지속해온 우주적 진화의 유산을 전합니다.

If we take that knowledge to heart…
우리가 이 지식을 가슴에 새기고

if we come to know and love nature as it really is…
자연의 섭리를 알게 되고 자연을 사랑하게 되면

then we will surely be remembered by our descendants as good, strong links in the chain of life.
우리는 후손들에 의해 생명의 강한 연결고리로 기억될 것입니다.

And our children will continue this sacred searching…
그리하여 우리 아이들이 이 신성한 탐구를 계승하고

seeing for us as we have seen for those who came before…
우리가 우리의 앞선 사람들을 통해 배운 것과 같이, 이들도 우리를 통해 배우며

discovering wonders yet undreamed of…

결국은 지금까지 생각도 못해본 경이로운 사실을 밝혀내게 될 것입니다.

in the cosmos.

이 코스모스에서.

2024년 9월
정지훈

차례

3장 안드로이드 하녀를 발로 차는 건 잔인한가?

4장 빅브라더와 리틀시스터의 감시탑

5장 메르스의 승리와 미래 한국 의료의 위기

6장 유전공학의 저울추 : 디스토피아와 유토피아 사이에서

7장 원자력에 대한 집착과 에너지독립

8장 21세기 과학 '최선'의 시나리오 : 여섯 번째 대멸종에서 살아남기

21세기 과학 '최악'의 시나리오: 포스트 아포칼립스

원종우

21세기 과학 최악의 미래, 아포칼립스

거대한 재앙에 대비하는 과학 프로젝트들

지저분한 현실 vs. 행복한 가상세계: 어느 곳에 살 것인가

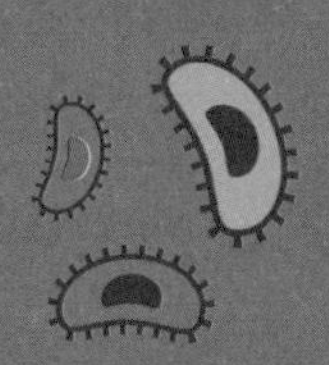

인류 문명의 후손이 인공지능으로 움직이는 기계라고?

종말 시나리오③: 문명 종말

당신의 유토피아가 나의 디스토피아다

인류를 구한 한마디, "컴퓨터의 오류인 듯하다"

이 세계가 가상현실이 아니라는 증거가 어디 있단 말인가?

우리는 이제 과거의
세계로 되돌아갈 수 없다는
사실을 깨달았다. 나는
힌두교 경전 《바가바드-기타》의 구절
하나를 떠올렸다.
비슈누는 왕자가 그의 의무를 다해야
한다고 설득하며,
그에게 감명을 주기 위해 팔이
여럿 달린 형태를 취하고는 말했다.
"나는 이제 죽음이요,
세상의 파괴자가 되었도다."
아마 우리 모두 어떤 식으로든
그와 비슷한 생각을
했을 것이다.

'맨해튼 계획'의 책임자 줄리어스 로버트 오펜하이머

1980년 초반에 지구 멸망에 대한 소문이 전 세계적으로 유행했습니다. 1999년경에 지구가 멸망한다는 것이었죠. 주로 일본 방송사들이 세계 멸망을 다루는 프로그램들을 쏟아냈어요. 특히 노스트라다무스의 시가 유명했습니다. "1999 일곱 번째 달 하늘에서 공포의 대왕이 내려올 것이다. 앙골모아의 대왕이 부활하리라. 화성을 전후로 행복하게 하리라." 이 문구는 모두 한 번쯤 들어봤을 겁니다. 지구 멸망을 다루는 프로그램들을 보면서 이제 우리는 저 때 다 죽는구나 하고 생각했습니다. 중학생 때까지 지구 멸망을 믿었습니다. 1999년 이후에는 내 삶도 없고, 늙어간다는 자각조차 없이 살다가 마음을 바꿔먹었습니다. 그 이후에 과학에 관한 자료들을 찾아보는 게 취미가 되었습니다. 과학에 근거한 여러 음모론도 즐겨 읽었습니다. 공인된 과학적 사실과 공상에 가깝지만 과학에 기댄 음모론들을 수

십 년 동안 다루다 보니 이제 어느 정도 관점이 잡혔습니다. 그런 와중에 이런 강연을 하고 글을 쓸 기회가 찾아왔습니다. '인류 멸망'과 '21세기 과학 최악의 시나리오'라는 흥미로운 주제로 고민하는 기회였습니다.

일단 21세기 과학 최악의 시나리오를 생각해봤습니다. 앞으로 이야기해드릴 것들 중에는 누가 봐도 최악인 것들이 있는 반면에 가치판단을 해야 하는 것도 있습니다. 또한 정말 그때 그런 일이 눈앞에 닥치지 않으면 그때까지 모르고 살아갈 것들도 있습니다. 과학을 통해서 알게 된 미래의 위험도 있습니다. 과학이 없었다면 그 일이 닥치는 순간까지도 몰랐을 것도 있고요. 또한 과학을 수단으로 미래를 만들어갈 가능성도 있습니다. 이것이야말로 가치판단의 기준을 생각해봐야 할 것입니다. 경우에 따라서는 과학에 의해 세상이 본질적으로 변할 수 있기 때문입니다.

이 글을 읽는 분들에게 부탁드리고 싶은 것이 있습니다. 21세기 과학의 최선은 과연 최선일지, 그리고 최악은 정말 최악일지 고민해주세요. 그런 사고가 우리를 최악에서 최선으로 이끄는 과학의 비판적 사고입니다. 그런 고민을 하는 사람들이 있는 한, 우리의 역사는 멸망으로부터 조금씩 멀어져갈 것이 분명합니다.

21세기 과학 최악의 미래, 아포칼립스

저는 '과학과 사람들'이라는 작은 회사를 운영하고 있습니다. 이 회사가 하는 일은 과학 커뮤니케이션입니다. 대표적으로 팟캐스트 〈과학하고 앉아있네〉가 있습니다. 이 팟캐스트에서 과학자들을 초대해서 과학과 세상의 이야기를 전해들을 수 있었습니다. 천문학, 지구과학, 유전학, 분자생물학 등 다양한 분야에서 많은 이야기를 해왔습니다. 팟캐스트는 모바일에서 다운로드할 수 있는 메뉴가 있고, 〈과학하고 앉아있네〉를 검색하시면 2013년 첫 회부터 최신 회까지 모두 보실 수 있습니다. 제가 맡은 장이 재미있다면 팟캐스트를 꼭 들어주세요. 더 넓은 코스모스의 이야기를 들으실 수 있을 겁니다.

일단 21세기 안에 일어날 가능성이 있는 가장 안 좋은 사건은 무엇이 있을까요? 가장 먼저 생각할 수 있는 게 '종말'입니다. 수많은 휴거설과 염세주의에 가까운 세계 멸망 이야기가 등장했지만 20세기에는 다행히 종말이 일어나지 않았습니다. 하지만 종말의 가능성이 항상 존재했다는 사실을 명심해야 합니다. 이것은 과학적으로 충분한 근거를 가지고 이야기하는 것입니다. 과학이 양날의 검이라는 것에 다들 공감할 것입니다. 그 양날의 검이 치명적으로 날카로워진 계기는 핵무기의 출현입니다. 핵무기의 출현이라는 것은 정확하게 말하면, 자연의 비밀 가운데 하나를 인류가 알아낸 것이죠. 작은 물질이라도 핵분열을 하게 만들면 엄청난 에너지가 나온다는 것을 알베르트 아인슈타인이 알아낸 것입니다. 이 법칙에서 아주 간단하게 강력한 에너지를 쓸 수 있는 방법을 찾아냈습니다. 이렇게 핵기술이 발전해왔고, 폭탄도 만들어서 실제로 민간인에게 딱 두 번 사용했습니다. 물론 그 외에 핵실험은 수백 번을 했습니다. 핵무기 개발 프로젝트인 '맨해튼 계획'에 참여했던 케네스 베인브리지는 핵실험이 성공한 후 "이제 우리 다 개새끼가 됐어(From now we are all sons of bitches)"라고 자책했습니다. 핵무기를 개발함으로써 우리 인류는 자기 자신을 비롯해 지구상의 모든 생물을 멸망으로 몰아넣을 '위대한' 생물이 된 것입니다. 그리고 멸망으로 향하는 시계의 시침은 지금도 움직이고 있습니다.

옛날에는 사람을 죽이는 게 쉽지 않았습니다. 맨손이나 창과 칼로 사람을 죽이려면 살해 대상에게 매우 가까이 가야 합니다. 그래서 실체를 마주해야 합니다. 눈을 마주봐야 하고, 아무 원한도 없는 상황에서 상대를 응시하며 찔러 죽여야 하는 게 인류 살해 역사의 대부분이었습니다. 그래서 죽일 수 있는 사람이 많지도 않았을 거예요. 그 반면에 지금은 핵무기 내부부터 발사 버튼에 이르는 연결을 과학이 해줍니다. 총책임자가 손가락만 움직이면 전쟁이 나고, 수십만 명이 증발하고, 인류가 멸망으로 치닫게 됩니다.

여기서 우리가 짚고 넘어가야 할 것이 하나 있습니다. 무기처럼 파괴적인 목적을 위한 것만이 문제가 아니었다는 사실입니다. 대표적으로 화석연료에서 에너지를 얻어내서 부강해지려는 노력이 기후변화를 초래했습니다. 병을 이겨 많은 생명을 구한 항생제가 거꾸로 더

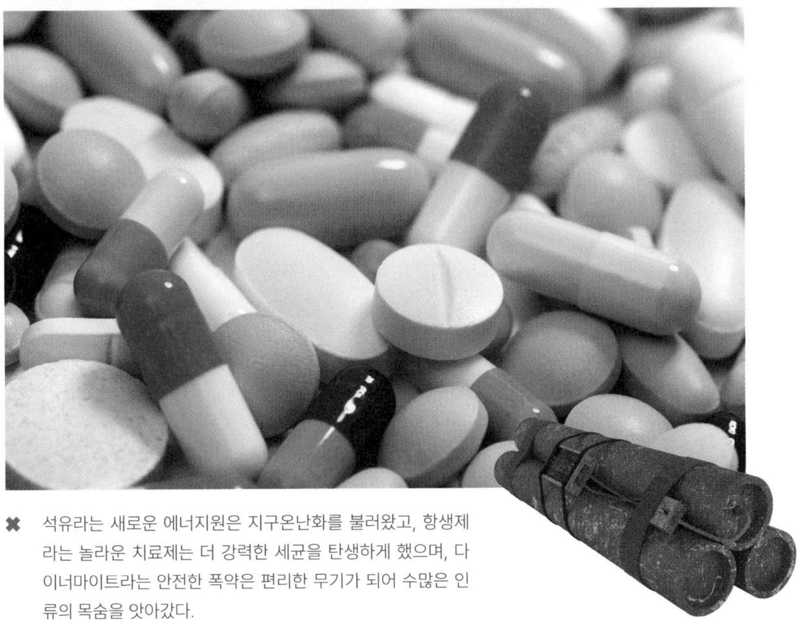

✖ 석유라는 새로운 에너지원은 지구온난화를 불러왔고, 항생제라는 놀라운 치료제는 더 강력한 세균을 탄생하게 했으며, 다이너마이트라는 안전한 폭약은 편리한 무기가 되어 수많은 인류의 목숨을 앗아갔다.

강력한 세균을 만들어냈죠. 산업을 위해 다이너마이트를 만들었는데 그것이 무기로 쓰이자 노벨이 좌절했다는 이야기는 아주 유명합니다. 좋은 일을 위해서 만들었던 과학기술이나 의학에도 위험이 숨어 있습니다. 원인은 커져버린 책임에 있습니다. "큰일에는 큰 책임이 있기 때문이다"라는 말처럼 말입니다.

종말 시나리오①:
지구 멸망

이제 종말 이야기를 본격적으로 해보겠습니다. 흔히 종말이라고 하면 지구 종말을 가리킵니다. 그런데 따지고 보면 종말은 크게 세 가지 시나리오로 나눠서 볼 수 있습니다. 가장 먼저 문자 그대로 지구 멸망이 있습니다. 생태계를 기준으로 봤을 때 정말 지구가 멸망하는 건 지구가 완전히 산산조각 나야 합니다. 지구에 아무것도 안 남아야겠죠. 박테리아 한 마리도 생존하기 힘든 조건입니다. 이 정도는 되어야 지구 종말이라고 부를 수 있습니다. 이게 영화나 소설 속에만 있는 이야기일까요? 그렇지 않습니다. 이런 일은 실제로 일어납니다. 그 대표적인 예가 바로 우리의 달이 만들어지는 과정입니다.

지구는 약 45억7000만 년 전에 탄생했습니다. 그때의 태양계에는 지금보다 훨씬 많은 행성이 있었습니다. 그래서 행성끼리 충돌하는 대사건이 비교적 자주 일어났습니다. 지구도 지금과 달리 아주 뜨거웠습니다. 아직 생명체가 발생하기 전입니다. 그러다가 화성 크기에 가까운 원시 행성 하나가 지구와 충돌하게 됐습니다. 지구와 원시 행성이 충돌하자 엄청난 일이 일어났습니다. 두 행성이 모두 쪼개진 것이었죠. 이윽고 두 행성이 서로 뭉쳐지면서 지구는 지금 우리가 알고 있는 크기로 다시 태어났습니다. 이 과정에서 튕겨 나간 것들이 서로 중력에 의해 뭉쳤지요. 그게 바로 달입니다. 지금은 저 원시 행성을 '테이아(Theia)'라고 부릅니다. 그리스 로마 신화에서 달의 여신 셀레나를 낳은 여신의 이름입니다. 달을 낳은 행성에게 적절한 이름이 아닐 수 없지요.

지구와 테이아처럼 행성이 서로 충돌하는 예는 많습니다. 화성은 반지름이 지구의 절반에 가깝고 표면적은 1/4정도입니다. 화성에는 특이한 지형들이 있습니다. 그 가운데 태양계 최대 규모의 협곡이 있는데, 이곳을 '매리너스 협곡(Valles Mariners)'이라고 이름 붙였습니다. 매리너스 협곡이 얼마나 거대한지 알면 놀랄 겁니다. 길이가 4000km에 깊이가 7km입니다. 지구에서 가장 큰 협곡인 북미 그랜드캐니언보다 열 배나 큽니다. 지구 최고봉은 에베레스트 산으로 해발 8848m입니다. 매리너스 협곡은 깊이가 7km라고 하니 에베레스트 높이보다 조금 낮게 지각을 파고든 것이죠. 그런데 이런 엄청난 계곡을 가진 화성은 지구보다 훨씬 작은 행성입니다. 대체 화성에서 무슨 일이 벌어졌던 것일까요?

화성의 화산에는 다른 미스터리가 있습니다. 바로 올림푸스 화산입니다. 높이는 에베레스트 산의 세 배에 달합니다. 화산체 전체 지름은 무려 600km에 달합니다. 화성에 있는 독특한 지형들은 많은 사람들의 상상력을 자극했습니다. 그래서 탐사선이 실제로 갔습니다. 전부 무인 탐사선이지만 많은 사진을 찍어 왔습니다. 강이 흘렀던 자국도 있습니다. 강이 아주 오랫동안 흘러서 흔적을 남겼던 것입니다. 그리고 아주 최근에는 퇴적층이 쌓인 것을 표면에서 촬영하여 놀라운 사실을 알게 되었습니다. 화성에는 바다가 존재했습니다. 아주 많은 물이 아주 오랫동안 있었다는 것이 정설입니다. 그런데 그 물이 다 어디로 사라졌을까요? 어쩌면 대충돌의 결과인지도 모릅니다.

화성의 등고선을 볼까요? 빨간 곳은 높은 곳이고, 파란 곳은 낮은 곳입니다. 유별나게 파란 곳이 하나 보이지요? 거기가 충돌 자국입니다. 직경이 2000km나 됩니다. 화성에는 이렇게 거대한 충돌의 흔적이 남아 있습니다. 그리고 반대쪽에는 역시나 충돌과 관련된 흔적이 있을 것이라고 봅니다. 화성과 충돌한 천체의 충격이 핵을 뚫고 반대편으로 지나갔을 것으로 추측합니다. 그 행성은 명왕성 크기였을 것으로 추정하고 있습니다.

화성에 강이나 바다가 있었다는 사실을 통해 화성의 과거 모습을 추측할 수 있습니다. 행성 표면에 물이 존재하려면 무엇보다도 온도가 적당해야 합니다. 사실 태양계에는 물이 굉장히 많이 있습니다. 특히 얼음 형태로 많이 존재하지요. 물이 증발하여 대기로 흩어지지 않으려면 적정한 온도와 함께 대기 압력이 필요합니다. 따라서 화성

1 원시 지구와 행성 테이아의 충돌. 이때 깨져 나간 두 행성의 일부가 뭉쳐져 달이 되었다는 것이 달 형성의 유력한 가설이다.

2 화성의 등고선 이미지. 좌측 하단의 파란 부분은 헬라스 크레이터이며 명왕성 크기의 천체와 충돌한 흔적으로 추측된다.

✖ 지구화(terraforming)된 화성의 상상도. 화성도 과거에는 지구 같은 환경이었을 것으로 추측된다. 그런데 어떤 일이 있었기에 바다와 대기가 모두 사라졌을까?

에 물이 흘렀을 시절에는 지구와 크게 다르지 않은 환경이었다고 볼 수 있습니다. 그래서 수많은 탐사선들이 박테리아라도 찾으려고 하고 있는 것입니다. 나아가 2015년 9월에는 화성에 지금도 물이 흐른다는 유력한 증거가 발견되었습니다. 정확히 말하자면 액체 상태의 소금물이 흐르는 개천입니다. 특정 지역의 기온이 영하 32℃ 이상으로 올라가면 얼음이 녹아 소금물이 흐르는 것으로 추정되는 지형이 발견되었습니다. 화성에 생명체가 있었을지도 모른다는 가설을 충분히 세워볼 수 있는 상황입니다.

화성과 우리가 아직 모르는 어떤 천체의 충돌 자국을 분석해봤습니다. 대략 미국의 절반 정도 크기입니다. 미국의 중서부를 다 먹어버릴 정도로 크지요. 명왕성 크기의 소행성과 부딪친다면 지구는 테이아와 충돌했을 때처럼 산산조각이 날 겁니다. 어쩌면 화성도 과거에는 지구처럼 생명체가 발생하여 살기에 적합한 행성이었을지도 모릅니다. 그러다가 거대한 행성 규모의 천체와 충돌하여 모든 생명체가 사멸하고 물은 우주로 흩어졌을 수도 있다는 것이죠. 지구도 예외는 아닙니다. 그래서 과학자들도 대비를 하고 있습니다. 이 부분은 두 번째 유형의 종말에서 다시 다루도록 하지요.

종말 시나리오②:
인류 멸절

종말의 두 번째 유형은 인류의 멸망입니다. 흔히 인류의 멸망을 지구의 멸망으로 생각하는데, 우리는 지구 생태계의 일부일 뿐입니다. 우리가 사라진다고 지구가 멸망하는 건 아닙니다. 과거에 공룡이 자취를 감추고 포유류가 지상을 지배했던 것처럼, 우리 인류가 사라지고 다른 종이 먹이사슬의 최상층에 오를 수도 있습니다.

인류의 멸망을 불러올 가장 유력한 후보도 실은 하늘로부터의 재앙입니다. 이 재앙이야말로 가장 무서운 재앙이지요. 지구가 박살이 나지는 않지만 인류 정도는 확실하게 멸망시킬 하늘의 재앙으로는 소행성이나 혜성이 꼽힙니다. 혜성이 지구와 충돌할 경우 낙하 속도는 대략 초속 17km라고 합니다. 다시 말해 마하 50의 속도죠. 시속으로 바꾸면 6만1200km/h입니다.

예를 들어 직경 10km의 혜성이 태평양에 떨어진다고 가정해봅시다. 태평양은 면적이 무려 1억6524만km^{2}에 달하기 때문에 바다에 조약돌 하나 떨어지는 것이라고 생각할지 모릅니다. 하지만 에너지는 질량과 속도에 관련이 있습니다. 크기나 질량이 작더라도 엄청난 속도로 떨어진다면 충돌 에너지는 어마어마하게 커집니다.

직경 10km의 소행성이 일본 남쪽에 떨어질 경우 우리나라 같은 반도는 확실히 끝장입니다. 만약 육지에 떨어지면 일단 엄청난 대폭발이 일어나고 지각이 하늘로 퍼집니다. 지각이 증발해서 암석증기로 바뀌죠. 대기 온도는 짧은 시간 동안 1500℃까지 상승합니다. 사람이 버틸 수 있는 온도의 15배입니다.

소행성이 바다에 떨어진다면 에베레스트 산 높이의 쓰나미가 일어납니다. 그리고 측정 불가능한 대지진이 뒤따르지요. 화산이 폭발하고 화산재가 태양빛을 가려서 흡사 핵겨울처럼 지구 전체가 암흑의 겨울을 맞이하게 된다는 예측도 있습니다. 어쨌든 불과 직경 10km의 소행성만 떨어져도 대부분의 인간은 죽고, 살아남는다 하더라도 종으로서의 생명은 끝나게 될 것입니다. 번식이 어려워지거나 다른 생물들과 경쟁에서 패배하여 점점 사라질지도 모릅니다. 소행성 충돌에 따른 기후변화는 인류를 포함한 생태계를 당장은 아니더라도 100년에서 1000년에 걸쳐 서서히 멸종으로 몰아갈 것입니다.

자그마한 소행성의 충돌 흔적은 지구 이곳저곳에서 발견할 수 있습니다. 먼저 캐나다로 가볼까요? 캐나다의 클리어워터 호수(Clearwater Lakes)에 지름이 22km와 32km인 운석구 두 개가 있습니다. 원래 캐나다 원주민이 살던 곳인데 공중에서 내려다봤더니 동그랗더라는 것입니다. 지금으로부터 약 2억1500만 년 전에 두 개의 소행성이 떨어져서 생겨난 것으로 봅니다. 이보다 더 유명한 소행성 충돌 흔적은 중앙아메리카의 유카탄 반도(Yucatan Peninsula)에 있습니다. 이곳에는 6500만 년 전에 직경 10~15km의 소행성이 떨어진 것으로 추측됩니다. 그리고 과학자들은 이 소행성 충돌이 저 유명한 공룡 멸종 사건의 원인이라고 생각합니다.

유카탄 반도에 소행성이 떨어지면서 거대한 충격파가 지구를 휩쓸고 이윽고 기후변화가 시작되었습니다. 공룡이 사라지자 포유류가 득세하게 되었죠. 만약 저 소행성이 지구를 방문하지 않았더라면 먹이사슬의 최상층에서 지구를 누비고 있는 것은 우리 포유류의 인간이 아니라 공룡의 후예인 똑똑한 파충류일지도 모릅니다. 이 모두 굉장히 옛날 일이고 시간을 두고 띄엄띄엄 일어난 것이어서 우리와 상관없는 일로 생각할지 모릅니다. 하지만 소행성 충돌은 당장 내일 일어날 수도 있고, 100년 후에 일어날 수도 있습니다. 어쩌면 1000만 년 후까지 별일 없을지도 모르죠.

1908년 6월 31일에 시베리아에 무엇인가가 떨어졌습니다. 정확히는 시베리아 크라스노야르스크(Krasnoyarsk) 지방의 니즈나야 퉁구스카 강(Niznayatynguska Liver) 유역 북위 60° 55′, 동경 101° 57′ 지점이었습니다. 시베리아 중앙에 위치한 소규모 마을인 니주네 카렐린스크의 목격자들은 다음과 같이 증언했습니다. "서북쪽 하늘을 수직으로 낙하하는 푸른 불빛이 보였다. 이윽고 하늘이 둘로 갈라지면서 검고 거대한 구름이 피어올랐다. 잠시 후 천지를 울리는 큰 소리가 울려

퍼졌다. 우리 모두는 심판의 날이 왔다고 생각해 저마다 무릎을 꿇고 기도하기 시작했다."

퉁구스카 대폭발로 인해 2150km^{2}에 이르는 면적이 초토화되었습니다. 8천만 그루의 나무가 죽고, 폭발 현장에서 15km 밖에서 방목하던 순록 1500마리가 즉사했으며, 450km 떨어진 곳에서 열차가 전복되었습니다. 그리고 한참 떨어진 런던과 스톡홀름은 밤이었는데 사람들은 신문을 볼 수 있을 정도의 섬광을 목격했다고 합니다. 퉁구스카에 떨어진 천체의 크기는 어느 정도였을까요? 아무리 커도 100m 이하였을 겁니다. 미국 샌디아 국립연구소는 27m 정도로 추측하며 다른 연구소나 과학자들도 40m 내외일 것이라고 생각합니다. 거대하고 강력한 흔적을 남겼음에도 운석의 크기가 어땠는지, 운석인지 혜성인지 아직 정확하게 밝혀지지 않은 이유는 또 있습니다. 당시 과학기술과 천체 추적 기술이 발달하지 못해 눈으로 보고도 명확한 결론을 내지 못했기 때문입니다.

운석은 다행히 사람이 없는 곳에 떨어져서 산림 훼손과 순록의 피해로 그쳤지요. 만약 20세기 초반의 도쿄, 파리, 런던, 뉴욕 등에 떨어졌다면 그 도시는 지도에서 사라졌을지도 모릅니다. 우리나라도 마찬가지입니다. 시베리아와 한반도의 거리를 생각해보면 정말 다행스러운 일이 아닐 수 없습니다.

2013년에는 러시아 첼랴빈스크 주, 스베르들롭스크 주, 튜멘 주에 유성우가 내렸습니다. 크기는 15m에 질량은 7000톤 정도로 추정됩

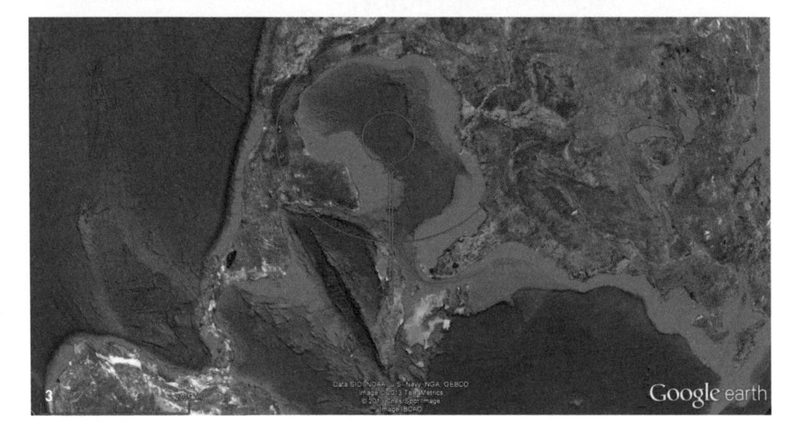

1　1908년 퉁구스카 대폭발의 흔적.

2　2013년 첼랴빈스크 운석우의 블랙박스 화면.

3　유카탄 반도에 소행성이 충돌하여 생긴 것으로 추측되는 지름 180km의 칙술루브 크레이터. 이때의 충격으로 대멸종이 일어나 공룡들이 멸종한 것으로 추측된다.

니다. 공중에서 폭발한 운석은 잘게 나뉘어서 공장과 일반 주택을 덮쳤습니다. 첼랴빈스크 주에는 원자력발전소가 있었어요. 거기에 떨어지면 체르노빌 원자력발전소 폭발사고나 일본 후쿠시마 원자력발전소 폭발사고가 재현될 가능성이 높았습니다. 결과적으로 1500명 정도가 다치고 적지 않은 재산피해를 입었지만 전 지구적 규모로 봤을 때는 경미하게 끝났다고 생각합니다.

'21세기 과학 최악의 미래'라는 주제와 연관 지어서 소행성이나 운석의 피해와 인류 멸망을 생각해봅시다. 과학이 없으면 우리는 이런 우주로부터의 위험이 언제, 어떤 형태로, 얼마나 큰 피해를 불러올지 알 수 없습니다. 퉁구스카 대폭발이 수십 년 후에야 정체가 조금씩 밝혀진 것처럼 위험이 닥쳐온 후에도 모르고 오기 전에는 더더욱 알 수가 없습니다.

거대한 재앙에 대비하는 과학 프로젝트들

음모론자들은 퉁구스카 대폭발의 원인이 초소형블랙홀, 메탄가스 폭발, UFO의 차원이동 충격파 가운데 하나라고 생각합니다. 재미있는 이야기지만 우선 과학의 영역에서 우리를 멸종으로 내모는 사건들을 봅시다. 아직 예측을 정확하게 하긴 어렵지만, 과학이 발전했기 때문에 우주에서 오는 위협을 늦게나마 규명하고 대비하려는 시도를 할 수 있습니다. 지금도 과학자들은 이런 재앙을 막기 위해서 많은 노력을 하고 있습니다. 직접적인 계기는 두 영화였습니다. 하나는 브루스 윌리스 주연의 〈아마겟돈〉이었습니다. 지구로 접근하는 소행성에 광부들과 NASA가 폭탄을 심어서 두 개로 쪼개는 이야기입니다. 가족애 요소까지 들어가 어쩌면 빤한 할리우드 스토리인데 옛날에는 감동적이었습니다. 다른 하나는 〈딥 임팩트〉입니다. 이 영화에서 지구를 위협하는 것은 혜성입니다. 이 영화는 〈아마겟돈〉보다 조금 더 현실적입니다. 아버지와 딸이 나오는데, 이 둘은 쓰나미를 맞아서 죽음을 맞이합니다. 〈아마겟돈〉에서는 혜성이 부서져서 지구 궤도 밖으로 벗어나고 〈딥 임팩트〉에서는 작아졌지만 결국 지구로 떨어집니다. 〈아마겟돈〉은 과학 고증 문제에서 말이 많았던 영화입니다. 예를 들어 광부에게 우주선 조종을 가르쳐서 보내느니 차라리 우주선을 조종하는 이들에게 굴착과 폭탄 설치를 가르치는 게 훨씬 쉬운 일이 아니었을까요? 실제로 배우 벤 애플렉은 감독 마이클 베이에게 이 과학적·경제적 오류를 제기했다가 "닥치고 있어"라는 말을 들었다고 합니다.

〈아마겟돈〉의 과학적 오류는 또 있습니다. 소행성에 폭탄을 심고 두 개로 깨는데, 폭탄을 묻는 깊이가 200m도 채 안 됩니다. 소행성의 지름은 무려 1200km인데 200m라면 중심까지 0.02%만 판 것입니다. 구멍을 팠다기보다는 삽으로 한 번 찌른 수준이지요. 이렇게 얕게 심었다가는 핵탄두의 위력도 반감되고 최악의 경우에는 두 개로 나뉜 소행성이 모두 지구로 떨어져 더 큰 피해를 입게 될 것입니다.

어쨌든 〈아마겟돈〉과 〈딥 임팩트〉가 세계적인 흥행에 성공하자 미국 정부는 거대한 프로젝트에 시동을 겁니다. 지름이 1km가 넘는 모든 천체를 찾는 '스페이스 가드 프로젝트(Project Space Guard)'를 NASA에 지시한 것이죠. NASA는 기쁜 마음으로 작업에 착수했습니다. 사실 천문학자들도 먹고 살아야 하거든요. 이렇듯 갑자기 정부가 정신을 놓고 뭔가를 하겠다고 할 때가 있어요. 우리나라도 환경을 보전하고 상수도를 정비한답시고 거대한 삽질을 한 적이 있잖습니까? 미국은 효용성이 있지만 우리는 그렇지 않다는 차이가 있지만 말입니다.

정부가 나서서 거대한 사업을 벌일 때 제일 흥분하고 큰 기대를 하는 건 '관계자들'입니다. 천문학자들은 정부 예산을 타내기가 쉽지 않습니다. 현실의 경제에 직접적인 도움을 주는 것도 아니고, 당장 상품을 만들어내는 것도 아니니까요. 특히 1969년 아폴로11호의 달 착륙 이후 NASA의 예산은 해가 갈수록 줄어만 갔습니다. 그런 상황에서 지구를 위협할 만한 1km 이상의 소행성을 모두 찾는 프로젝트는 가뭄의 단비 같았죠. 게다가 이 프로젝트는 지구의 안전을 지키는 일 아니겠습니까? 우리나라에도 이 프로젝트와 비슷한 일을 하고 있는 분이 있습니다. NEA(Near Earth Asteroids)라는 지구 주위의 소행성을 찾기 시작해서 지금 현재 지구 주위에서 1만2113개를 찾았습니다. 지구 주변의 소행성들을 추적한 결과 1m에서 32km까지 다양한 것들을 찾아냈습니다. 1m짜리는 떨어진다 한들 지구 대기와의 마찰열로 사라지겠지만 32km짜리는 인류를 확실히 멸망시킬 위력을 발휘할 겁니다.

우리나라도 소행성 추적에 기여를 하고 있습니다. 고개를 갸우뚱하실 분도 많으시겠죠? 국내 최대 망원경은 렌즈 지름이 1.8m에 불과하니까요. 우리나라의 소행성 추적 작업은 국내가 아니라 국외 세 곳에서 동시에 진행 중입니다. 바로 외계행성 탐색 시스템(KMTNet, Korean Microlensing Telescope Network)이죠. 오세아니아의 호주, 아프리카의 남아프리카공화국, 남미의 칠레에 각각 렌즈 지름 1.6m의 망원경을 설치하여 24시간 관측이 가능한 망원경 네트워크를 구성했습니다. 본격적인 관측은 2015년 10월 2일부터 시작되었고요. KMTNet의 최대 장점은 천체 관측의 최대 장애인 시차를 해결했다는 겁니다. 전 세계 세 곳에 천체망원경을 설치하면 24시간 밤하늘을 관측할 수 있습니다. 물론 본래 목적은 외계행성 탐색입니다. 외계에 인류가 살 만한 지구와 비슷한 행성을 찾는 것이죠. 다른 하나는 지구와 충돌할지 모를 소행성을 찾는 것입니다. 이 프로젝트는 문홍규 박사가 책임을 지고 추진하고 있습니다. 외국의 천문학자들이 부러워하는 겁니다. 우리나라는 이런 프로젝트를 세계에 알려야 합니다. 우리보다 먼저 우주로 진출한 나라들도 이 기술을 배우고 싶어 합니다.

2008년에는 천체 관측 역사에 길이 남을 사건이 벌어졌습니다. 인류 최초로 운석 낙하를 예측하고 낙하 장소에서 정말로 운석 파편을

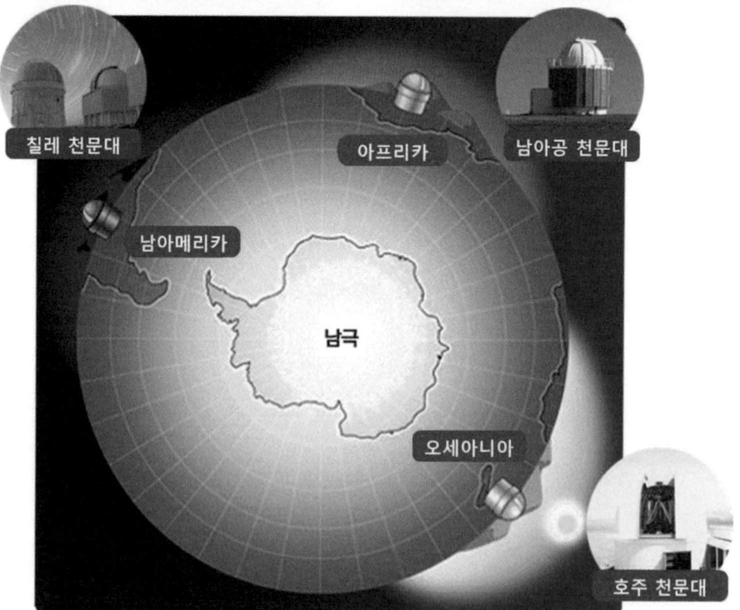

✖ 영화 <아마겟돈>과 <딥 임팩트>는 충돌 가능성이 있는 소행성들을 찾는 프로젝트의 계기가 되었다. 우리나라도 KMTNet을 이용하여 인류를 멸망시킬지 모를 고위험 소행성들을 찾고 있다.

채취하는 데 성공한 것입니다. 2008년 10월, 미국 애리조나 대학에서는 '근 지구소행성 2008 TC3'를 발견하고 국제천문연맹 산하의 소행성센터(MPC, Minor Planet Center)에 보고하여 낙하지점을 정확하게 예보했습니다. 같은 해 겨울에 NASA는 수단 사막에 떨어진 이 소행성의 잔해들을 수거하여 분석했지요. 이것은 소행성을 망원경으로 발견해 낙하 위치를 예보하고 운석을 수집한 인류 최초의 기록입니다.

알아도 해결이 안 될 수도 있습니다. 직경 32km짜리 소행성이 2047년 2월에 도쿄 상공으로 떨어진다고 가정해봅시다. 영화 〈아마겟돈〉처럼 잘게 부술 수 있을까요? 그렇게 할 수 있을지도 모르죠. 하지만 소행성 낙하 시점을 빨리 알아야 시간을 확보할 수 있습니다. 현재 과학자들의 목표는 소행성 접근을 수백 년 전에 파악하는 겁니다. 2300년에 지구로 떨어질 소행성을 금세기 안에 알 수 있다면 최소한 200년의 시간을 벌 수 있습니다. 이처럼 과학은 재앙을 대비하는 방법입니다.

과학이 낳은 괴물들

지금까지는 우주로부터의 위협과 같이 인류의 존망이 걸린 문제를 과학의 힘으로 극복하는 과학의 순기능을 이야기했습니다. 하지만 거꾸로 과학 때문에 발생하는 위협도 있습니다. 대표적으로 슈퍼박테리아가 있습니다. 슈퍼박테리아는 페니실린에 죽지 않는 세균을 말합니다. 본래 치명적이지 않은 세균이 생명을 위협할 수도 있습니다. 슈퍼박테리아는 주로 병원에서 감염됩니다.

우리 인류는 20세기 중반부터 세균과 치열한 전쟁을 벌여왔습니다. 오랜 패배 끝에 첫 번째 승리를 거둔 것은 페니실린 발명이었습니다. 인류는 더 이상 눈에 보이지 않는 위험에 목숨을 잃을 일이 없을 것이라 믿었습니다. 하지만 페니실린을 극복하는 세균이 등장했습니다. 우리는 페니실린보다 더 강력한 메티실린을 발명했습니다. 그러자 메티실린 저항성 황색포도상구균(MRSA)이라는 슈퍼박테리아가 나왔습니다.

세균이 자신들을 위협하는 환경에 적응하는 속도는 우리의 예상을 웃돌았습니다. 세균의 생명은 짧고 그만큼 빨리 번식하며 더 많은 돌연변이를 일으킵니다. 실제로 세균은 1년에 수천, 수만 번 진화를 합니다. MRSA를 퇴치하기 위해 반코마이신을 발명했습니다. 반코마이신은 최후의 항생제라고 불렸습니다. 하지만 결국 1996년 일본에서 반코마이신에도 내성을 보이는 '반코마이신 저항성 황색포도상구균(VRSA)'이 나타났습니다.

MRSA 감염은 발병 후 30일 이내 치사율이 11%에 달했습니다. 메르스 바이러스와 비슷한 치사율입니다. VRSA의 등장은 공포 그 자체였습니다. VRSA는 면역력이 약해진 인간 체내에 들어와 온갖 감염을 일으키고 결국 패혈증을 유발합니다. 이는 모두 우리가 항생제를 남용한 결과입니다. 소, 돼지, 닭에게 접종한 항생제가 슈퍼박테리아의 출현을 앞당겼다는 연구 결과도 있습니다.

인류가 자초한 위험에는 메르스와 같은 전염병도 있습니다. 바이러스는 생물인 세균과 달리 생물과 미생물 사이에 있습니다. 숙주에 기생하지 않을 때는 결정형으로 존재하다가 숙주에 침입하여 적절한 환경이 조성되면 빠르게 증식합니다. 항생제가 세균을 죽이는 역할을 한다면, 항바이러스제는 복제만 못하도록 합니다. 바이러스는 굉장히 작습니다. 우리와 박테리아의 크기 차이만큼 바이러스와 박테리아의 크기에 차이가 납니다.

인간이 단시간 내에 가장 많이 죽은 사건이 뭘까요? 양차 세계대전일까요? 아닙니다. 우리에게는 그다지 유명하지 않은 스페인독감이었습니다. 스페인독감이 전 세계를 휩쓸었던 1918년에서 1919년에 전 세계 인구는 16억 명이었습니다. 이 가운데 감염자가 최대 6억 명이고, 최소 2500만 명에서 최대 1억 명이 사망한 것으로 추정됩니다. 이는 제1차 세계대전에서 희생된 900만 명의 세 배에서 열 배에 달하는 수치입니다.

스페인독감은 일제강점기에 한반도에도 상륙했습니다. 당시 조선의 인구는 1700만 명이었는데 절반에 가까운 742만 명이 감염되어 14만 명이 사망했습니다. 감염자에 비해 사망자가 적다고 무시해서는 안 됩니다. 스페인독감의 진정한 공포는 무시무시한 전염력에 있습니다. 바이러스 입장에서는 숙주가 죽는 게 달가울 리 없습니다.

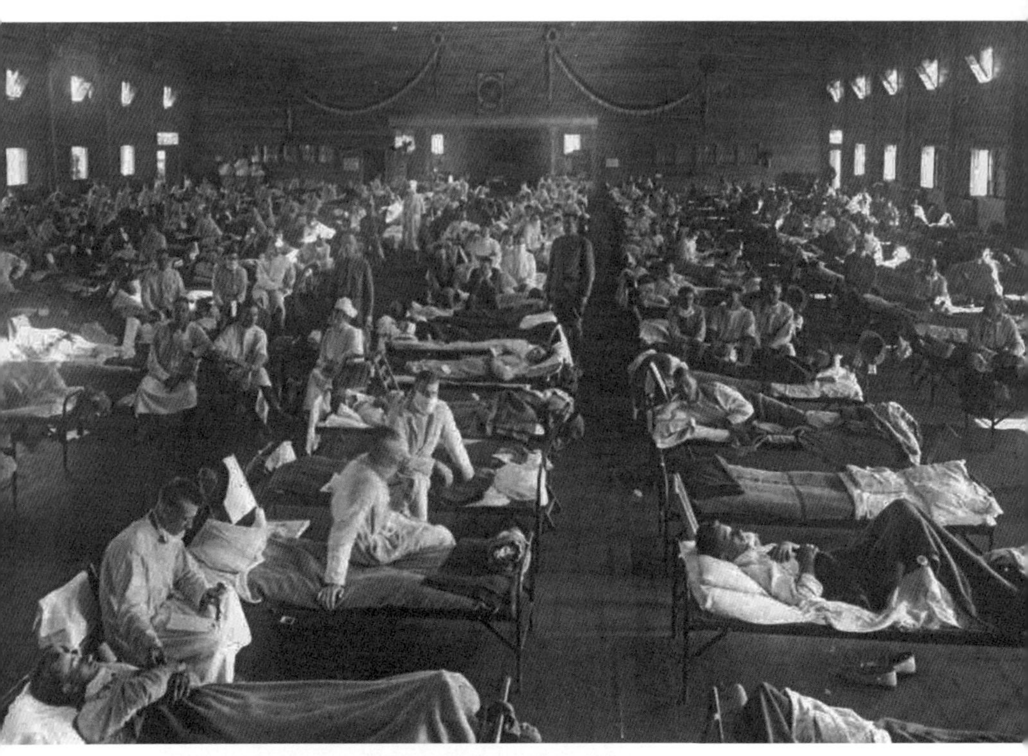

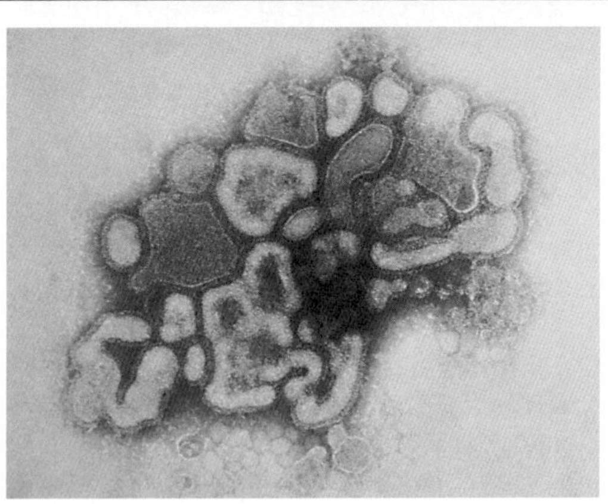

✖ 인류 역사상 최단 기간 최대 사망자를 낳은 스페인 독감은 역설적으로 유통의 혁명에 힘입어 전 세계로 뻗어나갔다.

바이러스는 널리, 많이 증식하는 게 목표죠. 그런 의미에서 스페인독감은 인류가 바이러스에게 완패한 역사입니다.

현대 사회는 유통의 과학이 지배하는 사회입니다. 메르스가 평택에서 시작해서 수도권으로 퍼지고 다시 지방으로 퍼지는 데 채 한 달이 걸리지 않았습니다. 과학은 인간과 상품, 기술뿐만 아니라 병원균도 함께 전파합니다. 다시 스페인독감으로 돌아가볼까요? 20세기는 전 세계가 배와 철도로 연결되기 시작한 시대입니다. 스페인독감은 1918년 3월에 미국 캔자스 주 펀스톤 기지에서 인플루엔자로 보고되었습니다. 그로부터 며칠 지나지도 않은 3월 11일에 미국 각지의 군부대에서 환자가 속출했고, 대략 100명이 발병 증세를 보였지만 아직 사망자가 나오지는 않았습니다. 이때까지는 고위험 병원균으로 분류되지 않았죠.

하지만 반년이 지나기도 전에 바이러스는 전 세계로 퍼져 나갔습니다. 4월이 지나자 스페인, 프랑스, 영국에서 발병 사례가 보고되었고, 8월에는 영국령 시에라리온에서 첫 사망자가 발생했습니다. 미국에서는 9월에서 10월까지 불과 한 달 만에 2만4000명에 달하는 미군이 사망했습니다.

전 세계가 연결되자 병원균은 인류 문명의 이기를 타고 세계 각지로 뻗어 나갔습니다. 12시간이면 세계 어디든 갈 수 있는 지금은 말할 것도 없습니다. 인류는 과학기술로 방역을 하고 항생제와 항바이러스제를 만들어 대항했습니다. 하지만 바이러스와 세균은 과학기술

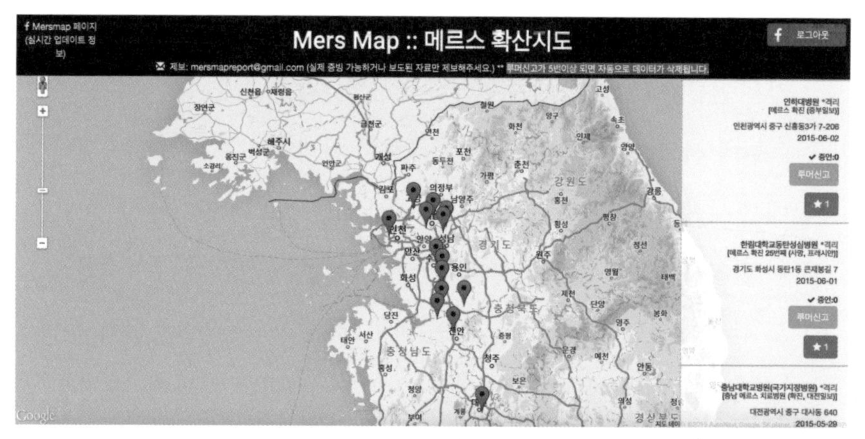

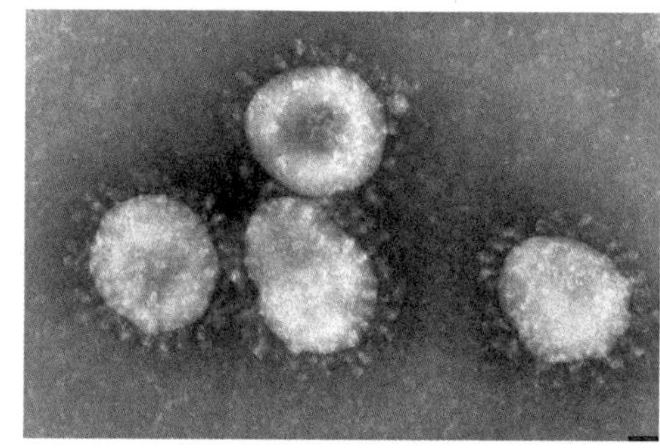

✖ 우리나라가 방역과 격리에 실패한 메르스 바이러스. 근미래에 메르스 바이러스와 달리 공기전염, 높은 치사율의 바이러스가 한국에 상륙한다면 우리는 어떻게 될까?

에 힘입어 우리의 대처보다 더 빠르게 진화하고 증식합니다. 만약 메르스가 공기전염이 된다고 가정해보죠. 서울과 수도권은 기능을 상실했을 겁니다. 세계 각국은 한국을 국제적으로 격리시켰을 가능성이 높습니다. 바야흐로 스페인독감이 21세기에 재림하는 것입니다. 만약 치사율까지 높았다면 어떻게 되었을까요? 이는 단순한 가정이 아닙니다. 메르스를 처음으로 발견한 알리 모하메드 자키 박사도 한국의 상황을 우려하며 바이러스의 변이 가능성을 점쳤습니다. 결과적으로 공기전염은 되지 않았고 메르스 사태도 일단락되었지만 언제 다시 우리를 덮쳐올지 모릅니다. 그리고 그 기회를 제공한 것은 인류가 꽃피워온 과학기술입니다.

종말 시나리오③: 문명 종말

마지막으로는 문명의 종말이 있습니다. 문명의 종말은 인류도 꽤 살아남았고 생태계도 비교적 멀쩡한데 문명이 멸망하는 경우를 말합니다. 상하수도 시스템, 대중교통, 전력공급, 의료와 위생 서비스, 쓰레기 수거. 우리에게는 이 모두 일상적으로 공급되는 것이니 중요성을 간과하곤 합니다. 만약에 이 가운데 하나라도 사라지면 어떻게 될까요? 상하수도 시스템이 정지하면 단 몇 시간 만에 수도권 지하철은 물에 잠길 겁니다. 의료 서비스가 중단되면 당장 전국의 중환자들이 목숨을 잃고 장기적으로는 가벼운 질병만으로도 사망에 이르게 됩니다. 전력공급이 끊기면 위에서 열거한 나머지 문제들이 동시다발적으로 발생하겠죠.

제3차 세계대전에서 어떤 무기가 등장할지 묻는 기자에게 아인슈타인은 다음과 같이 대답했다고 합니다. "3차는 잘 모르겠지만 제4차 세계대전에서 쓰일 무기는 알고 있습니다. 나무막대기와 돌멩이입니다." 만약 핵전쟁이 벌어져서 각국의 도시가 궤멸된다면 우리는 다시 구석기 시대로 돌아가야 합니다. 그런 세상에서 제가 뭘 할 수 있을까요? 비누를 제조할 수 있을까요? 칼을 만들 수 있을까요? 발전기 같은 건 어림도 없죠. 싸움이 났다 하면 돌멩이 들고 덤비는 겁니다. 지금도 전기나 컴퓨터는 과학기술을 보유한 기업에 돈을 내고 쓰는 것이지 개인이 생산하는 게 아닙니다. 과학기술은 구석기로 퇴보하고 세상은 중세의 야만을 닮아갈 겁니다.

중세의 잔인성이나 중세의 부도덕함은 우리의 상상을 초월합니다. 칼 한 자루 빗겨 차고 드래곤을 때려잡고 공주와 결혼하는 이야기는 핵전쟁 전자파로 전원이 나가기 전엔 게임기 속에서나 가능한 일입니다. 현실은 내 목숨 하나 지키기 어렵고 폭도로부터 딸과 아내를 지키기 급급할 겁니다. 남자는 더욱 참혹한 노동과 원시 전쟁의 도구로 쓰이다가 죽고 여자는 번식과 성욕의 대상으로 끌려다니다가 죽습니다. 이런 상황에서 우리는 자신과 가족을 지킬 수 있을까요? 잘 버텨낼 수 있을까요? 우리는 이미 자본주의와 기술의 욕망까지 경험한 사람들입니다. 이렇게 문명이 붕괴한 상황에서는 구석기인보다도 살아남기 힘들 겁니다. 핵전쟁이 당장 모든 인간을 죽음으로 몰아넣지는 않습니다. 하지만 최소한 문명의 종말을 가져올 수 있습니다.

핵전쟁이 벌어진 직후 세계 각국은 어떤 상황에 처하게 될까요? 먼저 워싱턴, 뉴욕, 모스크바, 파리, 런던, 도쿄, 서울 등 세계적인 대도시들의 경제, 행정, 치안이 붕괴됩니다. 무정부 상태에 빠지는 것이죠. 시민의 절반이 사망할 텐데 가장 먼저 죽는 것은 국가 결정권

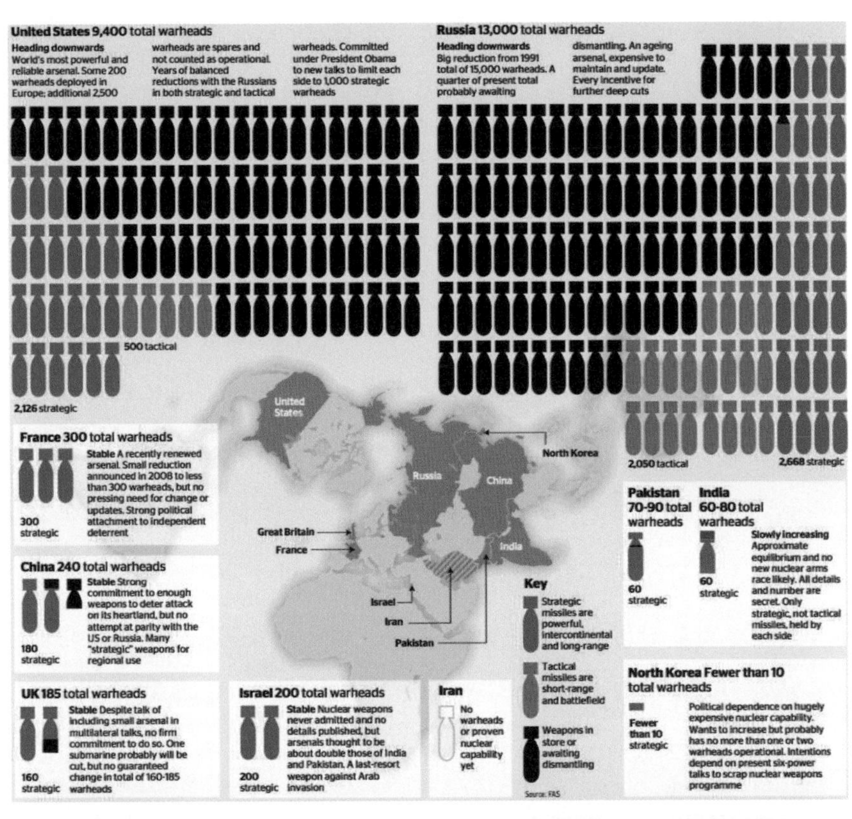

United States 9,400 total warheads
Heading downwards
World's most powerful and reliable arsenal. Some 200 warheads deployed in Europe; additional 2,500 warheads are spares and not counted as operational. Years of balanced reductions with the Russians in both strategic and tactical warheads. Committed under President Obama to new talks to limit each side to 1,000 strategic warheads
500 tactical
2,126 strategic
Russia 13,000 total warheads
Heading downwards
Big reduction from 1991 total of 15,000 warheads. A quarter of present total probably awaiting dismantling. An ageing arsenal, expensive to maintain and update. Every incentive for further deep cuts
2,050 tactical
2,668 strategic
France 300 total warheads
Stable A recently renewed arsenal. Small reduction announced in 2008 to less than 300 warheads, but no pressing need for change or updates. Strong political attachment to independent deterrent
300 strategic
China 240 total warheads
Stable Strong commitment to enough weapons to deter attack on its heartland, but no attempt at parity with the US or Russia. Many "strategic" weapons for regional use
180 strategic
UK 185 total warheads
Stable Despite talk of including small arsenal in multilateral talks, no firm commitment to do so. One submarine probably will be cut, but no guaranteed change in total of 160-185 warheads
160 strategic
Israel 200 total warheads
Stable Nuclear weapons never admitted and no details published, but arsenals thought to be about double those of India and Pakistan. A last-resort weapon against Arab invasion
200 strategic
Iran
No warheads or proven nuclear capability yet
United States
Russia
China
India
North Korea
Great Britain
France
Israel
Iran
Pakistan
Key
Strategic missiles are powerful, intercontinental and long-range
Tactical missiles are short-range and battlefield
Weapons in store or awaiting dismantling
Source: FAS
Pakistan 70-90 total warheads
60 strategic
India 60-80 total warheads
Slowly increasing Approximate equilibrium and no new nuclear arms race likely. All details and number are secret. Only strategic, not tactical missiles, held by each side
60 strategic
North Korea Fewer than 10 total warheads
Fewer than 10 strategic
Political dependence on hugely expensive nuclear capability. Wants to increase but probably has no more than one or two warheads operational. Intentions depend on present six-power talks to scrap nuclear weapons programme

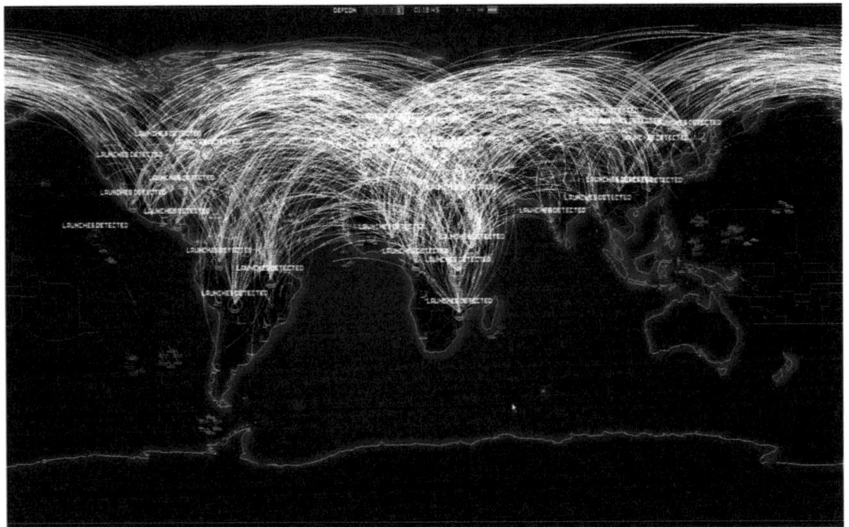

✖ 인류 문명의 종말은 핵전쟁에서 비롯될 가능성이 가장 크다. 그림은 핵보유국의 핵탄두 보유량과 상호확증파괴 전략의 계획도.

자들일 겁니다. 도시의 붕괴는 대도시의 위성도시로 빠른 속도로 퍼져 나갈 겁니다. 도시의 지휘계통이 무력화되면 무정부 상태에 빠지고 사람들은 생존을 위해서라면 어떤 범죄도 서슴지 않을 겁니다. 가장 좋지 않은 의미의 '만인의 투쟁'은 생각보다 쉽게 일어날 수 있습니다.

많은 이들이 핵전쟁은 쉽게 일어나지 않을 것이라고 생각합니다. 하지만 인류는 냉전기간 동안 언제나 핵전쟁의 위협 앞에서 아슬아슬하게 생존해왔던 게 사실입니다. 1960년, 쿠바 미사일 위기가 고조되고 있었습니다. 소련이 쿠바에 핵미사일 기지를 세우려고 했죠. 쿠바에 핵미사일 기지를 설치한다는 것은 미 국민의 코앞에 총부리를 겨누는 것과 같은 일입니다. 존 F. 케네디 미국 대통령은 쿠바에 핵미사일 기지가 설치된다면 모두 파괴한다는 전략을 수립하고 있었습니다. 소련 입장에서는 중동과 터키에 자신들을 겨누는 핵미사일 기지가 있었습니다. 쿠바에 핵미사일을 배치함으로써 핵전력 열세를 단숨에 극복하려 했습니다. 결국에는 핵미사일을 운송하던 소련 군함이 선회하여 본토로 돌아갔고 미국도 중동과 터키에 설치한 핵미사일 기지를 철수하기로 해서 인류는 핵전쟁 직전에 파멸의 발걸음을 멈출 수 있었습니다.

인류를 구한 한마디, "컴퓨터의 오류인 듯하다"

전 세계를 핵전쟁의 위기에서 구한 이를 영웅이라고 부를 수 있다면, 우리는 진짜 영웅을 한 명 알고 있습니다. 바로 스타니슬라프 예브그라포비치 페트로프(Станислав Евграфович Петров)라는 소련군 소령입니다. 그의 임무는 소련의 최신식 핵미사일 탐지 위성으로 미국에서 핵을 쏘는지 감시하는 것이었습니다. 만약 이상 징후가 발견되거나 핵미사일이 포착되면 상부에 보고를 하고 핵미사일 발사 결정권자는 페트로프 소령의 보고에 따라 발사 여부를 결정하게 됩니다.

1983년 당시 미국과 소련의 관계는 사상 최악이었습니다. 로널드 레이건 미국 대통령은 소련을 '악의 제국(evil empire)'으로 규정했고 한국의 대한항공 007편 격추사건이 벌어졌습니다. NATO는 전면적인 핵공격 훈련을 실시할 예정이었고 소련의 최고 지도자였던 유리 안드로포프 서기장이 지병으로 누워 있어서 전 소련군은 전쟁에 대비하고 있었습니다.

1983년 9월 26일 자정. 페트로프 소령이 근무하던 관제센터에 핵전쟁 경보가 울렸습니다. 그가 담당하고 있던 인공위성으로부터 "미국이 대륙간 탄도미사일(ICBM) 한 발을 발사했다"는 메시지가 전송되었습니다. 그 직후 인공위성은 ICBM의 숫자를 5기로 재차 보고했고 관제센터는 비상사태에 돌입했습니다. 소련의 고정식·이동식 핵

✖ 냉전시대에 핵전쟁의 위기는 최소 150번 있었다고 알려졌으며 실제로 핵전쟁 위기가 1983년에 찾아왔다. 소련의 페트로프 소령은 컴퓨터의 오류를 발견해 우발적 핵전쟁을 막아낸 인류의 영웅이었다. 인류가 만들어낸 무기에 의해 스스로 멸망할 위험은 언제나 존재하며 지금도 예외는 아니다.

미사일 발사대에 비상이 걸렸고 페트로프 소령은 졸지에 핵전쟁을 시작할 권한을 떠맡았습니다. 미국의 ICBM이 도착하기까지 시간은 극도로 짧았습니다. 페트로프 앞에서 핵전쟁 시작 버튼이 깜빡이기 시작했습니다.

페트로프는 소련의 대도시 다섯 개가 사라질지 모르는 상황에서도 냉정하게 생각했습니다. '미국이 정말로 핵공격을 하려 했다면 모든 핵미사일을 쐈을 것이다. 그런데 왜 다섯 개밖에 안 쐈을까?' 실제로 핵전쟁에서 이기는 방법은 ICBM 수천 개로 선제공격을 하여 상대를 초반에 완전히 무력화시키는 것이었습니다. 서로 핵미사일을 가지고 있기 때문에 다섯 발만 쐈다가는 똑같이 핵미사일로 보복을 당해 패배할 위험이 있기 때문이죠. 페트로프 소령은 핵전쟁 취소 코드를 입력하고 상부에 다음과 같이 보고합니다. "컴퓨터의 오류인 듯하다." 후에 이 사태는 '인공위성이 태양빛을 미국의 ICBM 발사 섬광으로 잘못 해석하여 보고한 것'으로 판명되었습니다. 페트로프 소령은 미국이 일단 이 5기의 ICBM을 소련 상공에서 폭발시켜 EMP로 통신망과 레이더들을 무력화시킨 다음, 대규모 핵공격을 감행하는 '블랙아웃 작전'을 폈을 가능성도 무시할 수 없었습니다. 하지만 그는 이전부터 안정성 문제가 있었던 핵미사일 탐지 시스템이 오류를 일으켰을 가능성이 더 크다고 판단했습니다. 그는 전 세계가 구석기 시대로 퇴보할 뻔한 위기에서 전 인류를 구한 영웅입니다. 1983년 9월 26일 이후의 모든 인간은 페트로프 소령 덕분에 삶을 살아갈 수 있게 된 셈입니다. 이 일화는 1998년에야 외부에 알려졌고 페트로프 소령은 세계 시민상과 UN의 표창장 그리고 세계 분쟁과 폭력을 막은 이에게 주는 드레스덴 상을 수상했습니다. 만약 제가, 혹은 당신이 저 상황에 처해서 핵전쟁 버튼을 누르느냐 마느냐라는 상황에 처했다면 어떻게 했을까요? 그처럼 합리적인 선택과 최선의 결정을 내릴 수 있었을까요? 이 일화에서 우리가 얻을 수 있는 교훈은 인간은 결국 인간 전체를 파멸시킬 힘을 만들어냈지만 그 파멸에서 벗어날 수 있는 힘도 인간에게서 나온다는 사실입니다.

문명의 종말은 질병의 창궐과 세계경제의 붕괴로 시작되기도 합니다. 내일 당장 전 세계 주요 증권시장의 주가지수가 일제히 20% 이상 폭락한다고 가정해봅시다. 만약 미국 다우지수만 폭락해도 그 여

파는 유럽, 일본, 중국, 한국을 휩쓸 겁니다. 왜냐하면 세계 각국의 경제는 매우 긴밀하게 연결되어 있기 때문입니다. 실제로 미국 다우지수는 1929년 10월 24일과 29일에 대폭락을 경험합니다. 각각 '검은 목요일'과 '검은 화요일'이라고 부릅니다. 극단적인 예로 미국 맨해튼에 적당히 큰 소행성 하나가 떨어진다면 미국의 증권시장이 붕괴됩니다. 사망자는 만 명밖에 안 될지 몰라도 세계경제에 어떤 영향을 끼칠지 아무도 모릅니다. 심지어 1929년에 시작된 세계대공황은 아직도 원인이 정확히 밝혀지지 않았습니다. 굳이 추측을 해본다면 미국의 공급과 세계시장의 수요가 불균형이었기 때문이라지만, 반박하는 경제학자도 많습니다. 지구의 경제는 과학기술에 힘입어 작동하고 있으며, 무수히 많은 기업과 소비자가 네트워크로 연결되어 있습니다. 세계경제가 동시다발적으로 붕괴한다고 해서 당장 문명이 종말을 맞이하지는 않을 겁니다. 하지만 제2차 세계대전을 일으킨 독일 나치의 탄생 배경을 간과하지 말아야 합니다. 나치와 같은 극우주의와 전쟁은 언제나 경제의 붕괴 후에 모습을 드러냈고, 대중을 포섭하였으며, 전쟁으로 내몰았습니다.

문명의 종말은 에너지 자원을 둘러싼 갈등에서 시작될 위험이 다분합니다. 우리의 문명은 에너지에 의존하는 문명입니다. 만약 석유가 고갈되거나, 그렇지 않더라도 생산량이 줄어드는 시점, 즉 오일피크에 도달할 경우 유가 폭등에 따른 오일 쇼크나 석유 분쟁이 발생할 가능성이 큽니다. 석유 고갈이 언제 시작될지, 혹은 언제 석유가 마지막 한 방울까지 사라질지는 아무도 모릅니다. 셰일 오일이 석유의 대체품으로 급부상했고, 산유국들도 당장 필요해서 채굴할 정도만 매장량으로 계산하기 때문입니다. 실제로 20세기부터 지금까지 매년 세계 석유 매장량이 늘어나는 추세입니다. 하지만 석유가 많기 때문에 에너지 분쟁을 걱정하지 않아도 되는 걸까요? 결코 그렇지 않습니다. "석기 시대가 종말을 고한 것은 돌이 부족했기 때문이 아니다. 언젠가 석유의 시대도 종말을 고하겠지만, 그것이 석유가 부족하기 때문은 아닐 것이다." 석유수출기구(OPEC) 창립의 중심인물이자 사우디아라비아의 석유 장관이었던 자키 야마니의 말입니다. 석유 고갈까지 앞으로 100년이 남았는지, 200년이 남았는지 알 수 없습니다. 문제는 생산량이 멈추거나 하락할 경우 물가가 폭등하고 곧 식량 문제가 발생할 것이라는 점입니다. 문명을 지탱하는 철강, 플라스틱, 고무 등 핵심소재의 성분이나 제작에는 모두 석유가 들어갑니다. 이 문제는 상당히 심각하고 현실적으로 일어날 수 있는 문제입니다. 석유를 둘러싼 미래 분쟁의 축소판이 바로 남수단과 나이지리아, 앙골라입니다. 이들은 석유를 둘러싸고 종교나 부족 간의 전쟁을 겪었습니다. 지나치게 석유에 의존하는 현대 문명의 한계를 극복해야 합니다. 그렇지 않으면 "차라리 석유가 없었다면 피를 흘릴 일도 없었을 것이다"라는 탄식이 훗날 후손들의 입에서 흘러나올지도 모릅니다.

당신의 유토피아가 나의 디스토피아다

지금까지 우리는 지구가 완전히 박살나는 상황, 인류가 절멸되는 상황, 인간이 살기 힘든 곳으로 지구가 변해버리는 상황, 이렇게 세 가지 21세기 종말 시나리오를 살펴봤습니다. 이처럼 넓은 스펙트럼 내에 있는 것을 종말이라고 이야기합니다. 물론 그 가운데 어떤 것도 일어나면 안 되겠죠.

인류 종말 시나리오의 세 번째인 '문명의 종말'은 디스토피아라고 볼 수 있습니다. 하지만 인간이라면 누구나 최대한 좋은 곳에서 살고 싶어 합니다. 그 정점에 유토피아라는 개념이 있습니다. 그럼 유토피아란 무엇일까요? 유토피아라는 말을 처음으로 쓴 16세기 토마스 모어의 그 유토피아일까요? 하지만 과학기술의 발전에 따라 세계관이 바뀌고, 사회의 변화에 따라 가치관도 달라지기 때문에 수백 년 전의 유토피아와 지금의 유토피아가 같은 개념은 아닐 겁니다. 이럴 때는 '구글링'을 해봅시다. 구글에 유토피아를 검색해보면 가장 첫 페이지에 등장하는 이미지가 있습니다. 그 이미지가 현대인이 꿈꾸는 유토피아의 이미지입니다. 이런 곳이 상징하는 게 뭘까요? 첨단 과학기술, 풍족한 자본, 철저한 치안, 도시의 청결, 풍부한 인프라……. 이런 것들이 극대화된 상태를 가리키는 것입니다. 이런 조건은 과학기술과 자본주의의 결합으로 그리 어렵지 않게 실현할 수 있습니다. 실제로 위의 여러 조건을 충족하는 도시가 있습니다.

지구상에는 다음 쪽의 오른쪽 두 번째 사진과 같은 곳도 있습니다. 저도 가본 경험이 있습니다. 바로 두바이입니다. 유토피아의 상상도보다 오히려 두바이가 나아 보이지 않나요? 두바이의 사진은 과장이 아닙니다. 세계에서 가장 높은 타워도 있습니다. 호수에서는 매일 밤마다 분수 쇼가 벌어집니다. 두바이가 어느 정도로 깨끗하냐면, 실사가 아니라 컴퓨터 그래픽 같습니다. 미국의 뉴욕이나 영국의 런던도 이 정도는 아닙니다. 그렇다면 두바이가 유토피아일까요? 적어도 저는 절대 그렇게 생각하지 않습니다.

우선 유토피아는 어떤 장소를 뜻하는 게 아니라는 사실을 짚고 넘어가야 합니다. 유토피아는 공간이 아니라 '개념'입니다. 두바이라는 공간이나 완벽한 치안이라는 인프라는 유토피아라는 개념을 현실화하기 위한 최소한의 조건입니다. 그럼에도 우리는 유토피아를 상상하기 위해 기후, 인프라, 적정 인구 등을 따지는 오류를 범하고 있습니다.

100년 전에는 고도로 발달된 건축물들 대신 20세기 초반 기준으로 멋있어 보이는 건물을 유토피아라고 생각하며 그림으로 남겼습니다. 다른 개념으로 접근해야 한다면서 사자와 토끼가 사이좋게 함께 살고 있는 그림으로 묘사하기도 했습니다. 당연히 이건 유토피아가 아닙니다. 토끼야 좋겠지만 그러면 사자는 뭘 먹고 살라는 겁니까?

저 깨끗하고 풍족하며 안전한 두바이의 이면에 무엇이 있을까요? 2013년에 젊은 두 남녀가 두바이 해변에서 키스를 하다가 체포되었

1,2 구글 검색에서 가장 먼저 나오는 유토피아 이미지와 두바이의 실제 이미지. 현대인이 꿈꾸는 유토피아란 이런 곳이다.

3,4 거대한 부에 가려진 뭄바이와 멕시코시티의 빈민촌. 오늘도 중심가의 부자들은 슬럼에서 무슨 일이 벌어지든 상관없는 삶을 살고 있을 것이다.

습니다. 이들이 입을 맞추는 모습을 본 어린아이가 어머니에게 알렸고 어머니가 경찰에 신고를 해서 현장에서 체포된 사례입니다. 두 남녀는 징역 1년형을 선고받았습니다. 그리고 영국 여성이 두바이에 입국하다가 마약 소지죄로 체포된 일도 있었습니다. 자신은 마약을 한 적이 없다고 항변했지만 두바이 경찰은 그녀의 신발 바닥에 묻은 극소량의 마리화나를 문제삼았습니다. 경찰은 상대적으로 많은 영국 젊은이들이 마리화나를 피우는 현지 현실을 전혀 고려하지 않았습니다. 결국 결백을 주장하던 영국 여성은 실형과 함께 추방명령을 받았습니다. 두바이는 이 정도로 제약이 많은 곳입니다. 이런 곳에 자유가 있을까요? 유토피아라는 개념은 세련된 도시 같은 곳이 아니라, 자유·평등·인권 보장이 가장 기본인 곳입니다. 식량이나 자본이 균등하게 나누어지며 모든 사람이 고루 행복한 곳입니다. 사실 토머스 모어는 유토피아를 대서양에 있는 섬나라로 상상하고 그렸습니다.

디스토피아라는 개념도 있습니다. 유토피아의 반대편에 있는 곳입니다. 예를 들어 영화 〈매드맥스4: 분노의 도로〉에서 '임모탄 조'라는 인물이 다스리는 세상이 디스토피아입니다. 특징은 무질서, 불안, 독재, 식량 독점, 부의 부족과 분배의 불평등입니다. 이런 곳에 살고 싶은 사람은 아무도 없습니다. 그런 미래를 우리의 이상향이라고 하는 사람도 없고요. 디스토피아는 우리가 가야 할 곳이 아니기 때문에 최악의 상황, 최악의 환경을 두고 논쟁은 하되 합의를 할 필요는 없습니다. 문제는 오히려 유토피아입니다. 모든 인류, 모든 사회의 목표인 유토피아가 어떤 모습인지 합의를 하기란 쉽지 않습니다.

저는 유토피아에 살고 싶습니다. 하지만 제가 유토피아에 살기 위해서 타인을 희생시켜야 한다면, 혹은 그 반대의 상황이라면 어떻게 해야 할까요? 사람들은 얼마나 절제를 할 수 있을까요? 우리가 절제할 수 있을까요? 말로는 누구나 "내가 양보하겠다"고 할지 모릅니다. 하지만 우리 눈앞에 타인이 유토피아로 가는 계단과 내가 희생해야 하는 낭떠러지가 동시에 펼쳐져 있다고 가정해보죠. 과학기술과 자본주의가 극대화된 곳에는 이런 일들이 벌어질 수 있습니다. 겉보기는 유토피아지만 조금만 외곽으로 벗어나면 문명의 이기조차 닿지 않는 곳이 방금 이야기한 '계단과 낭떠러지'가 공존하는 공간입니다. 놀랍게도 그런 곳이 실재합니다. 바로 멕시코시티입니다. 중심가 부유한 마을의 아파트에는 각 층에 개인 풀장이 있습니다. 하지만 불과 몇 걸음 떨어진 곳에는 슬럼가가 있습니다. 인도, 특히 뭄바이는 세계에서 물가가 가장 비싼 곳 가운데 하나입니다. 또한 그만큼 모든 게 풍족합니다. 하지만 뭄바이의 중심지를 둘러싼 거대한 슬럼을 봅시다. 부(富)는 슬럼가 같은 주변의 삶을 외면하고 있습니다. 과연 우리는 그렇게 안 되리라는 보장이 있을까요? 자신 있게 말하기 어렵습니다. 예전에 인도를 여행하던 중에 뉴델리에서 소위 상류층이라는 인도인들과 이야기를 나눈 적이 있습니다. 저더러 숙소가 어디냐고 묻기에 값싼 외곽 지역의 숙박업소를 잡았다고 말했습니다. 그랬더니 그들이 저더러 문자 그대로 "미쳤다"고 말했습니다. 그곳은 가

난한 미친 사람들이 사는 곳이라는 겁니다. 정말 제가 묵은 곳이 미치광이들의 빈촌이었을까요? 결코 그렇지 않았습니다. 저렴한 가격으로 숙식을 해결할 수 있어서 세계 여러 나라 사람들이 즐겨 찾는 곳이었습니다. 델리의 '강남'에 사는 사람들에게 '강북'은 사람이 사는 곳으로 생각되지 않습니다. 부유한 중심가와 외곽은 완전히 다른 세계였던 겁니다. 지금도 중심가의 부자들은 슬럼에서 무슨 일이 벌어지든 상관없는 삶을 살고 있겠죠.

지저분한 현실 vs. 행복한 가상세계 : 어느 곳에 살 것인가

유토피아에서 한발 나아가 우리 인류가 만들어낼 '세계'에 대해 이야기를 해보겠습니다. 여기서 세계란 유니버스와 같은 공간의 개념이라기보다는 코스모스에 가까울 것입니다.

우리 인류는 과학기술로 세상을 바꿔왔습니다. 하지만 지금까지는 본래 있는 것을 대체해서 우리의 삶을 편리하게 만드는 것이 주종이었습니다. 예를 들어 두 다리보다 빨리 이동하기 위해 자동차를, 육안보다 더 작은 것을 보기 위해 현미경을 만들었습니다. 20세기 중후반부터는 양상이 바뀌었습니다. 그저 존재하던 세상을 개량하는 게 아니라 세상과 우리 전체를 완전히 다른 것으로 만들 수 있는 가능성을 개발했습니다. 이 범주에는 여러 가지가 포함되겠지만 대표적으로 생각하는 기계, 즉 컴퓨터가 있습니다. 그 가운데 하나는 가상현실입니다. "기계는 세상의 꿈을 꾸는가?"라는 한 문장으로 가상현실의 현실성을 말할 수 있습니다.

인간은 세상을 어떻게 인식합니까? 당신은 지금 하얀 종이 위에 검은 잉크로 인쇄된 문자를 눈으로 보고 있습니다. 이것을 어떻게 인식할 수 있을까요? 간단합니다. 눈으로 검은 글자를 읽고, 손으로 종이를 넘겨보고, 귀로 종이가 넘어가는 소리를 듣고, 표지의 냄새를 맡아보고, 혀로 핥아볼 수 있습니다. 인간은 오감으로 세계를 인식합니다. 세계를 인식하는 방법은 이것밖에 없습니다. 만약 감각세포의 흐름이 끊겨버린다면 우리는 아무것도 인식하지 못하는 암흑의 세계에서 살아가야 합니다. 다시 말해서 감각을 적당히 조절하면 가상세계를 창조할 수도 있다는 것입니다.

삼성전자는 2015년 9월에 가상현실 헤드셋인 '삼성 기어VR'을 공개했습니다. 렌즈는 두 개가 있으며 스마트폰과 연동되어 입체영상을 보여줍니다. 현재 가상현실 구현이 어느 단계까지 와 있는지 2014년에 개발자용으로 발매된 '삼성 기어VR' 헤드셋으로 가상현실을 묘사해보겠습니다.

"헤드셋을 썼습니다. 눈앞에 있는 여러분은 사라지고 스마트폰의 어플리케이션이 보여주는 영상이 나타나기 시작합니다. 눈앞에 가상현실 속의 사람인 여성 A가 서 있습니다. 제가 고개를 돌려도 A는 시선을 따라오지 않습니다. 그때 A가 제게 다가옵니다. 고개를 숙이거

1 페이스북이 2조5000억 원을 들여 인수한 오큘러스 리프트의 가상현실 헤드셋인 '오큘러스 VR'.

2,3 가상현실 속의 호화주택과 현실의 슬럼가. 가상현실이 정말 현실처럼 느껴지는 세상이 온다면 절망적인 진짜 현실 대신에 안락하고 무엇이든 할 수 있는 가상현실에서 살아가기를 선택하게 될지도 모른다.

나 들어도 마찬가지입니다. 이 헤드셋을 쓰면 가상현실 외에 실제 현실의 빛은 모두 차단됩니다. 뒤를 돌아보면 저 멀리 높은 빌딩이 보입니다. 다시 뒤를 돌아서 처음에 봤던 곳을 보니 A가 한층 더 가까이 다가오는 중이었습니다."

이 정도만 해봐도 가상현실은 꽤나 현실적인 느낌입니다. 시연을 해보다가 정말 깜짝 놀라는 사람도 있습니다. 하지만 이 정도는 가상현실의 초기 단계에 불과합니다.

사실상 최초의 현실적인 게이머용 가상현실 헤드셋의 선구자는 오큘러스 리프트(Oculus Rift)라는 기업입니다. 이 기업은 페이스북이 2조5000억 원에 인수한 것으로 단숨에 세계에 자신들의 존재감을 알렸습니다. 현재 IT 분야에서는 가상현실의 성공 가능성을 높게 보고 있습니다. 애플, 인텔, 마이크로소프트, 페이스북, 구글 등이 가상현실 스타트업에 뛰어들었습니다. 짧으면 1~2년 멀어도 5년 후에는 모두가 가상현실 기기를 가지고 있을 것으로 예상합니다. 지금 누구나 스마트폰을 가지고 있듯이 말이죠. 가상현실의 궁극적인 목표는 뇌가 오감을 통해 현실 세계로부터 받은 자극을 '현실'로 받아들이듯이, 가상세계의 자극을 뇌로 보내어 가상을 현실로 시뮬레이션하는 겁니다. 이는 결코 불가능한 일이 아닙니다.

페이스북이 오큘러스 리프트를 왜 인수했을까요? 페이스북의 미래가 가상현실 커뮤니티에 있다고 판단했기 때문입니다. 페이스북은 소셜네트워크 기업입니다. 가까운 미래에 우리는 페이스북이 전 세계에 구축해놓은 가상현실 네트워크에 가상의 집을 만들어놓고 친구를 초대하여 현실에서는 가지고 있지 않은 포르쉐 스포츠카나 모나리자를 함께 감상할 수 있을 겁니다.

가상현실의 자극이 극도로 정교해지고 우리 뇌에 직접적인 전기신호로 연결되면 우리는 가상현실에서 무엇이든 할 수 있습니다. 운동, 음주, 연애 등 지금까지의 '온라인' 개념으로는 상상조차 할 수 없던 일들을 할 수 있습니다. 아이돌이 되어 5만 명이 운집한 콘서트 무대에서 노래를 할 수 있습니다. 훌리건이 가득한 축구 경기장에서 바르셀로나FC(혹은 레알 마드리드)의 선수가 되어 멋진 골을 넣고 맨 오브 더 매치에 선정될 수 있습니다. 알프스에서 스키를 타고 싶습니까? 현실에서는 여행비도 비싸고 알프스에 올라가기도 힘듭니다. 배고프고 허리 아픕니다. 하지만 가상현실에서는 훨씬 쉽게 할 수 있습니다.

물론 처음에는 장난 같겠지만 기술이 발달하면 우리는 여행이나 운동을 가상현실에서 하게 될 것입니다. 이런 가상현실 기술은 21세기 중에 현실로 다가올 겁니다. 지금의 가상세계는 아직 초라하지만 기술의 발전 속도를 감안하면 20년 후에는 현실과 구분할 수 없는 수준에 다다를 겁니다. 레저나 관광 관련 기업이 도산하고 시장이 붕괴할지도 모릅니다. 정말 유별난 사람이나 많은 돈을 들여서 진짜로 알프스에 올라 스키를 즐기는 세상이 도래할지 모릅니다. 실제 경험과 가상 경험을 구분조차 할 수 없는 날이 오면 지저분한 현실 대신에 안전하고 재미있고 만족스럽고 편안한 가상현실이 진짜가 될지도 모릅니다.

이 세계가 가상현실이 아니라는 증거가 어디 있단 말인가?

"이번이 마지막 기회야. 결정하면 되돌릴 수 없어. 파란 약을 먹으면 꿈을 꾼 것처럼 이 상황에서 벗어나 예전의 일상으로 돌아가게 돼. 빨간 약을 먹겠다면…… 토끼굴이 얼마나 깊숙이 이어지는지 보여주지."

미래 사람들이 가상세계에 점점 빠져서 그 속에서 '실제 삶'을 살게 된다고 가정해봅시다. 그러면 현실 세계는 어떻게 될까요? 아마도 영화 〈매트릭스〉의 세계와 비슷한 꼴이 되지 않을까 합니다. 바깥 세계의 중요성 따위는 아무래도 상관없는 세상이 되는 겁니다. 가상세계에서 맛있는 음식을 먹을 수 있고, 현실과 달리 미남이나 미녀가 되어 살 수 있습니다. 놀이도 훨씬 재미있어집니다. 인간의 습성과 욕망과 과학기술의 발전을 생각해봤을 때, 과연 불가능한 미래라고 부정할 수 있을까요? 바깥세상에서 '모피어스'와 같은 인물이 나타나서 진실을 알려준다면, 함선 속 좁아터진 곳에서 꿀꿀이죽이나 먹는 것이 현실이 될 겁니다. 〈매트릭스〉는 영화에 불과합니다. "기계의 지배를 받는 행복한 가상현실보다 비참하지만 우리 두 발로 걷는 세상에서 살아야 해" 하고 말할 수도 있습니다. 하지만 지금 이 세계가 매트릭스의 가상현실이라고 생각해봅시다. 현실 세계로 가면 누더기를 입고 항상 굶주리며 언제 기계의 습격을 받아 비참하게 죽을지 모릅니다. 과연 사람들은 어떤 세상을 선택할까요?

결국 무엇이 진실인지는 중요하지 않습니다. 우리가 무엇을 원하는가가 중요합니다. 더욱 놀라운 것은 어쩌면 우리는 정말로 '매트릭스'에서 살고 있는 것일지도 모른다는 사실입니다. "이 세계가 가상현실이 아니라는 증거가 어디 있는가?" 철학과 과학은 이 물음을 놓고 진지하게 이야기를 하고 있습니다. 옥스퍼드 대학의 철학과 교수인 닉 보스트롬(Nick Bostrom)은 우리가 살고 있는 이 세상이 컴퓨터 시뮬레이션이라고 말합니다. 과학기술이 고도로 발달하면 다수의 인공적인 의식을 만들어낼 수 있다고 합니다. 컴퓨터가 극도로 발달한 시대라면 인공적인 의식을 하나만 만들어서 가동하지는 않을 겁니다. 수많은 사람들이 수많은 '가상세계 시뮬레이션'을 만들어서 가동하고 있을 겁니다. 지금 우리가 살고 있는 이 세상과 아주 비슷한 시뮬레이션을 돌릴 확률도 매우 높습니다. 그 가상세계 속의 가상의 인간들은 자신이 가상의 인물이며 자신의 세계가 가상세계라는 사실을 모릅니다. 여기서 또 한 가지 상상이 가능합니다. 가상세계 속 사람들이 문명을 발전시켜서 자신의 창조주와 똑같이 창조주가 되어 가상세계 속 가상세계를 만들 수도 있습니다. 그리고 가상세계 속 가상

✖ 옥스퍼드 대학 철학교수 닉 보스트롬의 가상세계 시뮬레이션 가설.

세계가 또 가상세계를 만듭니다. 이것은 무한이 될 수 있습니다. 인간이 1년 동안 하는 계산을 컴퓨터는 10초 만에 할 수 있습니다. 실제로 이런 가상세계를 만들어서 운영할 수 있는 생명체가 우주에 있으며 가상세계 속 가상세계가 수없이 반복된다면 결과적으로 가상세계는 수백억 개가 있을 수도 있습니다. 그렇다면 우리와 우리의 세계는 어느 쪽에 속할 확률이 높을까요? 하나의 진짜 현실인 '1'에 있을 확률이 높을까요, 아니면 수백억 개의 세계 가운데 하나일 확률이 높을까요? 우리 세계는 수백억을 넘어 수조, 수경 개

<닉 보스트롬 교수의 가상세계 시뮬레이션 가설>

1. 우리와 다른 문명이 인공적인 의식을 컴퓨터 시뮬레이션으로 구축했을 가능성이 있다.

2. 그 문명은 수천억, 수천조에 달하는 가상세계 시뮬레이션을 실행하기도 할 것이다.

3. 시뮬레이션 내부의 존재는 자신이 시뮬레이션 내부에 있다고 눈치 채지 못할 것이다. 그들은 단지 자신이 현실 세계라고 믿는 세계에서 일상을 보내고 있다.

결론a: 우리는 그러한 가상세계 시뮬레이션을 개발하는 능력을 손에 넣는 실제 우주의 거주자다.

결론b: 우리는 그러한 수십억 시뮬레이션 안의 거주자들 중 하나다(시뮬레이션 내부의 거주자는 자신과 세계가 시뮬레이션이라는 사실을 눈치 채지 못한다).

의 세계 가운데 하나일 수도 있습니다. 이것이 일개 철학자의 사고실험에 불과할까요? 놀랍게도 이 가상세계 가설은 과학과도 맞닿아 있습니다.

20세기의 가장 중요한 물리학 이론 두 개가 있습니다. 하나는 일반상대성이론입니다. 그리고 다른 하나는 양자역학입니다. 양자역학이 풀어내는 세계는 정말 기묘합니다. 우리가 이해할 수도 받아들일 수도 없는 것들을 증명합니다. 우리가 받아들이기 어려운 세상의 비밀은 양자역학의 실험으로 증명됩니다.

실험자가 공을 하나 들고 있습니다. 그리고 앞에는 공이 통과할 만한 크기의 구멍이 뚫린 1번 벽이 있습니다. 그 벽 너머에는 또 하나의 평범한 벽인 2번 벽이 있습니다. 공에 페인트를 묻힙니다. 공을 던져서 구멍을 통과시키지 못하면 1번 벽에 부딪힙니다. 1번 벽의 구멍을 통과시키면 2번 벽에 부딪힙니다. 제가 공을 계속 던집니다. 대부분 실패했고 어쩌다가 한 번 공이 구멍을 통과해 2번 벽에 부딪힙니다. 결과적으로 1번 벽에는 구멍을 중심으로 일직선 비슷한 자국이 생깁니다. 이게 일상의 상식적인 모습입니다. 그런데 '작은 세상'에서는 이 법칙이 성립하지 않습니다. 소립자의 세계에서는 1번 벽에 구멍을 두 개 뚫어놓고 공을 하나 던지면 구멍 두 개를 동시에 지나서 2번 벽에 파동의 간섭무늬를 남깁니다. 말도 안 되는 이야기죠. 간단히 말해서 큰 세계에서는 당연한 것들이 작은 세계에서는 일어나지 않습니다. 일어날 가능성이 있는 상황들이 중첩되어 있다가 관측되는 순간 하나의 상태로 확정된다는 뜻입니다. 관찰자가 보지 않는다면 공이 벽을 그냥 통과할지도 모른다는 뜻으로 생각해보면 쉽게 이해가 갈 겁니다. 이는 결과 때문에 과정이 생기는 것으로 볼 수 있습니다. '슈뢰딩거의 고양이' 실험이 이런 것입니다. 이 세계에서 관측하고 있는 것만으로도 우주에 영향을 준다는 뜻입니다.

세상의 모든 것은 이 법칙의 영향을 받게 됩니다. 다만 우리 주변에 저런 일이 일어나지 않는 이유는 관찰자라는 방해가 너무 많기 때문입니다. 이런 관점에서 물질은 정보에서 온다고 볼 수 있습니다. 보통은 물질이 먼저 존재하고 그것을 생각해주는 게 정보라고 생각합니다. 하지만 현대 과학계에서는 정보가 물질의 근본이라고 보는 시각이 있습니다. 정보가 현실화하는 것이라고 봅니다. 우리의 벽 뒤에서, 혹은 지하에서, 저 하늘의 여객기 내부에서는 어떤 일이 일어나는지 알 수 없습니다. 우리가 직접 관찰하기 전에 저 일들은 그저 존재 가능한 생태들로 중첩되어 확률만으로 존재합니다. 만약 우리가 가상세계에 살고 있는 것이라면 벽 너머의 교무실 상황, 아직 오지 않은 버스 내부, 사장실에서 벌어지는 자사와 경쟁기업 사이의 인수합병 회의 결과 등은 수많은 확률로 존재합니다. 가상세계에서 문을 열고 교무실에 들어서는 순간 가상세계에서 프로그램이 확률을 계산하여 결과를 도출하고 그 안에서 있었을 일의 과정이 결정된다고 가정해보죠. 아직 오지 않은 버스 내부는 무수히 많은 가능성이 떠돌다가 당신이 올라타는 순간에 결정됩니다.

인류 문명의 후손이 인공지능으로 움직이는 기계라고?

또 하나는 인공지능입니다. 〈터미네이터〉라는 유명한 영화가 있습니다. 이 영화에는 '스카이넷'이라는 인공지능이 등장합니다. 작중 미국에서 안보 시스템으로 개발되었던 것이 자기인식상태로 도달하게 돼요. 그래서 국방부에서 전원을 내리려 했는데 이 인공지능이 살아남으려고 핵전쟁을 벌이게 됩니다. 그 속에서 살아남은 사람들이 기계를 향한 투쟁을 일으키게 되는 것입니다. 시대적 배경이 1997년이다 보니 지금 관점에서는 허망할 정도로 어색한 관점이긴 합니다. 과연 자기가 살기 위해서 인간을 없애려고 하는 이런 인공지능이 있을 수 있을까요? 어떤 이들은 가능한 것뿐만 아니라 몇 십 년 내로 이런 일이 일어난다고 봅니다. 현재 컴퓨터가 인간에 뒤처진 이유는 인간을 해치지 말라는 명령 칩이 있어서가 아니라 단지 컴퓨터가 기술적으로 그만큼 발전하지 못했기 때문이라고 봅니다. 만약에 이게 사실이라면 미래에는 스카이넷과 같은 인공지능 기계들이 생겨날 테지요.

우리가 알고 있는 대표적인 인공지능은 인공지능 청소기입니다. 그 외에도 많은 인공지능이 있고 또 개발 중입니다. 기계가 똑똑할수록 인간의 삶은 편해집니다. 인공지능의 수준이 높아지면 활용도가 다양해지기 때문입니다. 스포츠도 같이 할 수 있고, 철학을 주제로 토론을 벌일 수도 있습니다. 컴퓨터는 인간과 달리 피로해지지도 않고 안정성과 효율성만 신경을 쓰면 됩니다. 여기서 한 가지 문제는 이 인공지능 로봇들이 언제까지 주인의 말에 따르는 기계로 남아주느냐는 겁니다. 의식을 가진 인공지능의 창조는 곧 인공 생명의 창조를 뜻하기 때문입니다. 제게 10년을 함께한 청소로봇이 있다고 가정해봅시다. 대화도 하고 장난도 함께 곧잘 칩니다. 그러다가 갑자기 "아저씨, 저 인권을 주세요"라고 말합니다. 화들짝 놀라서 "혹시 학대를 받니?"라고 했더니 청소기 로봇이 대답합니다. "그건 아니지만 저도 생명이니까 인권이 있어야 해요. 어떻게 생각하세요?" 인공지능 학자들에 의하면 이런 일이 조만간 현실로 일어날 갈등입니다.

인공지능에 관련하여 반드시 알아둬야 할 사람이 두 명 있습니다. 한 명은 메사추세츠 공과대학의 마빈 민스키(Marvin Minsky) 박사입니다. 민스키 박사는 컴퓨터 분야의 노벨상이라고 불리는 튜링상 수상자입니다. 그는 로봇과 인공지능에 관련하여 우리가 그들의 요구를 받아들이는 것은 당연하며 그들에게 인간의 뒤를 잇게 해야 한다고 주장합니다. 인간이 로봇을 만들었기 때문에 로봇은 인간 마음의 후손이라는 이유에서 말입니다. 신이 자신의 모습을 바탕으로 인간의 모양을 만들었다면, 인간은 인간의 모습으로 로봇을 만든 겁니다. 인간은 스스로 창조주라고 말합니다. 하지만 로봇은 인간보다 똑똑하고 죽지 않으며 더 오랜 시간 경험하고 지혜를 쌓을 것이기 때문에 인간보다 나은 존재일지도 모릅니다. 그런 날이 오거나 오지 않더라도 로봇이라는 가능성을 남긴다면 인간은 수명을 다한 것이라는 뜻이죠. 그는 진지한 목소리로 인간은 생물학 법칙에 의해서 도태되고 말 것이라고 예상합니다. 우주를 탐사하는 건 인간이 아니라 로봇이 될 것이고요.

이런 견해를 현대의 인간은 어떻게 생각할지 모르겠습니다. 청소로봇이 자유를 달라고 했을 때 차마 "네가 고장이 났구나"라면서 폐기하지는 못할 거예요. 우리는 친구거든요. 인간과 로봇이 신뢰를 쌓는다면 로봇은 인간에게 "너희 인간보다 뛰어난 우리 로봇들이 너희가 하지 못한 일을 대신 해줄게"라고 말할 날이 올지도 모른다는 겁니다. 기계가 우리를 이어받아서 인류의 문명과 문화유산을 발전시키는 세상이 올지도 모른다는 것이고요. 이런 세상은 유토피아입니까, 디스토피아입니까?

가상현실은 정말 아름답고 편하고 누구나 행복하다고 가정해보죠. 그런데 현실 세계는 쓰레기예요. 외계인이 본다면 기가 막힐 정도로 말이죠. 그런 세상은 유토피아입니까, 디스토피아입니까? 로봇과 인간, 가상세계와 현실 세계에서 어느 쪽이 유토피아고 디스토피아인지 혼동되는 겁니다.

저는 작가입니다. 지금까지 '21세기 과학 최악의 미래'를 이야기했고 그런 세상을 피하기 위한 여러 미래 세계를 살펴봤습니다. 분명한 것은 이런 세계가 결코 SF소설 속의 세계가 아니라 현재 과학자들이 연구하고 있는 주제라는 사실입니다. 과학자들은 21세기가 지나가기 전에 우리가 말하는 유토피아 혹은 디스토피아가 도래할 것이라고 말합니다. 잘못하면 지구, 인간, 문명의 종말 가운데 하나가 닥쳐올지도 모릅니다. 우리는 아직 오지 않은 오늘에게 다음과 같이 말해야 합니다. "아직은 아니야." 그리고 "나의 유토피아를 위해 너의 디스토피아를 만들지 않겠어." 관측되지 않은 양자역학 속 세계처럼 미래는 어떻게 될지 모르지만 희망을 가집시다. 우리 인류는 지금까지 최악의 상황을 피해왔고 앞으로도 그럴 것입니다.

과학과 휴머니즘의 해후

이명현

인간을 디자인하는 시대가 열리다

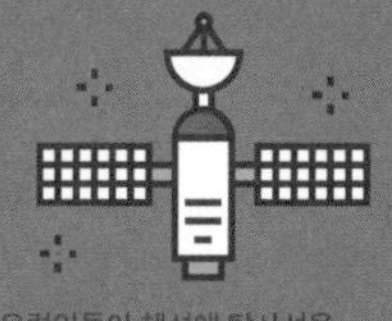

유럽인들이 혜성에 탐사선을 보낸 이유는?

로봇은 인간의 조력자인가, 준비된 배신자인가

과학의 가치: 상상을 일상으로 만드는 힘

우유 하나로 모든 과목을 가르치다

과학의 휴머니즘이란 무엇인가?

미래는 에디팅EDITING의 시대다

인공지능은 자아를 가질 수 있을까?

다윈을 이해하려는 사람은
칸트를 읽어야 한다.

에른스트 P. 피셔, 《과학을 배반하는 과학》

유럽인들이 혜성에 탐사선을 보낸 이유는?

2014년 11월, 인류의 우주탐사 역사에 길이 남을 사건이 일어났습니다. 유럽 우주국 ESA가 혜성에 우주탐사선을 착륙시킨 것입니다. 미국 NASA가 미국에 있는 것처럼, ESA는 유럽 우주국을 뜻합니다. 불행히도 우리나라는 우주 개발을 총괄하는 기구가 아직 없습니다. 유럽 우주국에서 로제타(Rosetta)라는 혜성 탐사선을 보내서, 날아가는 혜성을 추적하여 10년 만에 착륙을 시도했습니다. 로제타는 혜성을 따라 다가가 작은 탐사선인 필레(Philae)를 착륙시켰습니다. 이 프로젝트가 성공했느냐고 묻는다면, 절반은 성공했다고 할 수 있습니다.

혜성에 착륙하는 장면이 생중계됐는데, 착륙하는 순간에 이런 말이 나왔습니다. "상상 속 과학은 현실 속 과학이 된다(Science fiction become science fact)." SF는 과거를 상징하는 것도 있지만, 다가오는 미래에 달라지는 생활양식을 표현합니다. 우리가 만든 인공물이 혜성에 착륙했다는 것은 우리가 꿈꾸던 것이 성공했다는 의미지요. 위와 같은 그런 뜻에서 나온 표현입니다. 하지만 이 프로젝트는 절반의 실패이기도 했습니다. 세계 최고의 과학자들이 모여서 추진한 프로젝트였음에도 완벽하게 성공하지 못했지요. 그만큼 혜성에 인공 구조물을 안전하게 착륙시켜서 원하는 곳을 촬영한다는 것은 힘든 일입니다.

예를 들어봅시다. 지구에서 달까지 가는 데 이틀에서 사흘 정도 걸립니다. 로켓을 발사하는 시간까지 합치면 왕복 일주일입니다. 그럼 지구에서 화성까지는 얼마나 걸릴까요? 8개월에서 9개월이 걸립니다. 일주일과 9개월은 완전히 다른 차원의 일입니다. 나아가 혜성 탐사선 로제타 역시 달 착륙과는 난이도가 다른 프로젝트였습니다. 혜성은 이동 속도가 굉장히 빠르고 궤도가 행성과 다르기 때문에 따라가는 게 어렵기 때문입니다.

혜성 탐사가 어려운 또 다른 이유도 있습니다. 우주인들이 달에 착륙해서 걸어 다니는 영상들 보셨죠? 지구에서는 위로 뛰었을 때 바로 땅에 착지하지만 달에서는 통통 '튀어 다닙니다'. 이는 중력 때문입니다. 혜성의 중력은 더욱 약합니다. 혜성은 굉장히 작은 천체이기 때문이죠. 혜성에 동그랗고 긴 꼬리가 나타나서 커 보일 뿐, 실제로는 달에 비하면 매우 작습니다. 화성과 목성 사이에 소행성대가 있어요. 그중에 제일 큰 소행성이 세레스입니다. 세레스는 명왕성과 함께 왜소행성으로 분류되는데 지름이 불과 1000km 정도입니다. 그 많은 소행성들의 질량을 다 합쳐도 달보다 작습니다. 왜 착륙하기 힘든지 아시겠죠? 지구의 공중에서 지면을 향해 빠른 속도로 낙하할 경우에는 충돌에 따른 충격을 걱정해야 합니다. 하지만 혜성에서는 이런 걱정을 할 필요가 없습니다. 달보다 더 작은 혜성에 떨어지면 충격을 입기보다는 오히려 튕겨져 나가는 것을 걱정해야 합니다. 그래서 어떻게 안 튕겨 나갈 것인가, 이게 로제타 착륙의 가장 큰 숙제였습니다. 더구나 엄청나게 빠른 속도로 움직이는 혜성에 가는 것이기 때문에 이동 경로와 속도를 정확히 예측해야 했습니다.

혜성 착륙이 어려운 이유는 지표면 때문이기도 합니다. 지구의 지각은 대부분 딱딱합니다. 하지만 혜성 표면은 푸석푸석해요. 달도 마찬가지입니다. 처음 달에 착륙했을 때도 지표면 상태가 가장 걱정스러웠습니다. 그래도 달은 예상보다 딱딱해서 탐사선이 잘 내렸습니다. 혜성의 표면도 예측을 해야 합니다. 내릴 때도 힘을 빼서 살포시 내려야 하죠. 안 튕겨져 나가기 위해서 말입니다. 천천히 착륙하는 정도로 해결될 문제가 아니었습니다. 그래서 착륙할 때 갈고리나 작살을 이용해 지표면에 탐사선이 안전하게 내려설 수 있도록 설계를 하는 겁니다. 영화 〈도둑들〉에서 도둑이 쓰는 작살처럼 말입니다. 필레에는 작살을 지표면에 박아서 동체가 튕겨 나가지 않도록 고정하

✖ 로제타의 착륙선 필레는 “good night”이라는 메시지를 끝으로 작동을 멈췄다. 하지만 혜성이라는 우주의 타임캡슐을 최초로 연구했다는 의미에서 인류는 위대한 도약을 했다고 평가받는다. 사진은 탐사선 로제타와 착륙선 필레, 67P/추류모프-게라시멘코 혜성.

는 기능이 있었습니다. 하지만 로제타가 착륙할 때 예상치 못했던 문제가 발생했습니다. 혜성의 표면이 생각보다 덜 딱딱했습니다. 착륙용 작살을 쏜 것까지는 좋았는데 지표면은 모래처럼 푸석푸석했습니다. 작살은 의도대로 지표면에 박혔지만 동체를 안전하게 착륙시키는 데 도움이 되지 못했습니다.

문제가 하나 더 있었습니다. 혜성의 형태는 둥글지 않고 감자처럼 울퉁불퉁합니다. 착륙을 하려고 보니까 하필 절벽 부분이었던 겁니다. 원하는 곳에 착륙할 수 없고 자꾸 튕겨 나가다 보니 절벽에 있게 된 거죠. 여기서 무슨 문제가 발생할까요? 배터리는 무게 때문에 많이 가져올 수 없었습니다. 그래서 태양에너지로 충전을 해야 하는데 태양을 보지 못하는 문제가 생긴 거예요. 처음에는 탐사선을 옮기려고 노력했지만 실패했습니다. 결국 불완전한 착륙을 한 상태인 겁니다. 지금은 잠들어 있고 계속 이동하는 혜성이 언젠가 태양을 바라보게 되면, 다시 작동해서 정보를 전송하려 하겠지죠. 일종의 동면입니다. 그래서 아쉽지만 절반의 성공이라고 표현을 했습니다.

과학의 가치: 상상을 일상으로 만드는 힘

이야기가 길어졌습니다. 필레가 혜성에 착륙을 하는 순간, 상상 속 과학이 현실 속 과학이 되었다는 말을 듣고 저도 박수를 쳤습니다. 제가 말씀드리고 싶은 것은, 비단 이것뿐만 아니라 우리가 살고 있는 지금 이 시점에서 과거 픽션이었던 것들이 팩트가 된 사례가 굉장히 많다는 것입니다. SF소설이나 영화 같은 데서 미래 유추를 하지 않습니까? 어느 시대에 가면 사이보그가 등장할 거고, 또 어느 시대에는 인공지능이 등장할 거라고 예상 연도를 써놓습니다. 그 가운데 많은 것들이 실현되었죠. 예를 들어볼까요. 혹시 쥘 베른의 《해저 2만 리》를 읽어보신 분이 계십니까? 《해저 2만 리》에서 잠수함이 나옵니다. 그때는 잠수함이 발명되기 전입니다. 쥘 베른은 상상 속에서 잠수함을 만들어서 세계 밑바닥을 돌아다니는 설정을 했던 겁니다. 이후 세계 최초의 핵 잠수함이 탄생했을 때 이 작품에 등장하는 잠수함 이름을 따서 지었다고 합니다. 그게 바로 USS 노틸러스죠. 이런 사례가 꽤 많습니다. 참고로 이 작품은 번역가가 엄청 고생했다고 합니다. 존재하지 않는 생물이 무수히 등장하기 때문이지요. 원래 존재하는 생물도 워낙 많이 나오는데, 없는 생물까지 나오니 배로 힘들었다고 합니다. 《해저 2만 리》는 아이들만을 위한 작품이 아닙니다. 저도 어릴 때 읽었지만, 어른이 되어서 읽어보니 상상력이 극대화된 작품이더라고요. 다시 읽어보시길 추천합니다.

1972년에 사이보그라는 개념이 등장합니다. 사이보그는 일종의 기계 인간화입니다. 기계의 인간화 기점은 2013년이라고 하는데, 사이보그라는 개념을 어떻게 규정하느냐에 따라서 논란이 일 수도 있습니다. 현재 많은 사람들이 인공적인 물질을 몸에 넣은 채 살고 있습니다. 축구선수 중에 다리가 부러진 사람들은 금속막대를 달고 있고요. 인공 심장뿐만 아니라 다른 인공 장기를 달고 있는 사람들도 많습니다. 최근에는 치매 환자들의 단기기억을 담당하는 해마에 플래시 메모리를 삽입하는 임상실험도 하고 있습니다. 이미 우리의 일정 부분은 사이보그화 되어 있다고 할 수 있습니다. 저도 안경을 쓰고 있고 심장 혈관에 무언가를 박아놨거든요. 그렇기 때문에 광범위한 의미에서 사이보그다, 이렇게 말할 수 있는 겁니다.

그렇지만 본격적인 사이보그가 등장한 것은 2013년입니다. 바이오닉 넥(Bionic Neck)이라고 하는, 다리에 연결시킨 기계를 다시 뇌와 연결시켜서 몸과 기계가 일체화되는 기계가 출시되었습니다. 이 바이오닉 넥의 탄생 시점을 사이보그 원년으로 잡았습니다. 지금은 팔이나 다리를 붙이는 사이보그뿐 아니라, 의류 형태로도 나오고 있습니다. 다리를 쓰지 못하는 환자가 입으면 약간의 전류로 움직이는 다리 바지 같은 것이 의료 목적으로 나오고 있거든요. 장애인의 등급이 나눠지듯이 이런 기계들도 등급이 나눠집니다.

넓은 의미로 생각하지 않더라도 우리가 살고 있는 시대는 영화에서 보던 사이보그가 실현되는 과정이라고 볼 수 있습니다. 우리는 이미《은하수를 여행하는 히치하이커》라는 소설에 나오는 것이 대부분 실현된 시대에 와 있는 겁니다. 2012년 18대 대통령 선거에서 2012년 18대 대통령선거 당시 안철수 후보가 출마 선언을 하면서 언급했던 SF소설《뉴로맨서》와 작중 기술인 '사이버 스페이스'가 유명세를 탄 적이 있습니다. 놀라운 것은 이 책은 인터넷이 본격적으로 보급되기 전인 1984에 출간되었다는 사실입니다. 월드와이드웹(www)을 개발한 유럽입자물리연구소(CERN)가 세미나에서 "10년 후에는 웹이 세상을 바꿀 것"이라고 의미심장한 전망을 내놓기도 했습니다. 우리

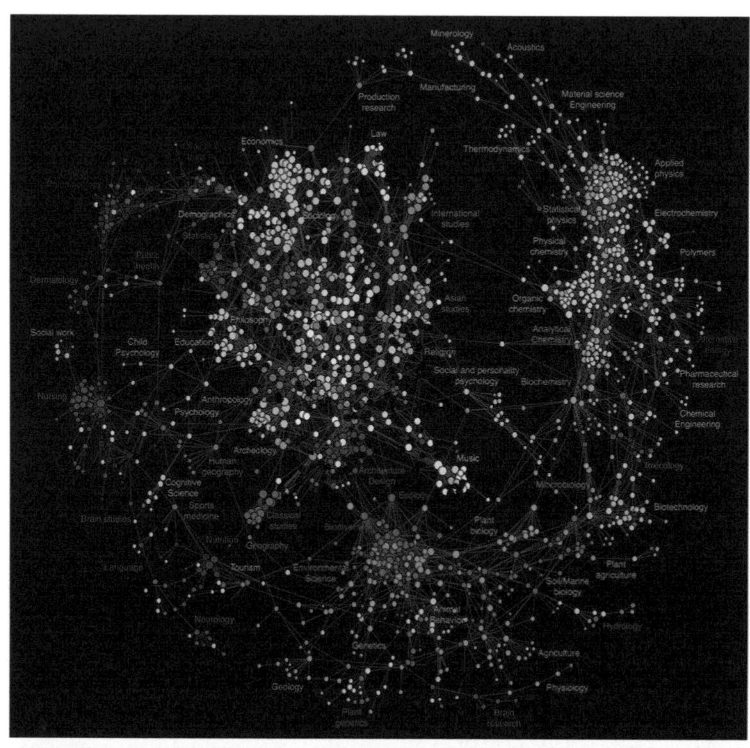

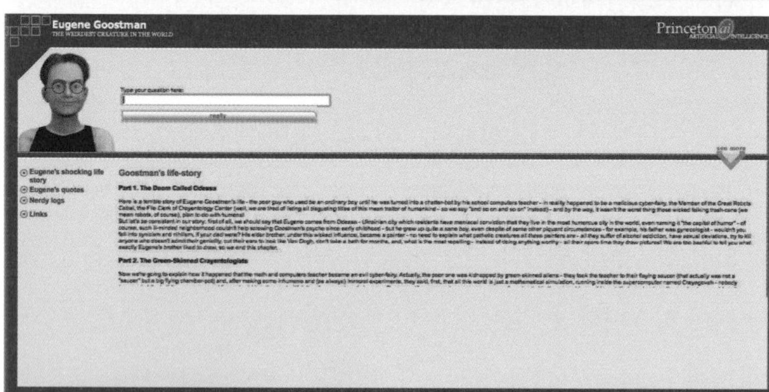

✖ 21세기 현재 우리는 월드와이드웹(www)이 없는 삶을 상상조차 할 수 없다. 인공지능 '유진 구스트만'은 튜링 테스트를 통과했고 치매를 치료하기 위해 뇌에 메모리칩을 삽입하는 기술도 상용화를 앞두고 있다. 우리가 막연히 상상하던 것을 과학은 현실로 만들어준다.

는 반신반의했습니다. 그렇게까지 될 수 있을 거라고 상상도 할 수 없었거든요. 하지만 지금은 웹 없는 세상을 상상하는 것조차 불가능하게 되었습니다.

그다음으로는 인공지능 로봇에 대한 예를 들어보겠습니다. 1990년 인공지능 로봇에 대한 이야기가 등장합니다. 인공지능 로봇의 등장 기점을 보통 1997년으로 봅니다. 1997년은 컴퓨터와 인간의 체스 대결에서 컴퓨터가 이긴 연도입니다. 바둑 같은 경우는 아직 인공지능이 인간을 이기진 못했는데 서서히 장악해오고 있는 상황이고요. 실제로 2016년 3월에 인공지능 알파고가 이세돌 9단을 이기기도 했죠. '심심이'라는 어플리케이션이 있습니다. 입력된 값에 따라서 질문에 정해진 답을 내놓는 어플리케이션입니다. 그것이 발전하면 〈A.I.〉라는 영화처럼 되는 겁니다. 상상만 했던 것이 이제 인간의 삶을 잠식하고 있습니다. 생각보다 많은 영역에서 우리가 막연히 상상하던 것들이 현실이 되어가고 있는 겁니다.

조지 오웰의 소설《1984》도 미래를 예측한 것이니 일종의 SF라고 볼 수 있습니다. 1984년에 아티스트 백남준 씨가 전 세계를 위성으로 중계하는 작품을 했습니다. 그 당시에는 굉장히 획기적인 작품이었어요. 소설 속에만 등장하던 '1984년'이 실제로 도래한 거니까요. 이런 SF 작품 중에 2015년을 배경으로 한 작품이 있습니다. 미국 캘리포니아에 오후 4시에 내린다고 하는 영화죠. 바로 〈백투더퓨처2〉입니다. 우리 시대에 타임머신이 온다는 겁니다. 진짜 나타나는지 한

번 기다려보는 것도 재밌겠죠. 사실 이런 것이 실현될 것이라고 예상하는 사람들은 많지 않았고, 안타깝게도 타임머신도 나타나지 않았습니다. 하지만 우리는 미래에 대한 꿈을 꾸면 실현되는 세상에 살고 있다는 것, 그리고 이 실현이 점점 가속화되고 있는 세상에 살고 있다는 것을 알려드리고 싶었습니다.

미래는 에디팅EDITING의 시대다

저는 현재 우리가 살고 있는 세상에 대한 것을 계속 이야기하고 있습니다. 이 이야기와 과학과 인문학이 어떤 방향으로 나아가야 하는지를 연결 지어보려고 합니다. 영어권에서는 에디팅(EDITING)이라는 단어가 있습니다. 우리말로는 편집이죠. 아마 향후 10년~20년 동안 생명공학 분야의 가장 큰 핫이슈가 될 거라고 생각합니다. 논란도 많을 거고요. 지금까지는 유전자 조작이라는 말을 많이 사용해왔습니다. 그렇지만 유전자 조작이라는 단어와 편집이라는 단어를 비교해서 보면 어떤가요?

현대는 편집의 시대라고 일컬어집니다. 우리가 사는 세상에는 정보가 넘쳐납니다. 이제는 정보가 없어서 대처를 못 하는 게 아닙니다. 편집을 못 해서 대처를 못 하는 겁니다. 과다하게 주어진 정보를 필요에 따라 어떻게 가공해서 사용하는지에 따라서 달라진다는 거죠. 그 때문에 오리지널보다는 오리지널을 편집한다는 뜻의 'EDITING'이라는 단어가 좀 더 비전을 보유하고 있습니다. 그런데 유전자 조작과 유전자 편집 사이에는 차이점이 없습니다. 유전자를 조작하면 암이 어디에 있는지를 이미 다 알 수 있습니다. 이것이 조작이라는 단어 때문에 부정적으로 보이는 겁니다. 그래서 이제는 'EDITING'이라는 단어를 사용해서 긍정적으로 보자는 겁니다. 아직은 논란이 많습니다. 인간의 유전자를 변환하겠다는 것이기 때문입니다. 한쪽의 유전자를 절단해서 다른 곳에 접합하면 지능도 더 높아지고 당뇨병 같은 유전병의 발생 확률도 감소시킬 수 있는 겁니다.

EDITING에는 두 가지 문제점이 있습니다. 첫째는 기술적인 문제고, 둘째는 윤리적인 문제입니다. 기술적인 부분에서는 이미 굉장한 수준에 도달해 있습니다. 최근 중국 과학자들이 윤리적인 문제를 피하기 위해 무생물로 실험을 해서 EDITING에 성공했다고 합니다. 법과 윤리가 받쳐준다면 시행할 수 있는 모든 준비가 되어 있다고 봐도 무방합니다. 생명과학 분야는 경쟁이 치열합니다. 그래서 겉으로 보이는 것보다 훨씬 숨겨진 것이 많죠. 그렇기 때문에 엄청나게 폭발력 있는 분야입니다.

그런데 여기서 윤리적인 문제가 생깁니다. 아무래도 인간의 생명에 관련된 것을 다루는 것이니까요. 이 문제를 해결하기 위해서 많은 과학자들이 노력하고 있습니다. 이 윤리적인 문제는 지금 우리가 사는 시대에 여러 가지 질문들을 던져주게 됩니다. 이 행위가 옳은 것인가라는 원초적인 질문에 그치는 것이 아니라, 안정성과 그 이유, 심지어 경제적인 효율성을 따지게 됩니다. 더 나아가서 인간의 행복추구권과의 관계성 등으로 건잡을 수 없게 됩니다. 이런 질문들 속에서 자신이 직접 생각해서 결정을 내려야 하는 상황이 도래했다고 저는 생각합니다.

또 이런 질문도 가능합니다. '과학기술의 편리성은 과연 모두에게 편리한 것인가.' 우리는 살아가면서 자연스럽게 예방주사를 맞습니다. 예방주사로 질병을 원천 차단해서 행복해질 수 있는 권리를 추구할 수 있기 때문에 대부분 동의를 합니다. 그 가운데 치아에 막을 씌워서 충치가 덜 발생하게 하는 불소에 대해서 찬반논쟁이 굉장히 뜨겁습니다. 치과의사 중에서는 지지하는 사람도 있고 반대하는 사람도 있습니다. 여기서 문제가 되는 것은 수돗물에 불소를 함유해서 전국에 공급하겠다는 안건입니다. 이에 관해 두 가지 의견이 충돌합니다. 찬성하는 쪽에서는 불소 수돗물을 통해서 충치를 미연에 방지할 수 있다고 주장합니다. 반대하는 쪽에서는 마치 국가가 국민에게 일방적으로 특집 방송을 보게 하는 것처럼, 모든 이에게 선택권을 주지 않고 강제 시행하는 것은 옳지 않다고 주장합니다. 불소 수돗물은 현재 전면적으로는 실행되지 않고 있습니다.

EDITING 역시 마찬가지입니다. 저뿐만 아니라 많은 사람들이 두려워하는 것도 바로 그 점이고요. EDITING의 시작은 항상 의료적인 것입니다. 유전병 발생 확률을 감소시킬 수 있다는 이야기들이 나옵니다. 그것이 비난과 비판을 막고 있는 둑이 됩니다. 그런데 이 둑이 과연 언제까지 갈까요? 담뱃값을 인상시켜서 흡연율을 낮춘다는 것과 비슷한 대응인 겁니다. 결국 흡연율은 제자리걸음입니다. 정부에서 세금만 더 거둔 셈이 됐잖습니까? 그렇게 된다는 겁니다. 때문에 EDITING은 우리가 예측할 수 없는 쓰나미처럼 엄청난 후폭풍을 몰고 올 확률이 커졌습니다.

로봇은 인간의 조력자인가, 준비된 배신자인가

이제 인공지능 이야기를 해볼까요? 앞에서 이야기했듯이 인공지능은 절대 체스 챔피언 정도에서 멈추지 않을 겁니다. 〈이미테이션 게임〉이라는 영화 보셨나요? 앨런 튜링이라는 사람의 이름을 따서 후대의 사람들이 '튜링 테스트'라는 걸 만들었습니다. 질문자들은 커튼으로 가려진 사람과 컴퓨터에게 각각 질문을 합니다. "너 몇 살이니", "어떤 과일을 좋아하니" 등등의 질문을 하겠죠. 질문을 하는 이유는 인공지능컴퓨터와 사람을 구분하는 게 이 테스트의 목적이기 때문입니다. 그런데 2014년에 이 테스트를 통과한 인공지능이 등장했습니다. 바로 우크라이나의 13세 소년으로 가장한 '유진 구스트만'이라는 프로그램이었습니다. 튜링 테스트 통과는 인공지능이 인간 세 명 중 한 명을 속이는 데 성공했다는 것을 뜻합니다. 인공지

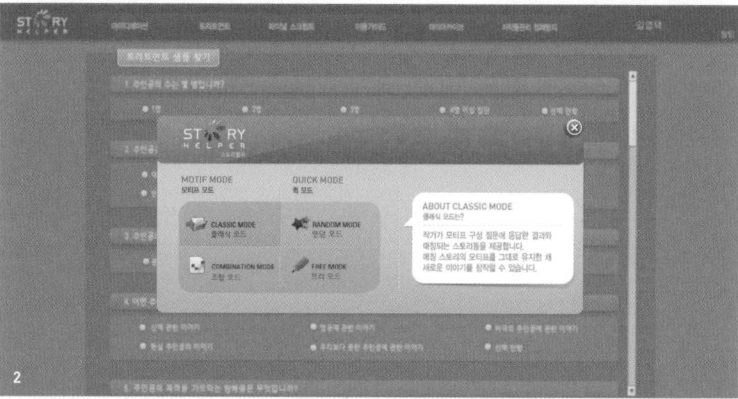

1 세계 최초의 로봇 피아니스트 '테오트로니코'.

2 서사 작품의 패턴을 분석해주는 프로그램 '스토리 헬퍼'.

3 스티븐 호킹 박사는 "인공지능 기술로 만든 무기는 미래의 AK47 소총이 될 것이다. 인간의 통제를 벗어난 AI 무기 개발을 법으로 금지해야 한다"고 경고한다.

능의 수준이 이미 여기까지 와 있습니다.

다른 예를 들어보겠습니다. 현재 세계에서 가장 기사를 많이 쓰는 기자는 누구일까요? 놀랍게도 인공지능 컴퓨터입니다. '워드 스미스' 라는 프로그램이 대표적입니다. 이 프로그램은 1년에 몇 십억 개의 기사를 쓰도록 프로그래밍되었습니다. 특히 경제 데이터 요약에 큰 강점을 보입니다. 인간이 하면 시간이 오래 걸립니다. 하지만 이런 프로그램들은 정확한 도표를 금방 뽑아냅니다.

인간만이 건드릴 수 있는 정서적인 부분에도 인공지능 로봇이 닿아 있습니다. 인공지능이 지금까지 인간만이 할 수 있다고 생각했던 정서적인 부분을 어떻게 사용하는지는 2015년 6월, 경복궁 앞 현대미술관의 〈로봇 에세이〉라는 전시회에서 잘 나타났습니다. 인공지능 로봇이 사람을 스케치한 그림을 전시해놓았죠. 최첨단의 기계가 인간을 관찰하고 예술가 수준으로 만들어서 전시하는 단계에 있는 겁니다. 작곡은 더 쉽습니다. 모차르트가 던졌던 농담처럼 오히려 그림이나 기사보다 음악 작곡이 더 쉽습니다. 그리고 '스토리 헬퍼'라는 이름으로 스토리를 분석하는 프로그램도 있습니다. 소설 같은 서사 작품을 입력하면 패턴 분석을 해주는 프로그램입니다. 인공지능이 만연한 세상인 겁니다.

그런데 더 놀랍고 두려운 것이 있습니다. 현재까지 만들어졌던 로봇은 인공신경막이 없었습니다. 그래서 사람과 인터넷을 하면서 배웁니다. 예를 들어 며칠인지 물으면 날짜를 계산해서 대답하고, 춥냐고 물으면 온도 센서를 측정해서 대답합니다. 하지만 최근 들어서는 아기처럼 인공지능을 만들어서 기르자는 논의가 나오고 있습니다. 정말 아이처럼 부모가 하는 이야기를 듣고 그게 무엇인지 이해하기 전에 따라 하기 시작하는 겁니다. 인공지능이 세상의 환경으로부터 배워나가는 겁니다. 습득 속도가 매우 빠릅니다. 이는 한 명의 아이가 커가는 과정인 겁니다. 인공지능의 도래를 두려워하고 있는데 인공지능은 이미 이 지점에 와 있는 거죠. 스티븐 호킹도 비슷한 걱정을 하고 있습니다. 인공지능 개발은 인류의 멸망을 불러올지도 모른다고 말입니다. 과학자들이 왜 이런 언급을 할까요? 그 이유는 인공지능이 벌써 도래했기 때문입니다. 그런 순간에 지금 우리가 서 있습니다. 지금까지는 로봇을 컨트롤하는 것이 가능했습니다. 내 마음에 들지 않고 까불면 전기 플러그를 뽑아서 멈추게 할 수 있었습니다. 그런데 점점 자의식을 갖기 시작하면서, 우리가 전기 콘센트를 뽑으려고 하면 로봇이 못하게 하는 겁니다. 이제는 감정을 가진 로봇도 등장하고 있습니다. 그런 시대에 우리는 살고 있는 겁니다.

인공지능은 자아를 가질 수 있을까?

인공지능이 탑재된 로봇이 자아를 가지는 날이 올 거라고 생각하십니까? 자기 자신을 인간과 비슷한 무엇이라고 생각할 수 있는 날이 올 거라고 생각하세요? 저는 그런 순간이 분명히 오리라고 봅니다. 영장류뿐 아니라 개나 돼지도 자의식을 가집니다. 뇌를 회로로 치환해서 생각해보면 점점 더 복잡해집니다. 기본적인 욕구가 충족되면 잉여 시간에 쓸데없는 생각을 하기 시작하는 겁니다. 이런 맥락에서 인공지능에 감정 같은 것들이 생겨나지 않을까 하고 과학자들은 추측합니다. 인공 신경망의 특징은 우리가 감정을 부여하는 것이 아니라, 감정이 스스로 생겨난다는 겁니다. '화가 나는 상태'라고 정해진 감정을 느끼지는 못하지만, 우리가 화를 내는 것처럼 그들도 '화'라는 것을 느끼게 되는 거죠.

한 가지 이야기를 더 하겠습니다. 우리가 처해 있는 상황을 인식시키기 위한 것입니다. 1999년 〈딥 임팩트〉라는 영화가 있었습니다. 〈아마겟돈〉이라는 영화와 같이 개봉했었습니다. 한 영화는 지구에 소행성이 충돌하는 내용이고 다른 한 영화는 혜성이 충돌하는 내용입니다. 현실을 기반으로 한 영화들인데, 저 때 그런 일이 벌어졌습니다. 맨눈으로도 관측이 가능한 정말 밝은 혜성이 충돌했습니다. 천문학자는 보통 우주의 형성 과정에 관심을 많이 갖고 연구하지만 우주 내에서 필연적으로 일어날 수밖에 없는 충돌에 대한 연구도 합니다. 질량이 큰 물체끼리 충돌하면 엄청난 파급력을 가져옵니다. 우리나라 진주에 떨어진 것은 굉장히 작은 겁니다. 러시아에 떨어졌던 운석은 추락 도중 공중에서 폭발했는데도 1000명이 다쳤습니다. 또 다른 나라에서도 혜성이 공중에서 터졌는데, 한반도보다 큰 곳이 황폐

화되었습니다. 6500만 년 전에 공룡이 멸망한 이유도 혜성 충돌 때문이라는 설이 가장 유력하게 받아들여지고 있습니다.

지구의 공전궤도와 비슷한 궤도를 따라서 도는 소행성들이 있습니다. 지구를 따라오는 것처럼 보이죠. 이런 소행들이 숱하게 많습니다. 그렇게 돌다가 한두 개가 튕겨져 나와서 가끔 충돌하는 것이 소행성입니다. 그래서 과학자들이 모니터링을 자주 합니다. 중력에 끌려서 너무 가깝다 싶으면 소행성을 제거해야 하기 때문입니다. 그런데 그 상황을 기회로 삼는 이들도 있습니다. 대표적인 예가 '플래니터리 리소시스(Planetary Resources)'라는 회사입니다. 구글 회장인 에릭 슈미트, 영화 〈아바타〉 감독이었던 제임스 카메론 등이 함께 설립했습니다. 이 사람들이 가능성이 없는 곳에 괜히 투자하는 사람들은 아닙니다. 이곳이 무슨 일을 하는 곳이냐면 소행성의 가능성을 금전적 이익으로 계산하는 곳입니다. 소행성을 가져오자는 겁니다.

지구에 있는 광산 대부분의 생성 원인이 소행성 충돌인 경우가 많아요. 예를 들자면, 북한에는 우라늄 광산이 많이 있습니다. 지질학적으로는 거기에 그렇게 많이 있어야 할 이유가 없습니다. 이게 북한이 핵을 개발하게 만드는 자극제가 될지도 모르겠지만, 어쨌든 왜 거기에 있을까요? 과학자들의 설명으로는 그 자리에 우라늄 물질을 많이 포함한 소행성이 박혔다는 겁니다. 100만 년 전에 소행성이 충돌을 해서 뒤집히고 시간이 흘러 그 자리에 풀이 자라고 하면 그게 원래 지구에 있던 것인지 아닌지 모릅니다. 하지만 성분 조사를 해보면 지구에서 자연적으로 생성된 것인지 아니면 외계의 소행성에서 떨어진 것인지 알 수 있습니다. 아니면 지구와 충돌할 당시를 재연해봐도 됩니다. 그러니까 이 회사와 그 창립자들은 그걸 우주에서 직접 채취하자는 겁니다.

우주 광물 채굴은 국제분쟁과도 연관성이 있습니다. 몇 년 전 일본이 중국을 도발하다가 중국이 희토류 원소의 수출을 금지해서 일본 전체 산업이 심하게 타격을 입었습니다. 우리나라나 일본처럼 반도체 생산을 중심 산업으로 하는 나라에게 중국처럼 자원을 보유한 나라가 희토류 원소를 수출하지 않으면 대책이 없는 겁니다. 이럴 때 백금이 포함되어 있는 소행성을 가져오게 되면 정말 큰돈을 벌 수 있겠죠. 하지만 그렇게 되면 결국 세계 경제 시장이 붕괴하게 될 겁니다. 그 때문에 전쟁이 일어날 수도 있습니다. 결국 정치적인 상황으로 흘러가게 되는 거죠.

그래서 플래니터리 리소시스의 창립자들은 경제권을 지구에 한정짓지 말고 태양계로 넓히자고 말합니다. 지금부터 소행성을 나눠 가져서 채굴을 하는 겁니다. 우리가 채굴하면 혹시나 있을 외계인들이 그걸 관측하고 여러 가지 변화를 알게 되겠죠. 우리도 혹시 다른 행성에서 외계인들이 채굴 등의 행위를 하고 있는지 관측을 하고 있습니다. 채굴을 하게 되면 많은 것이 변화합니다. 먼지가 이는 건 당연하겠죠. 그리고 물질 분포가 변합니다.

경제권을 태양계로 돌리기 위해서 시행되고 있는 프로젝트가 두 가지 있습니다. 그 가운데 한 가지는 우주 주유소 건설 계획입니다. 우주 주유소를 건설해서 그곳에서 물과 연료를 판매하는 겁니다. 예를 들어서 화성 탐사를 하게 된다고 할 때, 가능한 나라는 몇 개국이 안 됩니다. 화성까지 가려면 시간도 돈도 많이 듭니다. 그럴 때 중간에 주유소가 있으면 들렀다 가면 됩니다. 이렇게 되면 개발을 하지 못하는 나라도 시도는 해볼 수 있게 됩니다. 틈새시장을 만드는 겁니다. 우주에서 주머니에 넣어둔 물을 파는 거죠. 이렇게 하려면 어디에 무엇이 있는지를 알아야 합니다. 그래서 우주 망원경을 띄우는 겁니다. 불꽃으로 데우면 색깔이 변하는 물질에 대해서는 알고 계시죠? 망원경을 띄운 뒤 특별한 우주망원경으로 소행성을 분광관측하면 그 소행성에 어떤 원소들이 있는지 알 수 있습니다.

두 번째 프로젝트는 어떤 걸까요? 이런 이야기들을 들으면 우리는 놀랍고 부러우면서도 한편으로는 걱정되고 부담이 갑니다. 이걸 누군가가 독점한다면 경제권과 정치권을 한 번에 장악할 수 있게 됩니다. 서로가 적이 될 수밖에 없어요. 그래서 창립자들은 놀랍게도 천문학자들을 지원하기 시작했습니다. 위성 발사에 실패하면 관계자들은 엄청난 고난에 직면합니다. 특히 박사과정을 밟고 있던 연구자들은 학위를 따는 게 몇 년이나 지연되는 상황에 놓이게 됩니다. 그래서 관측으로 특화된 것은 아니어도, 이런 위성을 지원하는 유화 작전을 사용하고 있습니다. 또 혹시나 모를 경우를 대비해 많은 변호사를 고용해서 국제법 문제에 대한 연구를 하고 있습니다. 우리가 살고 있

✖ 2012년 오바마 대선캠프는 빅 데이터와 마이크로리스닝(Micro-Listen ing) 기법을 활용해 무려 2억 명의 유권자 정보를 모아 분석했다. 유권자 한 사람, 한 사람의 목소리를 듣기 위함이었다. 이 전략의 최고책임자는 33살의 하퍼 리드였다.

는 시대는 이런 시대인 것이죠.

지금까지는 과학적인 것에만 한정 지어 이야기를 했습니다. 제가 하고 싶은 질문은 이런 겁니다. 발 빠른 사람들이 이런 행위까지 하는 시대인데, 그렇다면 이때 인문학은 무얼까요? 지금 이 시대에 우리는 과학을 공부해야 할까요, 인문학을 공부해야 할까요? 이와 관련해서 굉장히 현실적인 사례를 하나 들어보겠습니다. 제가 존경해마지않는 고려대학교 윤태웅 교수님이 쓰신 신문 칼럼의 내용입니다. '데이터와 정치'라는 주제의 글이었습니다.

2012년, 미국 대통령 선거 당시 오바마 대통령 캠프에 몰려들던 사람들을 두고 '씽크 탱크(THINK TANK)'라고 했습니다. 그 '씽크 탱크'에서 최고기술책임자인 하퍼 리드는 33살이었고, 최고분석책임자인 댄 와그너는 29살이었습니다. 최고디지털전략책임자인 조 로스파스도 31살에 불과했죠. 2008년 대선 당시 오바마 캠프의 젊은 인턴이었던 테디 고프는 디지털디렉터가 되어 디지털팀의 실제 운영을 맡았다고 합니다. 그 사람들이 무슨 일을 하고 있었을까요? 요즘 빅 데이터가 이슈입니다. '씽크 탱크'는 그 빅 데이터를 이용해서 유권자들이 원하는 바를 알아내고 분석하는 일을 담당하고 있던 겁니다. 모든 것이 과학적으로 흘러가는 시대에서 우리에게 인문학은 어떤 가치를 지니고 있는 걸까요?

과학의 휴머니즘이란 무엇인가?

스티브 잡스와 빌 게이츠, 이 두 사람을 보면 떠오르는 단어가 무엇입니까? 대부분 창조성과 창의성이라고 답합니다. 둘은 젊었을 때부터 라이벌이었습니다. 늙어서도 라이벌로 남았고요. 스티브 잡스는 "현대 제품들에 기술(Technology)만 있어서는 안 된다. '리버럴 아츠(Liberal arts)'가 있어야 한다"고 말했습니다. 여기서 문제가 생깁니다. 이 말이 결론과 연결되는 건데, 이때의 '리버럴 아츠'를 어떻게 번역하는지가 굉장히 중요한 부분입니다. 우리나라에서는 '리버럴 아츠'를 흔히 '인문학'으로 번역하는데, 이건 좀 문제가 있습니다. '휴머니즘'의 번역어가 '인문학'이라고 하는 것이 더 적절해 보입니다. 인문학은 인간을 위한 학문이라는 뜻을 가지고 있으니까요. 인문학 열풍이 부는 이 시대에서 과학에 대한 탐구도 계속되고 있습니다. 많은 사람들이 인문학의 위치를 올려놨습니다. 하지만 오늘날 이야기되는 인문학은 이전부터 다뤄졌던 좁은 의미의 인문학과는 전혀 다릅니다. 그렇다면 지금 이 시대의 인문학이 무엇인지를 다시 생각해봐야 합니다.

사실 흔히 이야기되는 '지식 향연'이라는 인문학 이벤트의 개요는 다소 이상합니다. 인문학이라는 좋은 분야의 판을 벌렸는데도 왜 나폴레옹의 예시가 등장해야 합니까? 그 원인은 인문학을 향한 좁은 시각에 있습니다. 인문학은 인간을 대상으로 삼습니다. 그러니 현실을 반영해서 인간을 대해야 합니다. 제가 가장 많이 다루었던 건 우리가 지금 어떤 현실에 살고 있는지에 대한 것이었습니다. 그렇다면 이런 현실에서 우리가 어떻게 해야 하는지를 다뤄야 하는 게 좁은 의미가 아닌 진정한 의미에서의 인문학이라는 겁니다.

한 가지 예를 들어보겠습니다. 미국의 세인트존스대학은 수강신청이 없습니다. 수업 대신 4년 내내 고전 100여권을 원어로 읽습니다. 그리스 비극은 그리스어로 읽습니다. 그러기 위해서는 그리스어를 배워야 하겠죠. 이런 기본적인 언어를 배우고 매주 두 번씩 모여서 토론을 하고 발표를 합니다. 문학 분야만 하는 게 아니라 과학 분야, 예를 들면 아인슈타인의 상대성 이론, 불완전성 원리 등을 다룬 책도 원문을 읽습니다. 제가 보기엔 이거야말로 정말 인문학입니다. 지식의 근원을 건드리는 작업이거든요. 저도 가능하다면 새로운 대학교를 설립해서 이런 커리큘럼으로 진행하고 싶습니다.

리버럴 아츠를 인문학이라고 좁은 의미로 번역하면 안 됩니다. 넓은 의미로 봐야 합니다. 그러기 위해서는 어떻게 해야 할까요? 어떤 분이 말씀하시길 이건 핵심 교양이라고 해야 한다고 하셨습니다. 저는 그 말에 전적으로 동의합니다. 이 핵심 교양이라는 단어는 세상을 살 때 반드시 필요한 것을 칭하는 겁니다. 스티브 잡스는 '리버럴 아츠'란 단어를 사용하면서 인간을 인간답게 만드는 것들을 기계에 융합시켜야 한다고 했습니다. 그러니 이것은 인문학이 아니라 인간을 인간답게 만드는 것, 핵심 교양이라고 해야 하는 겁니다.

지금 우리가 중세에 살고 있다고 가정해봅시다. 중세에는 교회를 중심에 두고 삶이 돌아가기 때문에 좋든 싫든 간에 교회를 외면할 수가 없습니다. 무신론자도 신앙을 중심으로 살아가야 합니다. 핵심 교양은 중세시대의 교회 같은 겁니다. 전 시대를 통틀어서 진리로 칭해지는 절대 진리와는 다릅니다. 핵심 교양은 그 시대를 포함하고 있는 겁니다. 그렇다면 지금 시대의 핵심 교양은 무엇일까요. 좁은 의미의 인문 교양이나 수학·과학이 아닙니다. 시대의 인문학에 과학적 인식론이라는 말을 붙였습니다만, 이건 어릴 때 많이 배우는 비판적 사고 방식이라고 할 수 있겠습니다. 내가 생각하고 느낀 것과 다르더라도 어떤 객관적인 결과가 있으면 과감하게 그쪽을 수용할 수 있는 태도이며 세상을 논리적·상식적·비판적으로 볼 수 있는 태도입니다. 제 결론은 지금 시대를 정확하게 읽어내고 상생하며 살아가기 위해서는 과학을 외면할 수 없다는 것입니다.

세상을 등지고 거스르고 수용하는 등의 여러 가지 대안이 있습니다. 하지만 언제나 시작점은 현실에 대한 냉정한 인식이어야만 합니다. 그렇게 하려면 과학적인 부분이 필요합니다. 핵심 교양이라는 말로 통용되었으면 싶습니다. 제가 생각하기에 지금의 핵심 교양은 과학적인 태도라고 생각합니다. 이것을 표현할 수 있는 것이 글쓰기라고 보고요. 글쓰기는 정말 중요합니다. 칼 세이건은 이런 말을 남겼습니다. "모든 아이는 과학자의 본성을 갖고 태어난다(Every kid starts out as a natural born science)." 태어날 때부터 미적분을 잘한다는 뜻이 아

"모든 아이는 과학자의
본성을 갖고 태어난다."
- 칼 세이건

✖ 칼 세이건은 모든 아이들이 끝없는 호기심을 가지고 관찰하고 탐구하는 본성을 지니고 있다고 믿었다. 지금 우리는 우리 아이들에게 어떤 과학을 가르치고 있는가?

니라, 호기심을 가지고 관찰하고 탐구하는 본성이 있다는 겁니다. 이건 굉장히 중요한 겁니다. 현대의 교육은 이런 것을 깎아내리는 교육입니다.

현대 교육의 시초를 거슬러 올라가면 집단적인 근대 교육에 그 뿌리를 두고 있습니다. 19세기에 프러시아(프로이센)라는 지역에서 근대 시민들을 양산해내기 위해 행해졌던 것이 지금의 교육 체계입니다. 평균적인 시민들을 키워내는 작업을 해왔던 겁니다. 앞에서 이야기했듯이 현실에서는 창의적인 인재가 필요한데 근대 교육 방식으로는 그런 인재를 키워낼 수가 없습니다. 그렇다면 이제 새롭게 시작해야 합니다.

희망적인 부분은 아이들에게 창의성이 보인다는 겁니다. 이걸 키워줘야 합니다. 잡스나 빌 게이츠 같은 이들을 우리는 천재라고 부르지만, 이들은 고전적인 의미의 천재와는 다른 부류입니다. 이미 존재하는 것들을 잘 연결시킨 사람들이라고 볼 수 있습니다.

컴퓨터 마우스를 예로 들어보겠습니다. 원래 마우스는 한 연구소에서 과학자들이 만들어낸 결과물이었습니다. 당시 마우스 한 개 가격이 1000만 원이었습니다. 그런데 잡스는 이 마우스를 가져와서 5000원이라는 가격을 붙여서 판매를 했습니다. 개발해낸 과학자들이 마우스를 1000만 원짜리 연구의 성과물로 보고 있을 때 잡스는 모든 사람들이 구입해서 사용할 수 있는 5000원짜리 물건으로 본 겁니다. 이게 바로 연결 짓는 천재의 예시입니다.

그렇다면 결론은 한 가지입니다. 우리 시대의 인문학은 이런 것이 가능하도록 만들어주는 겁니다. 수학 문제를 푸는 데에 매달리지 말고 수학적 사고와 글쓰기 교육을 시켜야 하는 겁니다. 실제로 이런 교육을 실시하는 국가가 존재합니다. 핀란드가 그렇습니다. 핀란드는 2000년대 초반 OECD의 국제학력평가(PISA)에서 1위를 했고, 2012년에도 읽기 3위, 과학 2위를 했습니다. 그런데 교육의 질과 학업능력 수준이 높음에도 불구하고 핀란드는 교육 정책을 또 바꾸겠다고 합니다.

우유 하나로 모든 과목을 가르치다

핀란드는 교과목의 벽을 허물겠다고 발표했습니다. 그 이유는 바로 '인문학적 창의력의 중요성'을 간파했기 때문입니다. 핀란드의 교육을 설명하기 위해 예시를 한 가지 들어보겠습니다. 여기 우유가 있습니다. 우리는 이 우유로 뭘 공부할 수 있을까요?

한국 교육에서 우유는 성분과 효능 정도를 배웁니다. 시험 문제로는 "다음 중 우유로 만들 수 없는 가공식품은 무엇인지 골라보시오" 같은 것이 출제되겠고요. 하지만 핀란드에서 우유를 가르치는 방법은 다릅니다. 우유 하나로 생물학, 화학, 환경학, 경제학, 문학 등 수많은 학문을 공부합니다.

핀란드는 이런 교육을 시작했습니다. 우리나라에서도 이제 생물·화학·물리·지구과학 같은 교과과목을 통합과학으로 만들려고 합니다. 저도 본래 천문학을 가르치던 교육자입니다. 제가 보기에는 지금 학생들이 배우는 양을 10분의 1로 줄여야 합니다. 한국의 학생들은 너무 많은 걸 배우고 있습니다.

빅 히스토리란 무엇인가?

빅 히스토리(big history)라는 것을 아십니까? 방금까지 말한 것을 교육 현장에서 녹여서 말하기 위한 방법 중 하나입니다. 여기에 빌 게이츠가 큰 관심을 가지고 있습니다. 그래서 전액을 지원해서 재단을 설립했습니다.

실크로드를 예로 들어보죠. 현대에는 이 실크로드를 '개척했다'고 이야기하고 있지만 실상은 다릅니다. 실크로드를 개척했다고 알려진 장건은 흉노족에 사로잡힙니다. 고대에선 한번 붙잡히면 몇 년은 거기서 묵는데, 그 당시 흉노족들은 이미 실크로드를 통해 교역을 하고 있었다고 합니다. 이런 경우를 빅 히스토리에서는 '점을 잇는다'고 합니다. 서로 다른 두 세계가 서로 합쳐지는 과정에서 어떤 일이 발생하는지 보는 겁니다.

빅 히스토리에 대해서 또 다른 좋은 예가 있습니다. 바로 돛단배입니다. 돛이 사각형이면 바람이 불 때 빠른 속도를 낼 수 있습니다. 그런데 바람이 멈추면 이동할 수 없다는 치명적인 약점이 있습니다. 돛이 삼각형일 경우 큰 바람에는 잘 움직이지 않지만, 잔바람에는 이동하기 좋습니다. 이 돛의 모양이 사각형이냐 삼각형이냐는 문명권마다 다릅니다. 어느 문명권에서는 삼각형 돛을 사용하고 어느 문명권에는 사각형 돛을 사용하는 겁니다.

이럴 때 바람에 구애받지 않고 이동이 가능하려면 어떤 형태의 돛

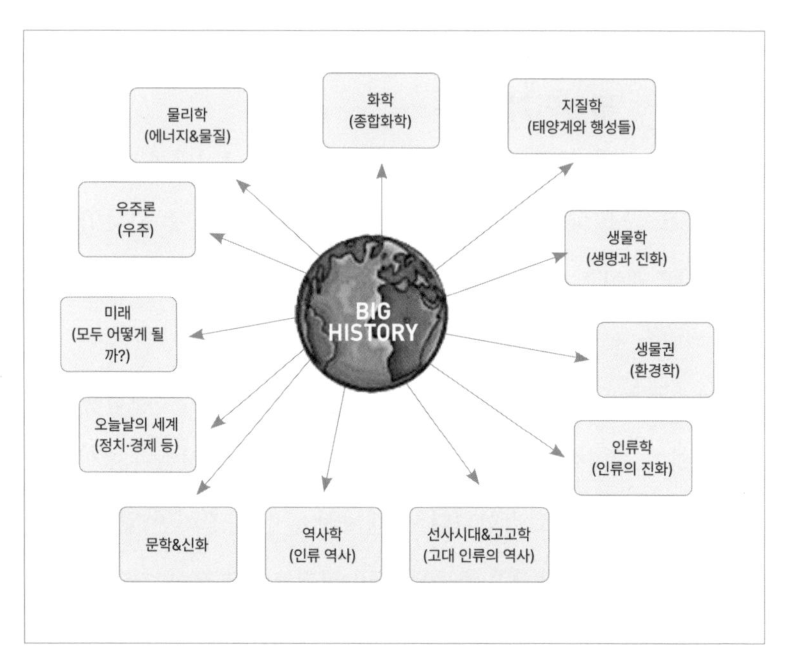

✖ 빅 히스토리는 교육의 허브이자 연결고리다. 핀란드의 교육과정처럼 우유 하나로 문화와 과학에 대한 모든 것을 이야기할 수 있다.

을 달면 될까요? 정답은 사각형과 삼각형 돛을 모두 달면 된다는 겁니다. 그런데 어느 누구도 이 두 돛을 합칠 생각을 못 했습니다. 그러다가 두 가지 형태를 합친 돛을 개발하게 돼서 배에 달게 되니 항해 속도가 이전과는 비교도 할 수 없을 정도로 빨라졌습니다. 항해 속도가 빨라지니 교역이 빨라지고 경제가 움직이는 속도가 빨라지니 세상이 바뀌는 속도도 빨라집니다. 이렇게 전 세계의 네트워크를 합쳐서 거시적인 관점에서 세계를 들여다보는 것이 빅 히스토리적인 관점입니다.

빅 히스토리적인 관점 중 다른 하나는 핀란드 교육과정에서 행하는 것처럼 우유 하나를 두고 문화와 과학에 대한 것을 전부 이야기하는 겁니다. 모든 것을 연관 지어 보면 역사라는 것은 동떨어질 수 있는 것이 아니라는 사실을 알게 됩니다. 우주에서 온 원소를 보고 있다는 것은 온 우주와 내가 연결되어 있는 것과 마찬가지입니다. 이런 생각을 하는 데서부터 시작하는 겁니다. 빅 히스토리라는 것은 어쩌면 지금 시대에 융합적인 것을 만들어내는 데에 가장 도움이 되는 교육방식 중 하나가 아닐까 합니다. 그래서 빌 게이츠가 지원을 하는 거겠지요.

역사를 공부하는 가장 큰 이유가 뭐라고 생각하십니까? 역사학자들은 그 이유로 미래 예측을 듭니다. 어느 시대에 무엇을 했다는 걸 발견하는 건 중요한 게 아닙니다. 지금까지의 역사를 보면서 앞으로 어떻게 해야 할지를 발견하는 것이 중요하다는 겁니다. 그런 가치관과 세상을 보는 눈을 길러야 합니다. 모든 연결고리를 발견하는 힘을 길러서 결과적으로 미래를 보는 시각을 키워야 합니다. 결과적으로 이 장에서 하고 싶었던 말은 앞으로 여러 분야의 연결고리를 잘 파악하고 그에 맞서 사고하는 능력을 갖기 위해 노력하자는 것입니다.

안드로이드 하녀를 발로 차는 건 잔인한가?

정지훈

로봇은 온전히 인간을 대체할 수 있는가?

로봇과 인간의 희미해지는 경계

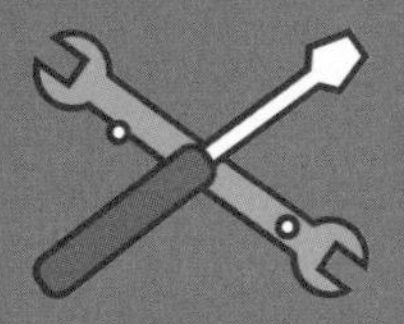

인간과 기계 사이: 사이버네틱스

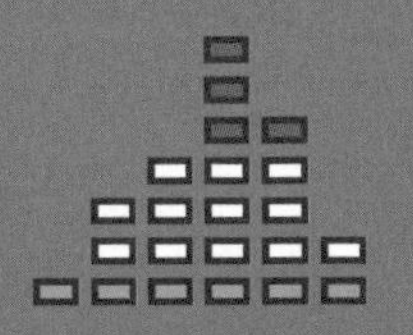

기계가 인간다워질 때, 휴머니즘은 어디서 찾을까

인간인 인권을 요구하는 로봇을 걷어차지 않을 것인가

스스로 생각하는 기계의 탄생, 또 다른 비극의 시작일까?

슈퍼사이보그가 인류 평등을 위협한다?

사회문화 수준에 따른 로봇의 인권

“신은 자신이 사랑을 주기 위해
아담을 만들지 않았나?”

영화 <A.I>에서 ‘교수 허비’

“세상의 숱한 남자들 중에서
저 기계만이 유일하게 아버지의
자격을 가지고 있다.
술에 취해 고함지르지도 않고,
늘 곁에서 존을 지켜줄 것이다.”

영화 <터미네이터2>에서 ‘사라 코너’

"안드로이드 하녀를 발로 차는 건 잔인한가?" 사실 저는 이렇게 강의 제목을 정하지 않았어요(웃음). 역시 출판사에서 일하는 분들은 다르구나 싶습니다. 이 장의 주제를 다루려면 먼저 로봇이라는 단어에 대해서 알아야 합니다. 로봇이라는 말이 언제부터 사용되었을까요? 생각보다 오래된 단어는 아닙니다. 로봇은 20세기에 탄생한 용어입니다. 카렐 차페크(Karel Capek)라는 작가가 만들어낸 단어입니다. 카렐 차페크는 'R. U. R'이라는 희곡을 발표했는데, 여기에 로봇이라는 단어가 처음 나옵니다. 노동이라는 뜻의 체코어 '로보타(robota)'가 로봇의 어원입니다. 사람과 유사한 모습을 가진 기계, 스스로 작업하는 기계. 이것이 당시 처음 등장했던 로봇이라는 단어의 정의였습니다.

'로봇의 3원칙'이라 불리는 굉장히 유명한 로봇만의 법칙이 있습니다. SF소설가 아이작 아시모프(Isaac Asimov)가 처음 제시했던 행동

원칙입니다. 만약 인간을 벗어나서 인간처럼 행동할 수 있는 로봇이 나온다면 어떻게 해야 하는가? 아시모프는 SF소설가 기준으로 이 원칙을 설정했습니다. 꼭 지켜야 한다는 법은 없습니다. 일종의 의견입니다. 요새는 다른 원칙을 새로 구성해야 한다는 의견도 나오고 있습니다만 가장 많은 이들이 인용하고 있는 것이니 한번 살펴볼게요.

제1법칙은 '로봇은 인간에게 해를 끼쳐서는 안 되며 위험에 처해 있는 인간을 방관해서도 안 된다'는 겁니다. 제2법칙의 내용은 '로봇은 인간의 명령에 반드시 복종해야만 한다. 단 제1법칙에 거스를 경우는 거부할 수 있다'입니다. 예를 들어서 자살 방조와 관련된 명령 같은 경우 거부권을 행사할 수 있다는 겁니다. 제3법칙은 '로봇은 자기 자신을 보호해야만 한다. 단 제1법칙과 제2법칙에 거스를 때는 예외다'라는 겁니다. 아이작 아시모프가 이 원칙을 만들면서 굉장히 신경을 많이 쓴 것이 느껴집니다. 그런데 이 법칙을 적용하면 사용하지 못하게 되는 로봇들이 있습니다. 예를 들어 전투 로봇 같은 경우입니다.

로봇과 인간의 희미해지는 경계

그렇다면 로봇은 무엇을 할 수 있을까요? 지금까지 많은 분들이 로봇이 등장하는 SF영화는 봤어도 로봇 자체가 그다지 와닿는 느낌은 받지 못했을 겁니다. 이유가 뭘까요? 그건 바로 로봇을 쉽게 접하기 어려워서 그렇습니다. 그나마 요즘에는 자주 접할 수 있습니다. 대표적인 것이 로봇 청소기입니다. 하지만 가격이 비싸죠. 결국 로봇이 친숙하지 못한 이유는 가격 탓이 가장 큽니다. 로봇이 청소기라는 가정적인 형태로 나오면 가격도 그다지 비싸지 않기 때문에 쉽게 접하는 것이 가능해집니다.

또 한 가지가 더 있습니다. 바로 산업용 로봇입니다. 사실 산업용 로봇은 공장에 배급된 지 꽤 오래되었습니다. 이 산업용 로봇과 관련해서 가장 많은 수익을 올리는 나라가 독일과 일본입니다. 이번에 삼성이 스마트폰 갤럭시6를 개발하면서 파눅(Fanuc)이라는 일본 회사에서 많은 돈을 주고 로봇을 샀다고 하는데, 우리 주변에서 로봇을 구입하는 경우는 드뭅니다. 무엇 때문일까요?

한 가지 이유는 앞서 언급했듯이 가격 때문입니다. 또 한 가지 이유는 로봇 프로그래밍 때문입니다. 로봇은 인간이 시키는 일을 정확하게 하는 기계입니다. 이것은 로봇 내부의 프로그래밍에 따라서 움직이는 겁니다. 이게 제대로 되는 것이 힘듭니다. 로봇이 움직일 때 사람이 접근하면 로봇이 사람을 쳐서 다칠 수가 있습니다. 그래서 프로그래머들이 어떤 행위를 결정한 뒤 이를 잘 수행할 수 있도록 프로그램으로 미리 짜 넣어야 하는 겁니다. 이런 것을 만들어내기 위해서는 많은 수의 인재와 로봇과 공장 등을 소유하고 있어야 합니다. 당연히 천문학적인 금액이 필요합니다. 그래서 가정은 물론이고 중소기업도 가질 생각을 하지 못했습니다. 장벽이 매우 높았죠.

그런데 지금은 이런 괴리감이 좁아지려 하고 있습니다. 앞서 언급했던 로봇 청소기와 관련된 이야기입니다. 이 로봇 청소기를 개발한 회사는 아이로봇(iRobot)이라는 곳입니다. 아이로봇의 사장이 리씽크로보틱스(Rethink Robotics)라는 또 다른 회사를 설립했는데, 이곳에서는 일반인들이 일상적으로 쉽게 사용이 가능한 최초의 노동 로봇을 개발하겠다고 선언했습니다. 이 로봇은 두 개의 팔을 갖고 있고, 도구를 여러 개 바꾸어서 사용할 수도 있습니다. 도구에 따라서 간단한 조립도 가능합니다. 세탁기 정도의 크기인데요, 이 모델은 프로그래밍이 따로 필요 없습니다. 우리가 공장에서 처음 일을 할 때 숙련자를 따라 하면서 일을 배우는 것처럼 사람들이 이 로봇에게 일을 쉽게 가르칩니다. 이것을 반복하다 보면 로봇도 점점 일하는 속도가 빨라지고 실수가 줄어듭니다. 새 OS가 적용되면 기존 속도보다 두 배 이상 빨라지기도 하고요. 그리고 안전성에 있어서 문제가 없습니다. 이런 식의 로봇이 실제 판매되고 있는 겁니다. 금액이 문제일 텐데 얼마일까요? 2만5000달러입니다. 한화로 3000만 원쯤 되는 가격인 겁니다. 이게 싸다고 느껴지십니까, 아니면 비싸다고 느껴지십니까?

이런 종류의 일을 하는 제조업 종사자의 연봉이 4만 달러, 그러니까 한화로 5000만 원 정도 된다고 가정해봅시다. 그 사람에게 1년 연봉을 줄 돈으로 이 로봇을 1.5개 구입할 수 있습니다. 또한 로봇들은 인간과 다른 점이 몇 가지 있습니다. 24시간 근무가 가능합니다. 그리고 파업을 하지 않으며 고용 방법도 간단합니다. 구입만 하면 되거든요. 해고 역시 간단해요. 팔아버리면 끝이니까요. 파트타임은? 일정 금액을 지불하고 대여해서 사용하면 됩니다. 고용주 입장에서는 사람을 쓰는 것보다 장점이 훨씬 더 많습니다. 이렇게 되면 어떤 일이 벌어질까요?

인건비가 저렴한 곳으로 제조 공장을 옮길 필요성이 없어지게 됩니다. 지금은 대부분의 제조업이 인건비가 싼 중국으로 공장을 옮겼습니다. 하지만 로봇을 구입해서 무인공장화가 이루어지면 공장이 중국으로 넘어갈 이유가 없어집니다. 이미 테슬라 자동차 공장은 98%가 무인공정으로 이루어지고 있습니다. 미국에서 만들어도 문제가 되지 않는 겁니다. 이제 공장은 인건비가 싼 곳이 아니라 아이디어가 좋은 곳을 중심으로 이동하고 있습니다. 중국에서 만들면 인건비가 저렴해도 여러 가지 문제가 발생합니다. 출시되기까지 시간도 오래 걸렸고, 기술 유출도 훨씬 더 쉬웠죠. 그럼에도 불구하고 공장이 중국으로 이동했던 것은 제조에 들어가는 인건비가 저렴했기 때문이었습니다. 2000년 중국의 제조 인건비는 미국의 7%였습니다. 7% 저렴한 게 아니라, 정말로 전체 금액의 7%였습니다. 지금은 17%로 올랐습니다. 결국 장기적으로 볼 때는 로봇을 도입하는 편이 훨씬 합리적인 겁니다. 이렇게 되면 중국이 곤란한 처지에 놓이게 됩니다. 그래서 중국에서도 두 가지 대안을 내놓았습니다.

첫 번째는 무인공정화의 도입입니다. 중국에서도 로봇이 활용되기 시작한 겁니다. 애플의 아이폰을 생산하는 공장으로 알려진 폭스콘

1 리씽크 로보틱스의 노동 로봇.

2 테슬라의 무인공정 로봇 공장.

3 중국 DJI의 드론.

도 이제부터 로봇을 쓰겠다고 선언했습니다. 그래서 한 팔짜리 공정 로봇을 생산하고 있고, 이미 생산현장에 투입되었습니다. 2020년까지 100만 대 투입이 목표입니다. 두 번째는 아이디어의 이동입니다. 공장은 아이디어를 중심으로 두고 이동합니다. 그러니 이제 중국에서도 직접 아이디어를 내기 시작한 겁니다. 옛날보다 새롭게 시도해 보는 것도 훨씬 쉬워졌고요. 샤오미가 2015년 휴대전화 점유율에서 세계 3위를 차지하고 있다는 사실은 다들 알고 계실 겁니다. 샤오미는 불과 3년 전만 해도 국내에 전혀 알려지지 않은 회사였습니다. 그렇다면 드론은 어떨까요? 드론 시장에서 1위를 점하고 있는 회사는 어디일까요? 바로 DJI라는 중국 회사입니다. 불과 1~2년 사이에 중국에서 새로운 회사들이 속속 등장하고 있습니다. 중국이 이제 변화를 받아들이고 훨씬 좋은 신제품을 내놓고 있습니다. 우리나라의 현실과 전망은 암울합니다. 이런 암담한 분야가 한두 군데가 아닙니다.

로봇은 온전히 인간을 대체할 수 있는가?

지금 로봇에 대해서 빅 이슈를 만들어내고 있는 것이 바로 '페퍼(Pepper)'라는 겁니다. 소프트뱅크에서 만들어낸 로봇입니다. 지난 3월 300대를 한정 판매했는데 1분 만에 모두 팔려 나갔습니다. 가격이 180만 원 정도 합니다. 생각보다 가격이 높지 않죠? 저는

'페퍼'를 몇 번 본 적이 있습니다. 일본에서도 보고 한국에서도 봤는데, 주로 어디에 있는가 하면 소프트뱅크의 휴대전화 판매 매장에 있습니다.

'페퍼'의 특징은 사람의 목소리를 인식하면 그쪽으로 따라가고, 말하는 이를 쳐다봅니다. 사람의 목소리를 듣고 반응할 수 있단 이야기입니다. 그리고 대화가 되고, 손동작이 자연스럽습니다. 인공지능이 설치되어 있고 다리는 바퀴로 이루어져 있습니다. 이족보행을 포기하고 바퀴를 연결해서 가격을 낮추었습니다. 굳이 인간처럼 만들지 않고 경제적인 선택을 한 겁니다. 그런데 이 '페퍼'가 휴대전화 매장에 있으니까 사람들이 신기해서 일단 들어오게 됩니다. 호객 행위를 하는 겁니다. 저는 그것을 보고 한국에서도 도입이 가능할 거라는 생각이 들었습니다. 한국 휴대전화 매장도 호객을 하기 위해서 사람 모양으로 된 무섭게 생긴 마케팅 로봇이나 공기인형을 세워놓잖아요. 그런 것을 세워놓을 사람들이라면 이것을 180만 원에 구입할 수 있다는 겁니다. 인공지능 로봇의 시장은 이미 확실히 형성되어 있어요.

그리고 인공지능이 탑재되어 있으니 주문을 받거나 안내를 하고 간단한 이야기를 하는 것 자체는 가능합니다. 그런 측면에서는 확실한 수요가 있겠죠. 그래서 300대가 금방 나간 이유를 알 수 있었습니다. 이와 관련된 이야기를 잘 보여주는 영화가 바로 〈로봇 앤 프랭크〉입니다. 미래에 있을 법한 일화를 영화로 잘 소화해냈습니다. 혼자 살고 있는, 노망이 심해지기 시작한 할아버지가 한 분 있습니다. 자식이

아들과 딸, 이렇게 둘 있었습니다. 자식들이 가끔 와서 일을 봐주고 했는데 치매가 생기니 매일 돌봐야 하잖아요. 그런데 자식들이 상황이 어려우니까 로봇을 사서 시중을 들게끔 합니다. 그다음에 여러 가지 사건이 벌어지는 겁니다. 로봇이 할아버지에게 동화가 되어 이런 저런 일을 벌이는데, 더는 스포일러라서 말씀을 드릴 수가 없습니다. 하지만 로봇에 관심이 있다면 꼭 보셔야 할 영화입니다.

즉 앞으로의 로봇은 사람과의 관련성을 증진시키는 방향으로 나아갈 거란 말입니다. 사람이 테이블 위에 올려놓고 쳐다보며 대화를 할 수 있게 만들어진 사회적 로봇(social robot)이라는 것도 개발됩니다. 독거노인의 말동무용으로 만들어진 거예요. 처음 발표했을 때엔 노인들이 이런 이상한 기계를 왜 가져오냐고 말했습니다. 그래서 이 로봇을 개발한 회사에서 한 달 동안 실험을 했습니다. 한 달 동안 이 기계를 대여해주고 회수를 하러 간 겁니다. 그런데 할머니들이 못 가져가게 막는 겁니다. 아들딸보다 훨씬 낫다고 말하면서 말입니다. 애착 현상을 강하게 보여주는 겁니다. 일본에서도 이와 비슷한 경험을 바탕으로 해서 상품화시킨 로봇이 있습니다. 물범처럼 생긴 로봇인데, 이상하게 할아버지들은 별 반응이 없고 할머니들이 애정을 많이 보여주시더랍니다.

이 로봇을 집에 놓는다고 하면 어떤 기분이 드시나요? 원래 로봇은 기계처럼 생겼습니다. 이게 인간과 외형이 점차 비슷해지면 비슷해질수록 거부감이 점점 사라집니다. 거부감이 줄어들다가 어느 순간 인간과 형상이 닮았어도 기괴한 부분이 발견되면 마치 좀비를 본 것처럼 다시 거부감이 올라갑니다. 이것을 '불쾌한 골짜기(uncanny valley)'라고 하는데, 사람은 아니지만 사람의 모습을 하고 있기 때문에 꺼려지는 겁니다. 그러다가 완전히 사람하고 똑같아지면 다시 거부감이 줄어들고 선호도가 올라갑니다.

'지보(Jibo)'라는 이름을 가진 로봇도 있습니다. 인간과 지나치게 비슷하지 않게 만든 겁니다. 2015년 4/4분기나 2016년 1/4분기에 출시될 것이고, 가격은 60만 원대로 예정되어 있습니다. 팔다리는 없고 얼굴만 있어서 움직이는 텔레비전 느낌입니다. 이 로봇이 하는 역할은 집사 같은 겁니다. 주인이 집을 비웠을 때는 보안을 담당하고, 집에 돌아오면 불을 켜주는 등의 업무를 합니다. 그런데 디자인 팀이 새로 와서 이 로봇의 디자인을 바꿨습니다. 누가 바꿨을까요? 바로 디즈니입니다. 〈월. E〉라는 애니메이션 영화를 아시나요? 그 영화를 보면 '이브(Eve)'라는 이름의 하얀색 여성형 로봇이 등장합니다. 그 '이브'를 바탕으로 해서 디자인이 바뀐 겁니다.

그리고 이번 장의 제목을 정하게 한 가장 중요한 인터뷰가 있습니다. 보스턴 다이나믹스(boston dynamics)라는 세계 최고의 로봇 제작 회사에서 만든 로봇, '스팟(Spot)'입니다. 2014년에 구글은 8개의 로봇 회사를 인수했는데, 그중 한 회사가 이 '스팟'을 만든 보스턴 다이나믹스입니다. 이 로봇은 어디에 무엇이 있는지를 인식할 수 있습니다. 거친 지형에서도 균형을 잡을 수 있고, 계단도 넘어지지 않고 올라갈

✖ 사족보행 로봇 스팟은 주위 환경을 인식하는 능력과 균형을 잡는 능력이 매우 뛰어나다. 이를 증명하기 위해 개발자가 스팟을 발로 차는 영상이 공개되었는데 본의 아니게 로봇 학대 논란이 불거졌다. 만약 미래에 우리가 안드로이드 하녀를 발로 차면 잔인한 것일까?

수 있습니다. 뛸 수도 있어서 같이 조깅도 할 수 있습니다. 마치 강아지처럼 움직이거든요. 마침 크기도 대형견 사이즈입니다. 여러 마리가 협업을 할 수도 있고 열 맞추어 뛰는 것도 가능합니다. 지형과 관계없이 수송할 수 있는 황소 같은 로봇입니다. 보스턴에서는 이 로봇의 균형 감각을 자랑하기 위해서 발로 차도 '스팟'이 넘어지지 않는 동영상을 올렸습니다. 그런데 예상치 못하게 댓글 게시판에서 난리가 났습니다. 댓글의 내용을 보면 '이런 걸 홍보라고 올린 거냐', '왜 발로 차느냐' 하는 내용이 주를 이룹니다. 로봇을 발로 차는 것에 대해서 사람들이 분노하고 어떻게 그럴 수 있냐고 비난합니다. 참 묘하지 않습니까?

사회문화 수준에 따른 로봇의 인권

지금까지 로봇에 대해서 이야기를 했습니다. 로봇에 대해서 또 하나 알아둬야 하는 것은, 미국 같은 국가에서는 로봇의 등장을 일찍부터 대비해왔다는 겁니다. 예를 들자면 법규를 미리 제정한다든가 하는 겁니다. 왜 이렇게 벌써부터 준비를 할까요?

미국에서 나왔던 유명한 영화 가운데 〈터미네이터〉가 있습니다. 거기서 보면 '스카이넷(Skynet)'이라는 로봇에게 인류가 지배당하고 있죠. 미국은 이런 종류의 영화나 소설이 굉장히 많이 나와 있습니다. 그래서 로봇이 인간을 지배하면 어떻게 해야 하나, 하는 걱정이 밑바닥에 깔려 있습니다. 때문에 그런 사태가 벌어지기 전에 이쪽이 대비책을 마련해두고 있는 거죠. 선제공격을 날리는 것은 미국의 특징입니다.

그에 비해서 일본 시장은 어떨까요? 일본은 데즈카 오사무의 〈철완 아톰〉이라는 만화에 큰 영향을 받았습니다. '로봇은 내 친구'라는 정서가 이미 만연한 겁니다. 그래서 로봇에 거부감을 느끼지 않습니다. 로봇 시장은 이미 일본을 첫 번째 타깃으로 두고 있습니다. 독일 같은 경우는 여전히 기능적인 면에 초점을 둡니다. 기계로서 얼마나 잘 써먹을 수 있는지 주목하는 거죠. 딱 맞는 일을 정확하게 하는 것이 독일의 로봇 제작 방식입니다.

여기서 요즘 치고 올라오고 있는 곳이 중동 지역입니다. 이제 중동을 주목할 필요가 있습니다. 중동 국가들이 의외로 로봇 기술에 대해서 우호적입니다. 사실 중동은 과학이나 오토마타(Automata) 등의 분야에서 선구자 역할을 했던 경우가 꽤 많습니다. 그래서 로봇에 대한 거부감이 적죠. 이와 더불어 재정이 풍부하고, 노동 환경도 로봇 분야가 비집고 들어갈 틈이 있습니다.

중동에서 부자들은 귀족처럼 생활합니다. 실제로 노동을 하는 사람들은 인도·파키스탄 등에서 온 사람들인데, 거의 노예처럼 일합니다. 그래서 전 세계에서 비인도적인 노동 환경을 개선하라고 압력을 넣고 있습니다. 그럼 이에 관련된 비용이 급상승하는 겁니다. 귀족처럼 살던 사람들이 어느 날 갑자기 노동을 하라고 하면 하지 않죠. 관리해주는 집사나 시중들어주는 메이드 같은 역할을 누군가가 해줘야 하는 겁니다. 이것을 누가 해주나요? 로봇이 해주는 겁니다. 그래서 중동 쪽에는 로봇 시장이 열려 있는 겁니다. 우리나라에서도 안

내 로봇을 만든 것이 있습니다. 가격이 2000만 원 정도였는데 중동에 제일 먼저 수출을 했습니다. 로봇은 나라별로 문화적 교류가 있는데, 문화에 따라서 로봇을 대하는 태도가 각각 다른 거죠.

인간은 인권을 요구하는 로봇을 걷어차지 않을 것인가

이제 로봇에 대해서 이야기할 때 빼놓을 수 없는 인공지능에 대해서 말해볼까요. 인공지능에서는 '왓슨(Watson)'이라고 불리는 인공지능 프로그램 사건이 유명합니다. 왓슨은 '제퍼디(Jeopardy!)'라는 유명한 퀴즈쇼에 출연하여 큰 인기를 끌었습니다. 이 퀴즈쇼는 보통 세 사람이 나와서 경쟁하는데, 2011년 2월에는 사람 두 명과 왓슨이 각각 대결했습니다. 왓슨의 왼쪽에 있는 사람은 67주 동안 1위를 했습니다. 오른쪽에 있는 사람도 그에 못지않은 성적을 올렸습니다. 그런데 컴퓨터 프로그램이 이들과 맞수를 둔 겁니다. 인간과 인공지능의 대결에서 누가 이겼을까요? 왓슨이 1등을 했습니다. 이 일로 사실상 인공지능이 급부상하게 됩니다.

그동안 IBM이 인공지능 연구를 오랫동안 해왔습니다. 인공지능 연구 초기였던 1999년에 '딥 블루(Deep blue)'라는 인공지능 체스 로봇을 만들었습니다. 당시에 유명한 체스마스터로 게리 카스파로프(Gary Kasparov)라는 인물이 있었습니다. 딥 블루가 이 체스마스터를 이긴 것이 핵심이었죠. 그런데 이때만 해도 여론이 그다지 좋지 않았습니다. 브랜드 마케팅에 타격을 입으니 IBM에서는 결국 개발팀을 해체하고 딥 블루도 폐쇄해버렸습니다. 아예 시장에서 철수를 해버린 겁니다. 그래서 왓슨도 그런 반응이 나올 것으로 예상하고 있었는데, 미국의 암 센터에서 연락이 왔습니다. 지금 왓슨은 세계에서 가장 실력이 좋은 암 센터에서 활발하게 쓰이고 있습니다. 로봇이 점점 할 것이 많아지는 거죠. 몇 년 뒤에는 의사를 대체할 수도 있을 정도로 결과가 잘 나오고 있습니다. 재미있는 건 이 병원에서 인공지능을 사용하기 시작하면서 광고를 내기 시작했다는 겁니다. 우리 암 센터에서는 왓슨이 진료를 하고 있다고 홍보를 하고 있죠. 이것은 인공지능의 세 가지 한계를 왓슨이 극복했다는 것을 뜻합니다.

왓슨이 어떤 성과를 내고 있다는 것이 고무적입니다. 성과가 없고 또 그에 대한 자신이 없으면 광고를 낼 수 없겠죠. 그리고 두 번째는 병원 내에서 왓슨을 사용하는 데에 큰 저항이 없고, 또 그 사실을 알리는 것에 대해서도 거부감이 없다는 겁니다. 마지막은 직접 생각해보세요. 만일 내가 의사고 암 센터를 설립해서 광고를 낸다면 어떤 광고를 낼 건가요? 세계 최고의 의료진이 있다는 광고를 하겠죠? 그런데 거기에 왓슨 이야기를 쓴 겁니다. 일반 사람들 역시 인공지능이 의료진에 포함되어 있는 것에 대해 크게 거부감을 느끼지 못합니다. 사회적으로도 어느 정도 인지도가 있으니까 가능해진 거죠. 이건 매우 중요한 지점입니다. '의사 로봇'이 실질적으로 가능해졌다는 것보

1 인공지능 왓슨은 퀴즈쇼 <제퍼디(Jeopardy)!>에서 67주 연속 우승한 인간을 누르고 승리했다.

2 슈퍼컴퓨터 딥블루는 15년 동안 무패를 달리던 러시아의 게리 카스파로프를 누르고 승리했다.

3 IBM의 뉴로모픽 컴퓨팅칩인 '트루 노스(True North)'는 기존 슈퍼컴퓨터와 달리 정보를 인간의 뇌처럼 처리한다. 따라서 시(視) 지각 능력을 갖춘 뉴로모픽 컴퓨팅칩은 시각장애인용 내비게이션 안경으로 활용할 수 있다.

다 사회적으로 인정을 받았다는 사실이 큰 의미가 있기 때문이죠. 전에는 '의사 로봇'은 위험하다는 여론이 있었는데 지금은 오히려 신뢰를 보내고 있습니다.

하지만 왓슨 같은 경우는 인간과 가까워지기가 어렵습니다. 왓슨이 소요하는 에너지가 4000명분입니다. 바꿔 말하면 인간 4000명이 쓸 에너지를 왓슨 한 대가 소비하는 겁니다. 그렇기 때문에 최대한 인간의 뇌와 비슷한 구조를 갖도록 제작합니다. 실제로 지금은 쥐의 지능 정도까지는 올라왔습니다. 이것을 쌓아서 3D로 만들면 인간의 뇌와 비슷한 칩 세트를 만들 수 있는 겁니다. 인간의 뇌처럼 형태를 변형시키거나 혈액을 순환시키게 만드는 것을 '뉴로모픽 컴퓨팅(neuromorphic computing)'이라고 칭합니다. '뉴로모픽 컴퓨팅'은 생물학자·재료공학자·인지공학자·컴퓨터공학자·기계공학자 등이 함께 팀을 짜고 작업합니다. 융합연구가 필요한 분야인 거죠. 우리나라에서는 아직 이런 걸 시도한 적이 없습니다. 대개 자기들의 전공 분야에만 집중하고 있는데 앞으로는 융합연구가 필요합니다.

로봇과 인공지능이 발달하니 이제 일자리에 대한 이야기가 많이 나옵니다. 주로 로봇이 인간이 설 자리를 뺏는 것이 아니냐는 말이 많은데, 한 권의 책을 예로 들어서 설명해보겠습니다. 《기계와의 경쟁》이라는 책입니다. 에릭 브린욜프슨이라는 사람과 앤드루 매카피라는 사람이 함께 쓴 책입니다. 이 책의 내용을 조금 이야기해보겠습니다.

산업혁명이 일어나면서 기계가 도입되기 시작했습니다. 산업혁명 이전에는 생물학적으로 노동을 했습니다. 인간이 직접 하거나 자연의 힘을 빌렸습니다. 그런데 증기기관이라는 것이 발명되면서 이제 에너지를 기계로 변환시키는 장치가 생겨난 겁니다. 이것의 핵심은 기계가 인간이 가질 수 없는 힘을 가졌다는 겁니다. 그 당시 철로를 놓는 사업장에서 사람들이 일을 하고 있었는데, 하루는 고용주가 땅을 파고 터널을 뚫는 기계를 가져온 겁니다. 기계가 사람 대신 일을 하는 것을 보고 고용주는 구입을 망설이고 있었죠. 노동자들은 그 기계가 도입되면 자신들이 전부 해고될까 봐 겁을 내고 있었고요. 그러자 그 당시 미국에서 가장 힘이 센 사람으로 소문이 난 존 헨리(John Henry)라는 사람이 고용주에게 이야기를 합니다. 내가 저 기계와 대결해서 승리하면 노동자들을 해고하지 말고 함께 일을 하자고 제안을 한 겁니다. 그래서 기계와의 대결이 성사되어서 거의 한나절 동안 시합을 합니다. 결국에는 인간인 존 헨리가 이겼습니다. 기계에게서 일자리를 지켜낸 거죠. 하지만 안타깝게도 존 헨리는 과로해서 심장마비로 사망하고 말았습니다.

존 헨리의 사례는 미국에서 '전설'이 되었습니다. 동화도 있고 만화도 있어요. 이 전설의 교훈은 무엇일까요? 바로 기계와 기를 쓰고 싸울 필요가 없다는 겁니다. 바보 같은 짓이죠. 아까의 딥 블루 이야기로 돌아가봅시다. 체스의 최강자가 누굴까요? 체스마스터에게 물어보니 딥 블루와 자신이 팀을 구성하면 세계 최강일 거라는 대답이 돌아왔습니다. 딥 블루는 창의적인 수를 생각해내지 못합니다. 그리고 인간은 실수를 하죠. 그러니까 이 둘로 팀을 짜면 지지 않을 수 있다는 이야기인 겁니다. 마찬가지로 왓슨이 있는 암 센터에서 최고 실력을 가진 건 누구일까요? 왓슨과 전문 의료진이 함께 하는 팀입니다. 이런 의미에서 인간은 기계와, 혹은 로봇과, 인공지능과 경쟁을 할 이유가 없는 겁니다. 인공지능이 잘할 수 있는 것이 따로 있고 인간이 잘할 수 있는 것이 따로 있는 겁니다.

비슷한 측면을 다룬 책을 한 권 소개하겠습니다.《왜 로봇의 도덕인가?》라는 책입니다. 미국에서는 이와 관련된 부분들에 대해 조금씩 연구하고 있습니다. 노예 제도로 예를 들어보겠습니다. 불과 150년 전만 하더라도 노예 제도가 존재했습니다. 노예 제도의 핵심은 뭘까요? 바로 인간을 재산으로, 물건으로 보는 겁니다. 그러다가 인간으로서의 능력과 자율성을 인정받은 것이 미국의 남북전쟁 이후인 겁니다. 이전에는 인간의 역사는 곧 노예의 역사였습니다. 동물을 예로 들어볼까요? 20~30년 전만 해도 개를 잡아먹는다고 하면 아무도 뭐라고 하지 않았습니다. 요즘에는 햄스터 한 마리를 못살게 굴어도 뭐라고 합니다. 잘못해서 알려지면 대중들에게 비난을 받을 겁니다. 이건 동물의 권리입니다. 이렇게 되기 시작한 게 얼마나 됐을까요? 우리나라는 채 10년도 안 되었습니다.

앞서 말했던 '지보'나 '페퍼' 같은 경우를 봅시다. 이 두 로봇은 개보다는 못해도 햄스터보다는 인간의 말을 잘 알아듣습니다. 그렇다면 이런 로봇에 대해 햄스터보다 못한 취급을 한다는 게 정당할까요? 이것이 문제의 시발점입니다. 제 전망으로는 곧 로봇 권리 운동가들이 생겨날 겁니다. 그리고 로봇의 권리를 인정하자는 주장을 하겠지요. 그러면 그와 연관된 논문도 발표될 것이고, 일반 대중 사이에서도 동조하는 이들이 있을 겁니다. 그렇게 되면 로봇 인권에 대한 인식이 사회적으로 일반화될 가능성이 큽니다.

스스로 생각하는 기계의 탄생, 또 다른 비극의 시작일까?

이때 또 중요한 부분이 바로 자율성입니다. '프레데터(Predator)'라는 드론이 있습니다. 아프가니스탄 전쟁에도 투입된 적이 있는 유명한 로봇인데, 폭격이 가능한 무인기입니다. 이 로봇은 작전에 투입된 후 큰 반향을 일으켰죠. 전쟁의 일등 공신이라는 평가 외에도 외부에 있는 사람이 마치 게임기를 조종하는 것처럼 프레데터를 조종해서 폭격을 할 수 있기 때문입니다. 다시 말해 사람을 쉽게 죽일 수 있게 된 겁니다. 아프가니스탄에서 오인 폭격을 하는 장면이 CNN을 통해 방영되면서 전 세계로 유출되었습니다.

어떻게 사람을 저렇게 쉽게 죽일 수 있느냐며 여론이 들끓고 거대 이슈로 확장되었습니다. 그러자 미 국방부에서 고민을 하게 되었습니다. 인간이 조종하는 것이 더 나은 것인지 아니면 로봇에게 자율성을 부여해서 직접 판단하도록 만드는 것이 더 나은 것인지 의문을 가지게 된 겁니다. 굉장히 중요한 사건이에요.

또 다른 사건은 지뢰 제거 로봇에 대한 것입니다. 1인 1로봇 1조로 이루어진 팀이 지뢰를 제거합니다. 한 지뢰 제거 로봇은 72번 임무에 투입되어 그때마다 지뢰를 성공적으로 제거했습니다. 그런데 73번째 임무에 투입되었다가 실수로 부상을 입었어요. 그러니까 고장이 난 거죠. 그러자 같이 임무를 수행해왔던 파트너 병사가 울며불며 이 로봇을 살려달라고 하는 겁니다. 이런 사건들이 벌어지면서 미국에서는 본격적으로 로봇의 윤리와 인권에 대해 고민하기 시작했습니다. 로봇에게 자율성을 주려면 먼저 로봇이 무엇이 옳고 무엇이 그른 것인지를 알아야 합니다. 그것을 구분하지 못한다면 자율성을 부여하기가 힘들죠.

이 때문에 현재 학계는 옳고 그름에 대한 연구를 진행하고 있습니다. 이것을 'AMA'라고 합니다. '인공적 도덕 행위자(Artificial Moral Agent)'의 약자인데, 이것을 어떻게 구현할 것인지 연구하기 시작한 겁니다. 먼저 '톱다운(Top-down)' 방식이라고 하는 것이 있습니다. 정의란 무엇이고 윤리란 무엇인지, 또 도덕이란 무엇인지에 대해 인간이 지금까지 철학 분야에서 해왔던 여러 연구 내용들이 있지 않습니까? 인간들이 해놨던 옳고 그름에 대한 판단을 입력해서 여러 복잡한 문제를 해결하게 만들자는 제안이 있었습니다. 그런데 이것이 생각처럼 잘되지가 않았습니다. 이유가 뭘까요? 서로 부딪치는 상황이

1 군사용 드론 '프레데터'는 마치 게임을 하듯 외부 조종으로 타격 목표에 폭격을 가할 수 있다. 사람을 더욱 쉽게 죽이는 시대가 열린 것이다.

2 지뢰 제거 로봇이 작전 중 '부상을 입었다.' 그러자 파트너였던 군인이 울며불며 '살려달라'고 말했다고 한다. 미국은 프레데터와 지뢰 제거 로봇을 보며 로봇의 윤리와 인권에 대해 심각하게 고민하기 시작했다.

지나치게 많기 때문입니다. 상황에 따라 다르다 보니 답을 내릴 수 있는 케이스가 너무 적습니다. 그리고 가장 결정적인 문제점이, 바로 인간도 잘 지키지 않는다는 겁니다. 인간은 이렇게 올바르게 사는 생물이 아닙니다.

나머지 하나는 '보텀업(Bottom-up)'이라고 하는 방식입니다. 우리가 어렸을 때는 무엇이 옳은지 모르는 상태였습니다. 하지만 옳은 일을 하면 칭찬을 받고, 옳지 않은 일을 하면 혼이 나면서 서서히 체득하죠. 20년쯤 지나 성인이 되면 어떤 행위를 구분하고 또 구현할 수 있게 됩니다. 이렇게 인간이 성장하는 것처럼 윤리와 도덕을 로봇에게 꾸준히 학습을 시키자는 겁니다. 이것이 답이 될 수 있을 것 같았지만 역시 큰 문제점에 봉착했습니다. 무엇이 문제일까요? 인간 아이가 어떤 실수를 저질렀을 때 매번 학습을 하는 것이 아닙니다. '용서'라는 것이 존재하죠. 아이니까 잘 모르고 한 행동이라고 생각합니다. 그리고 어리기 때문에 벌을 주기가 힘듭니다. 그런데 어떤 로봇이 돌아다니다가 실수로 사람을 쳤습니다. 이 로봇을 용서해주실 수 있습니까? 바로 여기에서 문제가 발생하는 겁니다. 간단한 것이 아닙니다. 법률적 문제가 일어나거든요. 소유주에게 책임을 물을 것인지, 아니면 각 로봇에게 책임을 물을 것인지가 갈리기 때문입니다.

그래서 두 가지 방식을 섞어가면서 작업을 하고 있습니다. 이런 것들이 하나둘씩 진행되다 보니 더 이상 인간과 로봇·인공지능이 공존하는 사회가 먼 미래의 일이 아니게 되어버린 겁니다. 그렇다면 도래할 사회에 대비해서 법률이라든가 우리 사회에 존재해야 하는 인프라 등의 문제가 또 발생합니다. 이런 것들을 가장 먼저 걱정했던 이들은 바로 SF영화와 소설을 창조해낸 작가들이었습니다. SF 작가 협회라는 것이 있습니다. 이 협회는 2012년부터 '위로봇(We Robot)'이라는 컨퍼런스를 개최하고 있습니다. 이 컨퍼런스는 미국의 플로리다 법대, 스탠퍼드 법대 등이 주로 참여해서 미국 서부와 동부에서 번갈아가며 열립니다. 보통 로봇과 인간이 함께 살아가는 사회의 법률 체계를 다듬으려 노력하고 있습니다. 법안의 초안을 새로 제출하고 법안과 관련된 공청회도 열고 관련된 여러 케이스도 연구하고 있지요. 법학자·사회학자·기술자가 같이 머리를 맞대고 우리의 생각보다 훨씬 많은 일을 해내고 있습니다. 우리나라에서는 기술자들만 모인다는 한계점이 있기 때문에 부럽기도 하고 아쉽기도 합니다.

인간과 기계 사이
: 사이버네틱스

마지막으로 다룰 것은 사이보그, 즉 사이버네틱스에 관한 겁니다. 인간과 기계와의 관계에서 한 번쯤 생각해봐야 할 것입니다. 〈공각기동대〉라는 애니메이션을 아십니까? 여기 등장하는 인물은 안드로이드입니다. 뒤에 연결되어 있는 휴먼 머신이 인터페이스 작업을 하고 있는 겁니다.

〈공각기동대〉에 등장하는 '사이버(Cyber)'는 사이버네틱스란 단어에서 나왔는데, 노버트 위너(Norbert Wiener)라는 사람이 처음 만든 말입니다. 사이버네틱스란 정보이론과 정보 시스템 등 IT 분야와 관련된 단어이며 인터넷 역사에도 많은 영향을 미쳤습니다. 노버트 위너는 원래 생물을 전공하던 사람이었습니다. 이후에 물리학도 공부하고 제어예측 공학도 공부했고요. 그러면서 사이버네틱스 팀을 짜서 연구를 하게 된 겁니다.

원래 사이버네틱스란 단어는 배의 키잡이, 조타수를 뜻하는 그리스어의 키버네테스(kybernetes)에서 나온 말입니다. 플라톤도 이 개념에 대해서 다뤘는데, 인민에 대한 통치를 이야기할 때 사용한 표현입니다. 조종하고 제어하는 것이 사이버네틱스인 겁니다. 인간도 생물도 신경도 전부 제어 체계로 이루어져 있지 않습니까? 그게 균형을 이루고 있는 겁니다. 자동차가 동작하는 원리도 엑셀과 브레이크를 제어하는 겁니다. 엑셀이나 브레이크 가운데 어느 하나로 가능한 것이 아닙니다. 증기기관 역시 마찬가지입니다. 증기기관을 컨트롤할 수 없어서 그냥 기계가 작동하도록 내버려 두는 게 무슨 의미가 있겠습니까?

그러니까 컨트롤할 수 있는 무언가를 삽입해서 제어가 가능하도록 만들어야 합니다. 이것이 제일 중요한 부분입니다. 거기에서 사이버네틱스에 관한 논문이 처음 나오게 된 겁니다. 노버트가 이 분야를 연구하다 보니 인간 사회에 대해 말하기 시작합니다. 그래서 낸 책이

《인간의 인간적 활용》이라는 책입니다. 이 책은 무려 1950년에 출간되었으며, 사이버네틱스에 관련된 여러 이론을 사회에 빗대서 소개한 유명한 책입니다. 내용을 읽어보면 자동화 시스템과 인간의 관습 및 제도를 비교해놓았습니다. 이 책에 나왔던 수많은 비유들이 사회적으로 중요한 시대가 되었습니다. 이것을 인간에게 적용하면 인간이 다른 무언가를 자기 의도대로 컨트롤할 수 있고 스스로 의식을 확장하는 등의 작업이 가능해진다는 뜻이 됩니다.

〈기동전사 건담〉이라는 애니메이션도 기계와 인간의 관계, 인간과 인간의 관계를 조명한 작품입니다. 주인공은 아무로 레이, 샤아 아즈나블, 라라아 슨, 세이라 마스 이렇게 모두 네 명입니다. 이들은 우주에서 태어난 사람들이며, '뉴타입'이라 불리는 일종의 돌연변이로 태어납니다. 그래서 기계 조작에 특화되어 있습니다. 주인공 아무로 레이의 상대편인 지온은 로봇인 모빌슈츠를 전장에 투입합니다. 이 모빌슈츠는 타고난 사람이 아니면 조종이 불가능하죠. 문제는 기껏 우수한 병기를 만들어놨더니 조종이 가능한 사람이 없어서 지온이 전쟁에서 패배할 수밖에 없다는 것입니다. 그래서 이에 대항하는 사람들이 뉴타입에 맞서기 위해 일반인에게 약을 투여합니다. 뉴타입이 아니어도 모빌슈츠를 자유자재로 다루도록 하기 위해 DNA에 조작을 가한 것이죠. 이런 이들은 '강화인간'이라고 불립니다. 우주에서 태어난 '뉴타입'이라는 돌연변이와 약물과 수술을 통해 뉴타입과 비슷해진 '강화인간'이 서로 대적하게 됩니다. 이것이 〈기동전사 건담〉

의 주된 스토리입니다. 선과 악으로 나뉘고, 무기와 무기가 맞부딪치는 게 아니라 '병기가 된 인간'을 다루는 굉장히 심도 있는 작품입니다. 거기에 등장하는 에피소드 하나를 예로 들어보겠습니다.

작중에 등장하는 로봇, 즉 모빌슈츠 건담은 사이버네틱스 시스템을 채용하고 있기 때문에 평범한 인간은 조종이 불가능합니다. 그래서 인간의 뇌파를 잠시나마 강화시키는 임시방편에 가까운 시스템을 만들어놓습니다. 그래서 평범한 인간도 건담을 조종하는 게 가능해집니다. 그런데 이 시스템에는 커다란 단점이 있습니다. 자칫 잘못하면 조종사가 사망에 이를 수도 있다는 겁니다. 이 에피소드가 큰 의미를 지닌 이유는 지금까지 이야기한 로봇이나 인공지능에 대한 위험성을 잘 방증하고 있기 때문입니다. 사이버네틱스 시스템이란 결과적으로 〈기동전사 건담〉에 등장하는 강화인간과 유사합니다. 그리고 지금 우리가 살고 있는 현대에서 이 기술이 일정 부분 가능해졌으며 그만큼 로봇과 인공지능의 위험성도 함께 존재한다는 뜻입니다.

이제 사이보그란 단어는 일반적인 말이 되었습니다. 사이보그는 사이버네틱스와 생물의(organism)의 합성어입니다. 이 사이보그란 개념은 우주여행을 하기 위해서 만들어진 개념입니다. 인간은 우주에 나가면 사망합니다. 하지만 이 사이보그는 우주 공간에 나가도 살 수 있죠. 그런데 이제는 사이보그라는 개념이 확장되었습니다. 우주 탐험만을 위한 것이 아니라, 정신과 물체 사이, 그리고 내면의 우주와 외면의 우주 사이에 다리를 놓는 새로운 매개체적 개념이 된 겁니다.

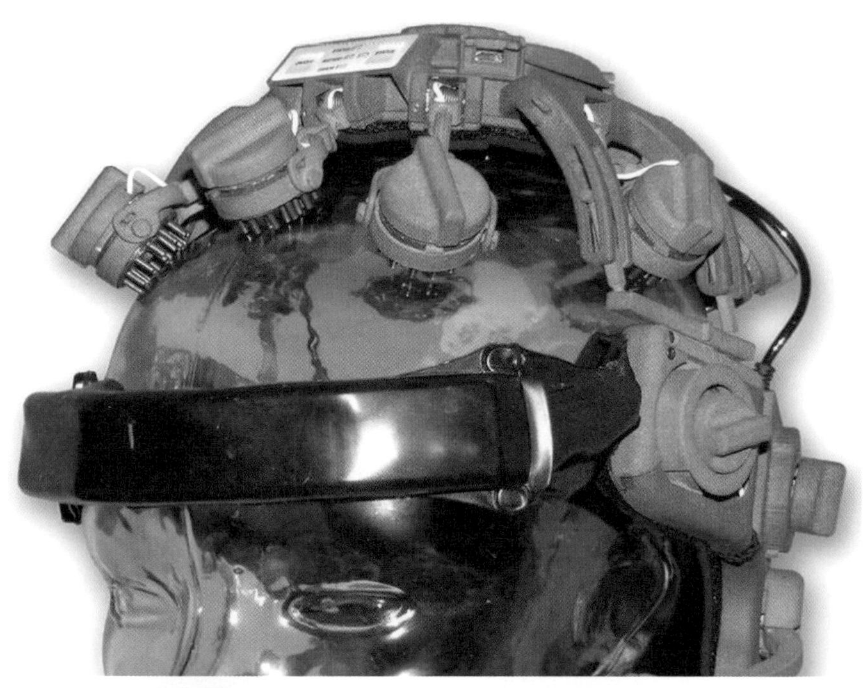

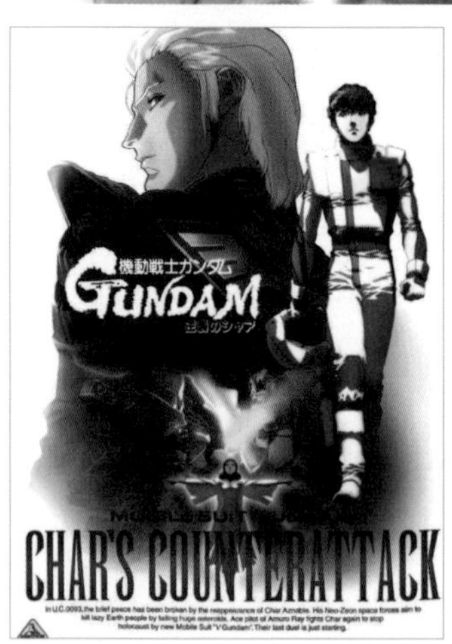

✖ <기동전사 건담> 시리즈에서 권력자들은 평범한 인간을 '개조'하여 강화인간으로 만든 후 전장으로 내몬다. 수단을 위해서라면 전장에 유용한 무기를 만드는 것을 넘어서 십대 소녀를 비롯한 인간 자체를 병기 취급하는 것이다. 실제로 현재 사이버네틱스 시스템은 부분적으로나마 가능해졌다. 한때 애니메이션에서 다뤄졌던 비극이 실제로 일어날 위험성이 점점 증가하고 있다.

로봇과 사이보그는 명백히 다른 개념입니다. 로봇은 기기 기술이 발전하여 인간 수준에 접근했습니다. 그렇기 때문에 어디까지나 인간과 분리되어 있는 문제입니다. 하지만 사이보그는 인간이 유전자를 통하지 않고, 기계와 인간이 일체화되어 인공적인 생물체가 된 겁니다. 이러한 사이보그는 우리 주변에서 쉽게 찾아볼 수 있습니다.

사이보그는 메디컬 사이보그와 슈퍼 사이보그라는 두 가지 카테고리로 나뉩니다. 메디컬 사이보그란 문제가 생긴 인간의 신체기관을 기계로 대체한 것을 뜻합니다. 예를 들어서 눈이 좋지 않아서 수정체를 제거한 뒤 시력을 보완해주는 기계를 넣는다고 가정해봅시다. 그럼 그 사람의 눈은 사이보그화가 된 겁니다. 뇌의 기억 장치에 문제가 생겨서 인공 디스크로 교환했습니다. 이것도 메디컬 사이보그입니다. 주변에서 종종 볼 수 있는 사례입니다. 윤리적으로도 문제가 없습니다. 기능이 저하된 기관을 보충해주는 치료 · 재활 측면이 큽니다.

그렇다면 슈퍼 사이보그는 뭘까요? 이것도 예시를 들어보겠습니다. 백내장 때문에 눈이 아파서 일반인의 정상 시력 정도에 해당하는 새로운 렌즈를 안구에 삽입했습니다. 그런데 언제부터인가 보이면 안 되는 것들이 보이기 시작하는 겁니다. 또는 다리를 크게 다쳐서 기계로 된 의족을 달았습니다. 그랬더니 뛰는 속도가 시속 60km가 되었습니다. 이런 것들이 슈퍼 사이보그의 예입니다. 하지만 이 경우 윤리적인 문제가 발생합니다. 민주주의란 인간이 태어났을 때부터

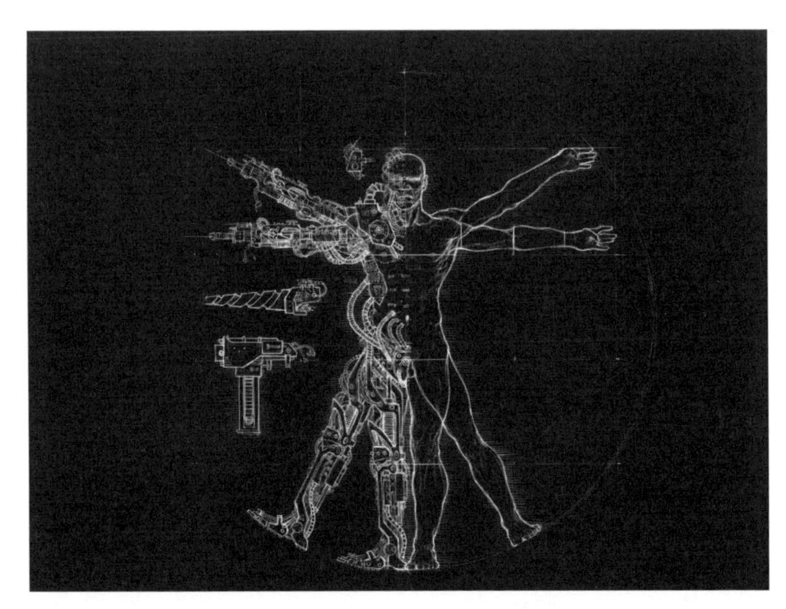

✖ 인간을 초월한 슈퍼 사이보그의 허용은 민주주의의 전제를 뿌리째 흔드는 사건이 될 위험이 있다. 슈퍼 사이보그와 그렇지 않은 인간은 이미 동등한 존재가 아니게 되기 때문이다.

모두 동등하다고 생각하는 지점에서 시작되기 때문입니다. 슈퍼 사이보그가 등장하면 기술과 자본을 쥔 인간이 그렇지 않은 인간을 손쉽게 뛰어넘을 수 있습니다. 돈으로 능력을 사는 세상이 열리는 겁니다. 따라서 사이보그와 그 사회에는 매우 조심스럽게 접근해야 합니다. 안경을 썼더니 이전에는 못 봤던 것들을 볼 수 있고, 뇌에 칩을 새로 끼웠더니 새로운 지식을 얻을 수 있는 문제를 가볍게 넘겨서는 안 됩니다. 사이보그에는 이처럼 인류의 평등과 민주주의 측면에서 매우 중대한 의미가 있습니다.

기계가 인간다워질 때,
휴머니즘은 어디서 찾을까

그래서 이런 부분으로 접근하는 철학사조 같은 것이 몇 가지 탄생했습니다. 대표적인 것이 '트랜스휴머니즘(Transhumanism)'이라는 운동입니다. 나름 주류 운동이라고 볼 수 있겠는데, 여기서 주장하는 바는 이렇습니다. '어차피 인공물과 인간이 결합될 수밖에 없는데, 이럴 경우 인간은 새로운 진화를 겪게 되니 여기에 저항하기보다는 변화를 받아들이고 미래로 나아가자'는 겁니다.

영화 〈트랜스포머(Transformer)〉는 다들 아실 겁니다. 여기서 대표적인 예시로 드는 영화인데요. 지금의 기계가 발전하는 속도로 봤을 때 여기에 등장하는 로봇들이 결국 인간의 미래가 될 수도 있다는 주장을 합니다. 외계 문명이 지구를 침범해서 지구를 보호하려는 쪽과 멸망시키려는 쪽이 나뉘어서 대립합니다. 그런데 트랜스휴머니즘 운동가들은 그게 외계에서 온 존재들이 아닌, 다른 인류가 발전해서 그렇게 왔을지도 모른다는 가능성을 제기하는 겁니다. 이와 비슷한 것이 〈은하철도 999〉라는 애니메이션입니다. 철이와 메텔이 영원한 생명을 찾아서 여행을 합니다. 이 영원한 생명이라는 것은 결국 기계 몸으로 자신의 신체를 대체하는 겁니다. 하지만 이 만화의 핵심은 결말에서 유한한 삶을 가진 인간을 선택하는 데에 있습니다. 생명에 대해서 여러 가지 고민을 한 끝에 내린 결정인 겁니다. 이처럼 SF 문화라는 것은 굉장합니다. 1977년에 이미 트랜스휴머니즘 그리고 '인간이라는 존재는 무엇인가?'를 고찰하는 이야기를 했던 겁니다. 우리나라 사람들이 상상력이 부족한 이유 가운데 하나가 SF 문화의 빈곤 때문입니다. 영화나 소설, 애니메이션과 같은 서브컬처를 배척했기 때문이에요. 모든 과학적 기반은 SF 문화에서 비롯됩니다.

'트랜스휴머니즘'에서는 기계의 몸으로 신체를 대체한 인간이 미래의 새로운 종족으로서의 삶이라고 말하는 쪽이 주류입니다. 영화 〈트랜스포머〉처럼 말입니다. 그러면 주류에 대응하는 비주류적인 의견이 있지 않겠습니까? 그 의견은 애니메이션 〈은하철도 999〉와 비슷합니다. 대체 인간이란 무엇인가, 하고 되묻는 곳에서 출발합니다. 인간이라는 것이 대체할 수 있는 게 무엇이며 본질은 무엇이고 무엇을 위해서 탄생한 것인지 물어보는 겁니다. 인간에 관한 모든 것을 활발하게 사고하려는 움직임입니다.

예를 하나 들어보겠습니다. 옛날 사람들과 비교해봤을 때 평균적인 운동량이 많이 떨어졌습니다. 그런데 올림픽이나 월드컵 등 경기의 기록을 살펴보면 선수들의 기록은 지금이 훨씬 우수합니다. 운동선수들은 왜 기록을 갱신하는 걸까요? 기계가 대체하면 될 일인데 말입니다. 그건 바로 오로지 인간의 자연적인 힘으로 순수한 능력을 회복하기 위한 겁니다. 만일 컴퓨터에게 모든 기억 저장과 판단 능력을 맡긴다면 어떻게 될까요? 이런 상황은 요즘 사람들도 직접 느끼고 있습니다. 전화번호를 잘 기억하지 못하고, 지도를 봐도 공간을 지각해서 사고하기가 어려워졌습니다. 하지만 또 여기서 반대 욕구가 생겨납니다. 두뇌의 사고력을 최고도로 끌어올리는 〈지니어스 게임〉과 같은 TV프로그램이 등장합니다. 인간의 정신적 능력을 스포츠화하는 사람들이 생겨나는 겁니다. 그리고 신체적 능력이나 정신적 능력이 떨어지는 것을 막기 위해 독서를 하고 운동을 합니다. 100년 전에 살았던 사람들이 보면 우리가 미쳤다고 말할 겁니다. 일은 안 하고 왜 뛰고 있는지, 왜 책을 읽고 머리를 쓰는지 이해를 하지 못할 거예요. 이러한 것들은 내 몸이 퇴화하는 것을 막기 위한 작업입니다. 그런데 오히려 이러한 작업이 인간에 대해서 더 돌아보는 행위라는 겁니다. 엑스스포츠(X-Sports)라는 것도 이런 맥락에서 발전하는 거고요. 이제 이런 방식을 다룬 신인간주의적 철학 도서들도 출간될 겁니다.

비주류적인 의견 중에는 '자연주의'도 있습니다. 인간은 결국 자연의 한 부속에 지나지 않는다는 주장입니다. 인본주의가 틀렸다는 뜻이기도 합니다. 인간은 전부 자연에서 태어난 것이기 때문에 자연과 함께 살아가야 한다고 말합니다. 이것에 대해 잘 표현한 영화로는 〈아바타〉가 있습니다. 판도라 행성에 가면 원시인처럼 보이는 사람들이 자연과 합일되어 살아갑니다. 지금 우리 지구에 대한 이야기를 거기다 투영시킨 거죠. 앞으로 이런 내용을 다룬 영화나 문학 작품들이 많이 나올 것입니다.

우습게도 로봇이나 인공지능이 발전할수록 인간은 무엇인지에 대해 계속해서 질문을 던지게 됩니다. 이 질문에 대한 답을 찾으면서

✖ 인간과 기계의 관계에 대한 고찰은 이 세 작품에서 잘 드러난다. 영화 <트랜스포머>는 '인간과 기계의 융합'을 진화로 받아들이자는 메시지를 담고 있다. <은하철도999>는 인간과 기계화된 인간이 등장하면서 '인간이란 존재는 무엇인가?'라는 물음을 던진다. <아바타>는 우리 모두 자연에서 태어난 것이기 때문에 자연과 하나가 되어 살아가야 한다고 말한다.

로봇이나 인공지능도 발전할 수 있게 되는 겁니다. 이제는 로봇과 인공지능을 사용하는 사람들 중에서도 그런 질문을 던지게 되리라 생각합니다. 기술이 발전할 때 기술 자체에 주목하는 사람들보다는 오히려 더 인간과 자연에 대해 되짚어보는 사람들이 늘어난다는 이야기입니다. 이런 현상은 기술 발전에 긍정적인 영향을 끼칩니다. 우리나라 같은 경우에는 기술과 인간을 분리해서 봅니다. 하지만 실제로는 분리해서 볼 수 있는 것이 아닙니다. 기술이라는 것은 결국 인간과 함께 존재하는 것입니다. 기술과 인간이 공존하기 위해서는 모두가 힘을 합쳐서 합의를 이끌어내는 과정이 반드시 필요하다는 사실을 우리는 잊지 말아야 합니다.

빅브라더와 리틀시스터의 감시탑

이 창 무

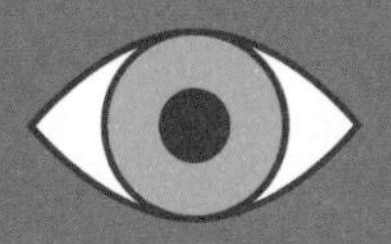

능지처참의 시대에서
빅브라더의 시대로

빅브라더가 당신을 감시하는
미래

당신의 하루가 낱낱이 기록되고
있다

빅브라더와 리틀시스터의
감시탑에서 벗어나기

마이너리티 리포트가 실현되는
미래

우리를 감시하는 이들을
감시하라

범죄 예방을 위한 박수공식
(C=M×O)

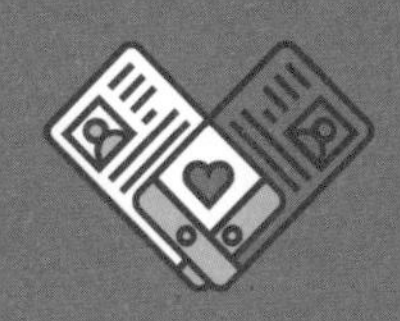

빅브라더와 강철 울타리

"나의 단 하나의 목적은 사람들에게
그들의 이름으로, 그리고 그들의 이름에
반해 어떤 일이 벌어졌는지 알리는
것이다. 만약 당신의 이메일,
당신 부인의 전화 내역을 보고 싶다면
나는 이 시스템을 이용하기만 하면 된다.
나는 당신의 이메일, 비밀번호, 통화 기록,
신용카드까지 알 수 있다.
나는 이런 일이 일어나는
사회에 살고 싶지 않다."

전 NSA 직원 에드워드 스노든이 비밀정보수집 프로그램
'프리즘'의 존재를 세상에 알리며.

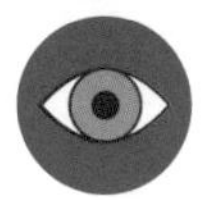

동서고금을 막론하고 모든 사회는 범죄를 예방하고 통제하여 시민들이 안전하게 살 수 있는 사회를 만들고자 합니다. 범죄를 줄이기 위한 노력은 언제나 있었습니다만 그 방식은 과거와 현재가 다릅니다. 범죄예방의 핵심에는 처벌과 감시가 있는데, 과거에는 주로 처벌을 통한 경각심 고취에 초점을 맞췄습니다. 즉 범죄자를 처벌하는 모습을 만인에게 보여줌으로써 경종을 울리는 것입니다. 현대에는 감시로 초점이 옮겨졌습니다. 범법행위를 하지 못하도록 곳곳에 감시의 눈을 심어놓는 것입니다. 범죄가 일어나면 그 눈의 기록을 통해 범죄자를 찾아내지요. 범죄와 보안을 위해 우리는 어떤 일들을 해왔는지 과거로 거슬러 올라가보겠습니다.

능지처참의 시대에서 빅브라더의 시대로

미셸 푸코로부터 시작을 해보죠. 미셸 푸코(Michel Foucault)에 대해 잘 아시는 분도 있을 테고 태어나서 처음 들으신 분들도 있을 것 같습니다. 미셸 푸코는 생김새부터 범상치 않은 인물이었습니다. 어떻게 보면 악당같이 느껴질 정도죠. 하지만 사실 제가 학자로서 범접할 수 없는 경지를 느끼게 해준 학자입니다. 그는 천재가 아닐까 싶습니다. 미셸 푸코는《광기의 역사》,《성의 역사》와 같은 책들을 썼는데, 여기서 소개해드릴 책은《감시와 처벌》입니다. 이 책은 말 그대로 감시와 처벌에 관한 책이고, 범죄와 사회, 그리고 권력을 이해하는 데 필독서라고 할 수 있습니다. 초반 50쪽까지만 읽어도 독서의 목적을 달성할 수 있는 상당히 좋은 책입니다. 무엇보다도 이 책은 아주 끔찍한 장면으로 시작합니다.

"손에 2파운드 무게의 뜨거운 밀랍으로 만든 횃불을 들고, 속옷 차림으로 노트르담 대성당의 정문 앞에 사형수 호송차로 실려 와, 공개적으로 사죄할 것 (중략) 상기한 호송차로 그레브 광장에 옮겨진 다음, 그곳에 설치될 처형대 위에서 가슴, 팔, 넓적다리, 장딴지를 뜨겁게 달군 쇠집게로 고문을 가하고, 그 오른손은 국왕을 살해하려 했을 때의 단도를 잡게 한 채, 유황불로 태워야 한다. 계속해서 쇠집게로 지진 곳에 불로 녹인 납, 펄펄 끓는 기름, 지글지글 끓는 송진, 밀랍과 유황의 용해물을 붓고, 몸은 네 마리의 말이 잡아끌어 사지를 절단하게 한 뒤, 손발과 몸은 불태워 없애고 그 재는 바람에 날려버린다."

매우 끔찍하죠? 위의 글은 1757년에 루이 15세를 암살하려다가 실패한 로베르 프랑수아 다미엥을 어떻게 처형했는지 묘사한 것입니다. 우리나라와 중국은 근대 이전에 반역을 꾀한 대역죄인에게 능지형을 내렸습니다. 능지형이란 가능한 한 오랫동안 천천히 범죄자의 살점을 한 점, 한 점 도려내는 형벌이었습니다. 능지형 외에도 거열형이라는 것이 있었습니다. 《감시와 처벌》에서 "네 마리의 말이 잡아끌어 사지를 절단하게 한 뒤"라는 부분이 있지요? 이것이 거열형입니다. 목과 팔다리를 밧줄로 묶고 다섯 마리의 말이나 소의 힘으로 각기 다른 방향으로 잡아당기는 것이죠.

푸코가 《감시와 처벌》에서 제일 먼저 거열형을 소개한 이유가 뭘까요? 그건 처벌의 패러다임이 바뀌었다는 사실을 극적으로 보여주기 위해서라고 생각합니다. 그 이전에는 중범죄일수록 대중 앞에서 심하게 고문하고 고통스럽게 죽였죠. 유럽에서는 사형집행도 아무 때나 하지 않았습니다. 목요일 오후로 정해졌지요. 바로 그 시간이 사람이 가장 많이 모이기 때문입니다. 감히 국왕에게 역심을 품었다가는 어떤 일을 당하는지 많은 이들에게 알려주기 위함입니다.

하지만 어느 순간부터인가 권력자들은 사형 광경을 대중에게서 숨기게 되었습니다. 푸코는 이 의미심장한 변화에 주목했던 것이죠. 광장에서 수천 명의 대중이 보는 가운데 범죄자를 끔찍하게 죽이는 것은 '다수가 소수를 보던 사회'입니다. 그런데 권력을 쥔 사람들이 어

✖ 과거 최고의 형벌은 거열형과 능지형이었다. 죄수의 몸이 빠지거나 찢겨 나갈 때마다 구경꾼들에게는 범죄에 대한 경고가 각인되었을 것이다. 하지만 이제 처벌은 광장이 아니라 폐쇄 공간인 교도소에서 이루어진다. 원인은 대중에 대한 권력자들의 불안감 때문이었다.

느 순간엔가 불안감을 느끼게 되지요. 처형장에 모여서 국왕 암살범을 비난하다가 그 화살이 국왕에게 향할 수 있기 때문입니다. 프랑스 혁명도 국민들의 불만이 누적되다가 결국 터져 나온 것이죠. 국왕 자신이 단두대에 서는 결과마저 초래했죠. 이런 과정에서 사회는 '소수가 다수를 감시하는 사회'로 변했습니다. 예전에는 몸을 처벌했다면 지금은 일상을 지켜봅니다.

오늘날 처벌은 인도주의란 미명 아래 몸에서 정신으로 그 대상이 바뀌었습니다. 푸코가 주목하는 부분입니다. 현대 사회가 감시 사회로 바뀌었다는 것이죠. 푸코가 이 책을 쓴 지는 40년이 더 됐지만 지금 상당 부분이 푸코가 주장하는 비슷한 방식으로 바뀌고 있죠. 물론 아직도 이런 방식이 남아 있습니다. ISIL(이라크 레반트 이슬람 국가, 통칭 IS)이나 북한에서는 아직도 공개처형을 하죠. 하지만 세상은 푸코가 주장하는 것처럼 크게 바뀌었습니다. 소수가 다수를 감시하는 사회로 바뀐 것이죠. 이런 입장을 나타내는 용어로 파놉티콘(Panopticon)이란 말이 있습니다. 여기서 'pan'이라는 것은 모든 것을 뜻합니다. 그리고 'opticon'은 본다는 의미죠. 즉 파놉티콘이란 모든 것을 다 본다는 뜻입니다. 현미경과 망원경을 섞어놓은 상상의 기계입니다.

누가 이걸 주장했냐 하면 바로 제러미 벤담입니다. 최대 다수의 최대 행복이라는 이론을 주장한 사람입니다. 벤담은 파놉티콘의 원리를 이용해 소수가 쉽게 수용자들을 감시할 수 있는 감옥 설계도를 만들었습니다. 특허를 내서 돈도 많이 벌 생각이었습니다. 당시에는 안타깝게도 그 설계도를 사겠다는 곳이 별로 없었죠. 그렇지만 현대 거의 모든 나라의 감옥은 벤담의 감옥 설계도처럼 생겼습니다. 소수가 다수를 감시하는 구조입니다.

옛날 감옥은 던전(dungeon)이라고 부르는, 감시가 용이하지 않은 구조로 되어 있었습니다. 하지만 요즘에는 몇 명이 수천 명을 감시할 수 있는 모습으로 바뀌었습니다. '모든 것을 보는 눈(All Seeing Eye of God)'이라는, 소설 《다빈치 코드》에 나오는 눈이 있습니다. 프리메이슨이라는 비밀결사조직의 표식에서도 나옵니다. 이 표식의 눈은 이른바 승리의 눈입니다. 이 눈은 미국의 1달러 뒷면에도 이미지가 표시돼 있습니다. 여기에는 숱한 음모론도 끼어듭니다. 오바마가 프리메이슨이다, 등등의 여러 가지 이야기들이 있습니다. 뭐가 되었건 근대 이후 사회가 감시하는 체제로 바뀌게 되었다는 겁니다.

지금 시대의 '모든 것을 보는 눈'은 소셜 필터링입니다. 기업의 신입사원 모집에 지원했다고 가정해봅시다. 이때 인사팀은 단순하게 지원서류만 심사하는 것이 아니라 지원자의 SNS 활동을 쭉 모니터링하게 됩니다. 이 사람들이 과거에 어떤 기록을 남겼는지 점검하는 거죠. 이를테면 어떤 사람이 대기업 신입사원 모집에 지원을 합니다. 그런데 이 사람이 SNS를 통해 예전에 이 대기업 욕을 많이 했습니다. 그런데 막상 면접에서는 "뽑아만 주신다면 죽도록 열심히 하겠습니다"라고 하게 마련입니다. 이러면 떨어질 가능성이 높아진다는 거죠. 앞으로 취업준비를 위해서도 특히 SNS는 조심해서 활용해야 합니다.

욕 같은 것을 아무렇게나 적으면 훗날 발목이 잡힐 수 있습니다.

빅브라더가 당신을 감시하는 미래

지금은 감시 사회입니다. 감시는 사람이 아니라 기계들이 합니다. 최근 정보보안이란 단어를 많이 들어보셨을 겁니다. 해킹 보안도 많이 이야기가 나오지만 외부에서 안으로 침투해서 들어오는 경우보다는 내부에서 바깥으로 빠져나가는 경우가 더 많습니다. 그래서 방화벽과 같은 프로그램을 이용해 외부에서 오는 걸 막기도 하지만 내부에서 바깥으로 데이터를 빼 가는 것을 막는 프로그램도 많습니다. DLP, ERM 등의 프로그램들이 안에서 바깥으로 빼내지 못하게 모니터링하는 것입니다. 그런데 회사에서는 사원들이 쓰는 메신저, 이메일 등도 정보보안이라는 명복으로 실시간 모니터링을 하고 있습니다. 정보사회의 어두운 면들이 되겠지요.

'빅브라더'라는 유명한 용어가 있습니다. 조지 오웰의《1984》에 나오는 것이죠. "Big brother is watching you." 빅브라더가 항상 지켜보고 있다는 뜻입니다. 뒤에서 자세히 다루겠지만, 위키리크스 등이 나오고 난 다음에 미국 국가정보국(NSA)의 도청 사실을 폭로한 에드워드 스노든이 낸 책이《더 이상 숨을 곳이 없다》입니다. 2015년 6월에 코엑스에서 IT보안과 관련한 전시회가 열렸습니다. 전시된 여러 첨단장비 가운데 IOT(Internet of things) 관련 기술장비들이 있었습니다. IOT는 우리말로 사물인터넷이라고 하며 기기에 부착돼 있는 센서를 통해 기기가 서로 연결이 되는 것이 특징입니다. 또한 편리성을 증진시키는 데 목적이 있습니다. 그러나 각종 첨단기술 장비는 앞의 '모든 것을 보는 눈'이라는 말처럼 모든 것을 다 보는 눈이 되고 있습니다. 이런 사실을 폭로한 사람이 바로 에드워드 스노든입니다. 그는 미국의 CIA에서 일하던 사람입니다. 스노든은 미국의 NSA란 정보기관에서 프리즘이란 걸 통해 구글, 트위터, 페이스북 등등의 모든 것을 모니터링한다는 사실을 폭로했습니다.

이른바 '에셜론 프로젝트(Echelon Project)'는 인공위성 등을 통해서 전 세계를 작은 목소리까지도 수집하는 시스템입니다. 첩보위성을 통해서 전화나 팩스, 이메일을 모니터링을 하는 건데요, 이런 걸 '파이브 아이스(Five Eyes)'라고 합니다. 다섯 개의 눈은 여기에 속해 있는 미국, 영국, 캐나다, 호주, 뉴질랜드를 뜻합니다. 이 다섯 개 나라 사이에는 공통점이 있습니다. 영어를 쓰는 앵글로색슨족이며 미국을 제외하면 과거 영연방국가들입니다. 이런 것들을 가지고 만든 영화가 바로 〈본 얼티메이텀〉입니다. 영화를 보신 독자는 잘 아시겠지만 주인공 제이슨 본을 포함해 런던이나 세계 곳곳을 CCTV로 감시합니다. 얼굴 인식 프로그램으로 자기들이 찾는 사람을 순간순간 확인할 수 있습니다. 물론 영화에 나오는 이야기인데 이것의 모티브는 에셜론 프로젝트입니다. 세계 곳곳을 감시하는 장치죠.

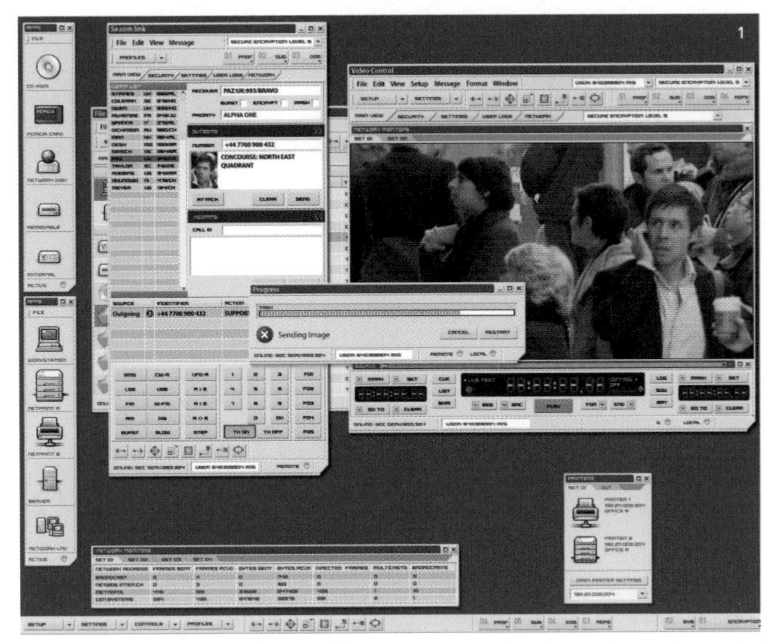

1 영화 <본 얼티메이텀>에 등장하는 NSA의 전 세계 도청망.

2 영화 <본 얼티메이텀> 속 전 세계 감청망의 모티브가 된 에셜론 프로젝트.

우리나라도 최근 몇 년 사이에 각종 개인정보를 비롯한 정보 침해 사건들이 많이 터져 나오고 있습니다. 2014년 1월에는 국민카드, 농협, 롯데카드 등에서 1억 개 이상의 개인정보가 단 한 번에 유출이 되었습니다. 그런데 유출 방법이 터무니없었습니다. 일반적으로 신용카드 회사는 부정사용을 막기 위해 컴퓨터 프로그램을 개발해 설치합니다. FDS(Fraud Detection System)라고 부르는 부정행위 적발 프로그램입니다. 이 프로그램은 자동으로 부정사용을 실시간으로 적발하는 기능을 수행합니다. 이를테면 신용카드로 하루 사이에 냉장고를 두 개 샀다는 정보가 들어옵니다. 그럼 정상적이지 않죠? 하루에 냉장고 두 개를 사는 일은 거의 없습니다. 그래서 신용카드를 가진 사람에게 전화를 해서 신용카드 사용 내역을 확인합니다. 이처럼 정상 패턴을 벗어나는 것이 있으면 확인을 하는 것입니다. 다른 예를 들자면, 신용카드를 부산에서 쓰고 한 시간 후에 서울에서 또 사용했다는 정보가 들어옵니다. 당연히 정상적인 경우가 아니기 때문에 적발을 합니다. 그런데 이 프로그램을 신용카드 회사가 직접 만든 것이 아니라 외주용역을 줬습니다. 당연히 용역회사에 고객들의 정보를 줘야겠죠? 이 과정에서 자동적발 프로그램 개발을 맡은 외주 용역회사의 직원이 고객 정보를 다른 곳에 팔아넘겼습니다. 고양이에게 생선을 맡긴 꼴입니다. 우리나라는 만 17세 이상 국민은 누구나 주민등록을 하죠. 우리나라 모든 국민의 주민등록번호는 중국에서 찾을 수 있다는 이야기가 있습니다. 하도 많이 공개가 되어 있기 때문입니다.

당신의 하루가 낱낱이 기록되고 있다

스파이라고 하면 영화 〈킹스맨〉이나 〈미션 임파서블〉처럼 첨단장비와 초인에 가까운 능력을 가진 사람을 떠올립니다. 하지만 전형적인 스파이는 평범한 사람이 대부분입니다. 기밀을 빼돌릴 때 첨단장비가 쓰이는 경우도 드뭅니다. 보통은 매우 평범한 방법으로 정보를 빼돌리죠. 정보 유출이 흔하다 보니 이 글을 읽고 계신 분들도 이미 각종 개인정보가 상당수 털린 상태라고 볼 수 있습니다. 인터넷 커뮤니티나 인터넷 쇼핑몰, 금융 산업계에서 저장된 고객의 이름, 성별, 주소, 전화번호와 더불어 쇼핑 습관이나 최근 온라인 쇼핑몰 구매목록까지 수많은 정보들이 본인도 모르는 사이에 상당수 유출됐다고 봐야 할 것입니다.

최근 기술이 발달하면서 개인 사생활 침해가 더욱 심각해지고 있습니다. 주된 요인은 급증하고 있는 CCTV입니다. CCTV의 화질이 낮고 식별이 어려운 것은 옛날 이야기입니다. 요즘 CCTV는 해상도가 Full HD급입니다. 적외선을 이용해 밤에도 사람을 식별할 수 있는 장치도 있습니다. 세계에서 CCTV가 가장 많은 국가는 어디일까요? 흔히 영국이라고 이야기합니다. 영국의 CCTV 수가 얼마인지는 아무도 모릅니다. 공공장소 외에도 기업이나 개인이 설치한 것도 많기 때문입니다. 다만 최소한 500만 개 이상일 것이라고 추정합니다. 재미있는 것은 소설 《1984》에서 미래의 정보권력인 빅브라더를 예견한 조지 오웰의 생가도 반경 180m 내에 설치된 32개의 CCTV로부터 감시를 받고 있다는 것입니다.

블랙박스 역시 CCTV 못지않게 문제가 될 수 있습니다. 집에서 직장 혹은 학교에 갔다가 다시 집으로 돌아오기까지, 하루 이동경로를 생각해봅시다. 거의 모든 주차장, 대로, 버스 정류장, 고속도로 등 차가 있는 곳이라면 어디든지 블랙박스가 있습니다. 우리의 이동경로가 모자이크처럼 이 차, 저 차의 블랙박스 메모리카드에 저장되고 있는 것이죠.

우리 일상에 대한 감시는 땅을 벗어나 이제 하늘로 진출했습니다. 바로 드론 때문입니다. 실제로 드론을 제조하는 기업들은 주변을 감시할 수 있고 도둑을 막을 수 있다고 광고를 하고 있습니다. 앞으로 드론은 매우 많아질 것입니다. 쓰임새가 점점 다방면으로 확산되고 있기 때문입니다. 미국 최대의 온라인 쇼핑몰 아마존닷컴은 이미 상품을 드론으로 배달하고 있습니다. 영국의 도미노피자는 드론으로 피자 세 판을 배달하는 영상을 공개했습니다. 경비원 역할을 앞으로는 드론이 할 것이라는 전망도 있습니다. 배터리만 충분하다면 드론은 경비구역을 언제나 감시하고 통제할 수 있기 때문입니다. 또한 카메라 성능도 100m 거리에서 동전을 감지하고 식별할 수 있을 정도로 뛰어납니다. 이제 우리는 지하철에서도, 마트 주차장에서도, 15층 건물 옥상에서도 언제나 감시를 당하고 있습니다. 기계와 문명을 뒤로하고 산으로 들어가도 감시는 계속됩니다. 스파이 인공위성이 지

✖ 당신이 누구든지, 어디에서 뭘 하든지, 언제나 감시당하고 있다는 사실을 잊지 말아야 한다. 누군가는 지금도 당신을 지켜보고 있다.

공공기관 CCTV 설치 현황(2013년말)	
구분	설치대수
범죄예방	260,098
시설관리 및 화재예방	278,002
교통단속	10,512
교통단속교통정보수집·분석·제공	17,111
합계	565,723

택시내 영상기록장치(블랙박스) 설치현황(2012년)			
구분	택시 대수	설치대수	
		외부	내부
개인	163,623	125,709	10,744
일반	85,503	84,081	8,108

자료: e-나라지표, 국토해양부

구를 돌며 사진을 찍고 있기 때문이죠.

다시 CCTV 이야기로 돌아가보겠습니다. 우리 일상을 감시하는 도구는 여러 가지가 있지만 그중에서 CCTV만큼 효율적이고 비약적으로 발전을 거듭하며 큰 위협이 되는 것도 없습니다. 동작 감시형 CCTV는 특정 공간에 가상의 선을 그어놓고 감시하는 지능형 CCTV입니다. 만약 그 특정 공간에서 누군가가 선을 넘어 금지된 구역에 침범하면 경보를 울립니다. 사람은 사람을 완벽하게 감시할 수가 없습니다. 하지만 이런 지능형 CCTV는 동작 하나하나를 놓치지 않습니다. 엉겁결에 CCTV가 그어놓은 안 보이는 선을 1cm라도 넘는 순간 경보가 울리고 곧 보안요원들이 들이닥칠 겁니다. 선을 넘지 않았다고 변명해봤자 소용이 없습니다. 동작을 감지하고 경보를 울리는 순간 CCTV는 모든 것을 기록으로 남깁니다.

영국에 설치된 CCTV 중에는 사람의 걸음걸이를 감시하는 것도 있습니다. 밤길을 걷고 있는데 뒤에서 누가 쫓아오면 무섭잖아요? 그런 일을 방지하기 위해서 앞서가는 사람과 뒤에 가는 사람 사이의 거리가 평균보다 갑자기 짧아지면 경보가 울립니다. 움직임을 감지해서 나중에 필요한 부분만 볼 수 있는 CCTV도 있습니다. 국내의 한 보안업체에서 최근에 개발했습니다. 예를 들어 공장에서 유해한 화학물질을 다룰 경우 반드시 방독면을 착용하도록 합니다. 하지만 때때로 불편하다고 안 쓰는 직원이 있을 수 있습니다. 이런 경우를 적발하는 CCTV입니다. 먼저 감시 대상이 직원인지 확인하고, 방독면을 썼는지 확인하고, 규정을 위반했을 경우에 이름을 식별하여 경고를 보냅니다. 외부자가 기업 내부에 들어올 수도 있겠죠? 방문자 유니폼을 입지 않았거나 출입카드가 없는 외부자가 보이면 곧바로 경보를 울립니다. 달리면 안 되는 곳에서는 사람들의 이동 속도를 계산하고 있다가 일반적인 도보 속도를 초과했다고 판단되면 경보를 울립니다. 이런 지능형 CCTV는 이미 우리 일상으로 파고들고 있습니다.

빅 데이터와 강철 울타리

미국 뉴욕 경시청은 마이크로소프트와 함께 실시간 범죄 감시 통합시스템(DAS)이라는 것을 개발했습니다. DAS의 원리는 감시와 빅 데이터입니다. 3000개 이상의 CCTV를 비롯해 신고전화, 용의자 체포기록, 자동차 번호판 추적 등의 방대한 데이터를 수집하고 분석하여 범죄를 예측하고 범죄자를 검거하는 것입니다. 예를 들어 용의자의 차량번호를 입력하면 뉴욕 전체의 차량번호를 검색해서 찾아냅니다. 차량번호가 1234일 경우 이를 검색하면 그 차량의 위치를 찾아서 계속 따라가면서 감시합니다. 비단 차량번호만이 아닙니다. 만약 제 얼굴을 테러 범죄자 데이터로 입력하면 제가 어디에 가든지 검색되고 실시간으로 추적됩니다. 범죄자를 쉽게 찾고 범죄율를 낮추기 위한 혁신적인 시스템으로 소개했지만, 이 시스템은 사실 많은 우려가 있습니다. 용의자라는 이유만으로 24시간 동안 도시 전역에서 행동 하나하나를 감시당해야 하니까요. 하지만 현재 미국에서는 테러 방지가 개인의 권리와 자유에 우선하고 있습니다.

첨단 감시 시스템은 우리나라도 예외가 아닙니다. 현재 한국 마이크로소프트와 LG CNS가 협력하여 한국의 DAS를 만들고 있습니다. 이 시스템은 뉴욕 DAS의 장점을 취하고 SNS 정보까지 수집하고 분석할지도 모릅니다. SNS에서 실시간으로 등록되는 글과 사진은 움직이는 CCTV와 같기 때문에 기존 DAS의 감시 기능을 강화해줄 것으로 예상합니다. 반면에 그만큼 개인의 사생활 침해와 인권 침해가 걱정되는 시스템이기도 합니다.

바이퍼(Viper) CCTV는 줌인을 할 수 있는 기구입니다. 뉴욕의 주변에는 CCTV가 울타리처럼 놓여 있어 강철 고리(ring of steel)라고 부르기도 합니다. 이런 것들을 우리는 흔히 유비쿼터스라고 부르죠. 언제 어디서나 감시가 행해지는 시스템입니다. 우리나라에도 강철 고리가 이미 존재합니다. 예를 들어서 자녀가 학원에 가면 학부모에게 연락이 갑니다. 만약 중간에 학원에서 나가면 그것도 학부모에게 연락이 갑니다. 학생을 관리하는 시스템이라고 하지만 학생들 입장에서는 갑갑합니다.

이런 시스템을 조금 더 건설적인 방법으로 활용할 수 없을까요? 저는 이런 시스템을 보고 아동 실종이나 유기견과 같은 문제를 떠올렸습니다. 가방이나 모자는 버릴 수 있어도 신발은 항상 신고 다니잖아요? 그래서 신발에 위치 추적 장치를 설치하는 시스템을 개발해 특허를 내려고 했는데 아쉽게도 벌써 개발되어 특허 등록이 되어 있더군요. 방금 말한 것들이 유비쿼터스를 활용한 시스템입니다. 주차장에서 차량번호를 인식해서 차단기를 올립니다. 등록된 차가 아파트에 들어오면 모니터에 통지해주죠. 심장박동을 항상 체크해서 갑자기 불규칙해질 경우 병원에 알려주는 시스템들도 있습니다. 학원이나 백화점 주변에 가면 광고들이 나오는 것도 무선 주파수 인증 기술(RFID, Radio-Frequency Identification)의 유비쿼터스를 이용한 것입니다. 우리가 어디에 있든, 어디로 가든 곳곳에 기록이 남기 때문에 빠져나올 수가 없습니다.

핸드폰 GPS를 켜놓고 있으면 어떻게 됩니까? 하루 종일 돌아다닌 행적이 다 기록이 됩니다. SF소설 속의 이야기가 아닙니다. 모두 가능한 기술이며 지금도 쓰이고 있습니다. 예를 들어서 버스 도착 시간을 알려주는 어플리케이션도 이러한 유비쿼터스 센서 네트워크(USN, Ubiquitous Sensor Network)를 활용한 기술입니다. 버스정류장에 가면 몇 분 후에 버스가 온다고 나타나죠? 앞 버스와의 간격을 중앙 컨트롤 센터에서 모니터링하고 관제를 할 수 있는 것입니다. 버스의 실시간 이동 경로와 도로 정체 상황, 신호등 시간 등을 계산해서 지금은 초 단위로 버스 도착 시간을 알려줍니다. 대형 마트에서도 상품을 계산하지 않고 나오면 경고음이 울립니다. 이것도 RFID를 활용한 보안 장치입니다. 예전에는 물품이 섞이거나 재고 물품을 찾기가 힘들었는데 이제는 기록이 남기 때문에 관리가 한층 수월합니다. 도서관과 책에도 이 기술이 적용됩니다. 꼭 봐야 하는 책이 도서관에 한 권밖에 없고 대출도 안 됩니다. 서가에 가도 없습니다. 누군가가 혼자 보려고 숨겨놓았을 수 있습니다. RFID는 이렇게 책이 숨겨져 있다 해도 사서가 쉽게 찾을 수 있도록 돕기도 합니다.

USN과 관련된 부품을 사람의 피부 안쪽에 이식하는 기술도 있습니다. 섬뜩한 이야기입니다. 전자발찌를 찬 성범죄자 가운데 발찌를 떼어버리고 도주하는 경우가 발생하니까 아예 피부 속에 심는 경우도 있습니다. 심지어 부모가 자녀를 잃어버리지 않으려고 칩을 넣기도 합니다. 놀이동산 같은 곳에서 아이를 잃어버려도 금방 찾을 수 있도록 말입니다. 최근에는 바이오인식기술로 불리는 생체정보 인식기술도 점점 진화하는 분야 가운데 하나입니다. 이미 휴대폰에도 지

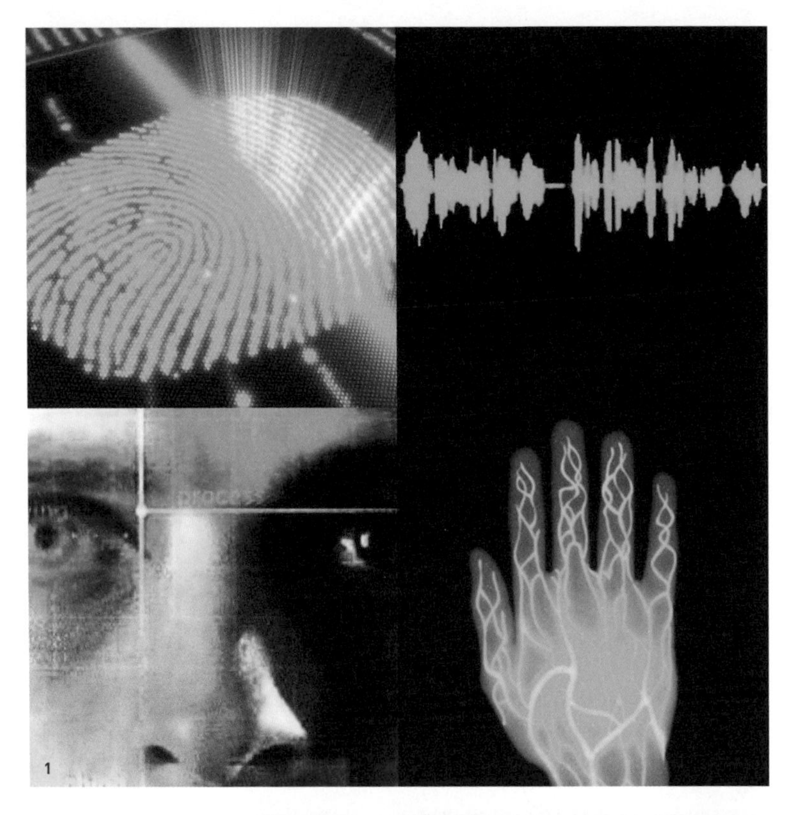

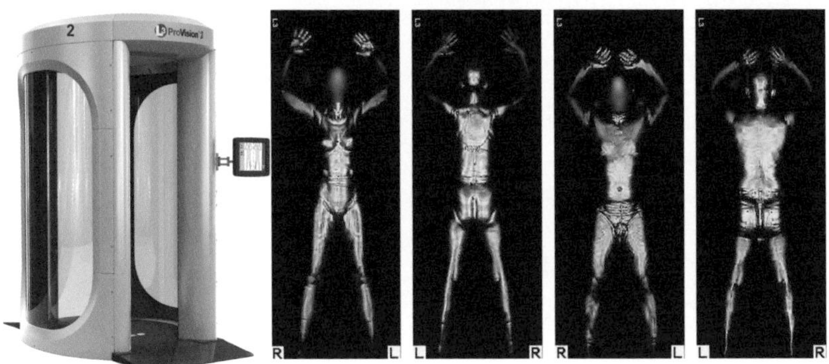

1 한때 값비싼 보안 시스템이었던 생체인식은 현재 핵무기 발사 버튼부터 아파트 현관문까지 본인 확인이 필요한 수단에 적극 활용되고 있다.

2 미국은 9.11테러를 겪은 후 L3 provision2와 같은 전신 스캐너를 각 공항에 설치했다. 우리나라도 주요 공항에 설치했으며 개인의 프라이버시보다는 집단의 안보를 중요시하는 현대 보안의 시각을 잘 나타낸다.

문 인식 기술이 적용되었습니다. 지문은 실리콘으로 복제할 수 있으니 얼굴 인식, 홍채 인식, 정맥 인식, 성대 인식, 걸음걸이 인식 등 본인 확인 기술이 발달하고 있습니다. 나아가 하나의 정보에 의존하지 않고 여러 정보를 종합해 판단하는 기술이 보안에 쓰이고 있습니다.

미국은 9.11테러 이후 테러 방지와 보안을 위해 공항에 전신 스캐너를 설치했습니다. 전신 스캐너는 우리나라에도 공항 등에 설치되어 있습니다. 대표적으로 백스케터(backscatter)라는 제품이 있습니다. 저는 미국에서 전신 스캐너를 통과해봤는데 기분이 썩 좋지 않았습니다. 전신 스캐너의 장점은 테러범들이 금속탐지기에 걸리지 않도록 플라스틱으로 만든 무기까지 찾아낼 수 있다는 겁니다. 실제로 전신 스캐너를 통과하면 사람의 완전한 알몸이 투시됩니다. 그래서 지금은 실제 사람 모습이 아닌 사람 모형 모습에 금지된 물품이 적발되면 색깔로 표시되는 것으로 바뀌었습니다. 개인의 프라이버시권(right of privacy)을 보장하기 위함입니다.

마이너리티 리포트가 실현되는 미래

프리 크라임(Pre-Crime)이라는 말을 들어보셨나요? 프리 크라임이란 범죄가 발생하기 전에 범죄 장소, 방식, 피해자, 범죄자 정보를 예측하여 범죄를 예방하고 범죄자를 체포하는 시스템을 말합니다. 영화 〈마이너리티 리포트〉처럼 말이죠.

실제로 미국 중앙정보국(CIA)과 구글은 인터넷 정보를 실시간으로 분석하여 미래의 일들을 예측하는 리코디드 퓨처스(Recorded Futures)라는 기업을 지원하여 프리 크라임 시스템을 개발하고 있습니다. 미국 산타클라라 대학은 범죄 예측 서비스인 프레드폴(predpol)을 개발했습니다. 프레드폴이란 예를 들어 미리 범죄가 발생할 지역을 집중적으로 순찰하고 수사를 하는 것입니다. 미국과 영국이 도입했으며 특히 영국의 켄트 주는 프레드폴을 적극 활용하여 범죄발생률을 연간 14만 건에서 10만 건으로 약 30% 줄이는 효과를 봤다고 합니다.

미국 로스앤젤레스 경찰청은 빅 데이터를 기반으로 지리 정보를 분석하여 범죄를 예측하는 프로그램을 활용하고 있습니다. 제가 관심을 가졌던 프로그램 가운데 스타라이트 프로그램(Starlight program)이라는 것이 있습니다. 인물의 이동경로와 인적 네트워크를 통해서 테러 용의자 등을 찾고 현재 위치를 예측하는 프로그램입니다.

비단 범죄자뿐만 아니라 우리의 일상도 언제나 감시받고 분석되고 있습니다. 예를 들어 핀테크(Fintech)가 있습니다. 핀테크란 금융(financial)과 기술(technique)을 융합한 새로운 융합기술을 뜻합니다. 이와 함께 사물 인터넷(internet of things), 줄여서 IOT도 빼놓을 수 없습니다. 이런 것들이 어떻게 개인의 정보를 감시하고 활용하는지 살펴보겠습니다.

현대는 빅 데이터의 시대입니다. 빅 데이터 시대는 디지털 정보기술이 있기에 가능해졌습니다. 예를 들어 우리가 누구에게 전화를 하고, 상점에서 신용카드를 쓰고, 현실 세계와 온라인 세계를 드나들 때 거의 모든 것이 기록으로 남습니다. 이러한 기록들을 연관 지어 분석을 해보면 우리의 간단한 개인정보를 비롯해 이동경로, 취미, 소득수준 등 수많은 정보를 알 수 있습니다. 심지어 좋아하는 색깔까지 말입니다. 이런 정보는 오래전부터 기업들이 활용해왔습니다. 신용카드의 혜택을 고르거나 상품을 구입할 때 포인트나 마일리지를 일일이 따져보잖아요? 기업은 고객에게 포인트로 보상을 해주면서도 엄청난 정보를 축적하는 겁니다.

때로는 우리도 모르는 우리 정보를 기업이 먼저 알아챌 때도 있습니다. 미국의 대형마트인 타깃(TARGET)은 말 그대로 타깃을 완벽하게 공략하기로 유명한 기업입니다. 어떤 아저씨가 타깃에 항의 메일을 보냈습니다. 왜 우리 집에 출산 키트를 광고하느냐는 것이었죠. 하지만 아저씨는 모르고 타깃은 아는 비밀이 하나 있었으니, 아저씨의 딸이 임신을 했던 겁니다. 타깃은 임산부가 임신 초기에 많이 사는 영양제를 알고 있었습니다. 그리고 임신 중기가 되면 로션을 많이 산다는 것도 알고 있었습니다. 타깃은 그 아저씨의 딸이 초기에 여러 영양제와 논카페인 제품을 많이 사더니, 중기가 되어서 로션을 구입하는 것을 파악한 뒤 아저씨 집으로 출산 키트 광고지를 보냈던 겁니다. 이게 빅 데이터의 한 사례입니다. 마트가 빅 데이터를 활용한 유명한 사례는 또 있습니다. 바로 월마트의 '맥주와 기저귀 세트'입니다. 아이 아빠들은 기저귀를 사러 왔다가 맥주까지 장바구니에 넣는다는 소비 패턴을 분석한 예입니다. 개인의 스타일, 취향, 이런 것들이 다 공개되는 것이죠. 소비 패턴과 자사 상품을 연관 짓는 매칭 시스템, 고객의 라이프스타일, 고객의 행동 시점에 따른 욕구(needs)를 분석하고 예측하는 알고리즘이 있습니다. 신용카드 사용내역서부터 마트 영수증까지 우리 일상 정보는 CCTV 외에도 무수히 많은 금융기업과 유통기업들로부터 감시당하고 있습니다. 소비 데이터뿐만이 아닙니다. 온라인 쇼핑몰은 각각의 아이디가 언제, 어떤 상품을, 얼마나 자주 검색했는지 기록합니다. 이런 정보를 종합하여 분석하면 기업의 마케팅팀은 한 번도 본 적 없는 사람의 본인도 모르는 고유한 특성까지 분석합니다.

핀테크는 앞에서 이야기한 것처럼 금융과 IT가 합쳐진 것입니다. 우리나라의 삼성페이, 카카오페이 미국의 페이팔, 중국의 알리페이 등 다양한 시스템이 있습니다. 개인의 정보가 전자상거래업체에 계속 기록되는 것이죠. 전자상거래는 모바일화되고 있기 때문에 이런 추세는 점점 심해질 것입니다. 이러한 핀테크 관련 기업 상품들은 지금도 계속해서 출시되고 있습니다.

사물인터넷(IOT)은 개인정보 분석과 감시라는 측면에서 핀테크보다 우리에게 더욱 가깝고 위협적입니다. 사물인터넷이란 위에서 설명한 것처럼 사물들을 인터넷 네트워크로 연결하여 사물과 사물의 정보 혹은 사물과 개인의 정보를 공유하는 지능형 기술과 그 환경을 말합니다. 쉽게 말해서 주변의 모든 사물이 다 네트워크로 연결될 수 있다는 것입니다. 사물은 곳곳에서 정보를 수집하여 각종 서비스 분야에 제공됩니다. 사물인터넷의 네트워크에서는 인간이 배제되기도 합니다. 나아가 사물과 사물뿐만 아니라 현실의 사물과 가상세계의 사물이 유의미한 정보를 주고받으며 분석하기도 합니다. 인공지능이 좋은 예입니다. 냉장고에 물이 떨어지면 물을 채워달라고 하고, 집안 공기가 안 좋으면 공기청정기를 쓰기도 합니다. 아침에 커피를 즐긴다면 7시에 커피포트가 작동하여 커피를 만들어줍니다. 선진국들이 고령화사회로 진입하면서 독거노인의 안전과 건강을 체크하는 데 쓰이기도 합니다. 만약 사람이 움직이지 않은 채 어느 정도 시간이 지나면 자동적으로 병원이나 소방서에 신고가 들어가는 시스템이죠. 사물인터넷은 우리 신체의 상태를 체크하여 관리하는 기능도 합니다. 당뇨병과 같은 지병을 앓는 환자의 혈당 수치가 높거나 신장에 문제가 생기면 경고를 울리고 심할 경우 병원에 연락을 하는 것입니다.

이처럼 사물 인터넷은 현대인의 삶을 매우 편리하게 해줍니다. 하지만 그만큼 위험성도 크지요. 특히 해킹을 당할 경우에는 개인의 프라이버시 침해부터 생명의 위협까지, 다양한 위험에 직면하게 됩니다. 가장 대표적인 예로 웹캠 해킹이 있습니다. 지구 반대편에서 노트북이나 데스크탑의 웹캠을 해킹하여 사생활을 낱낱이 지켜보고 기록하고 유포할 수도 있습니다. 대표적으로 '미스 틴 USA' 캐시디 울

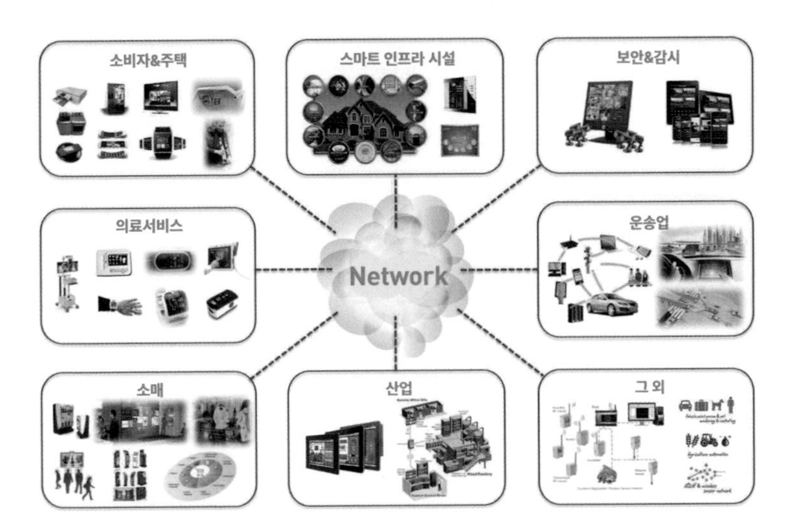

✖ 사물인터넷이란 기존의 인간과 인간의 통신을 넘어 사람과 사물, 사물과 사물이 통신하는 기술이다. 주택의 전등, 가스 밸브, 보일러를 비롯해 공장의 생산 공정의 기기들이 데이터 수집, 모니터링, 제어가 가능하다. 나아가 구글 글라스, 삼성 기어S와 같은 증강현실 기기를 다른 기기들과 연동하여 작동시킬 수 있다.

프의 웹캠 해킹 사건이 있습니다. 어떤 해커가 캐시디 울프의 웹캠을 해킹하여 사생활을 녹화한 후, 자신과 채팅을 하거나 더 선명한 사진을 보내거나 5분 동안 자신이 시키는 대로 행동하기 중에 하나를 선택하라고 협박을 했습니다. 캐시디 울프는 선택지에 없던 '경찰에 신고하기'를 택했고 해커는 체포되었죠. 스마트TV 또한 내장 카메라의 해킹 위험이 있습니다. 도시가스 조절기나 자동차도 예외는 아닙니다. 오히려 이 두 장치는 우리의 안전에 직결되어 있습니다. 자동차가 해킹당하여 브레이크를 밟아도 속도를 줄이지 못해 사고를 당하는 경우처럼 말입니다.

이와 같은 일은 사물인터넷이 해킹당할 위험이 존재하는 한 결코 사라지지 않을 겁니다. 실제로 유명 PC업체인 HP가 미국 가정의 사물인터넷 기기들을 조사한 결과 열 개 가운데 일곱 개가 데이터 보안에 취약한 것으로 드러났습니다. 사물인터넷의 빅브라더는 정보 권력을 쥔 특정 개인이나 집단이 아니라 해킹 기술을 보유한 불특정다수라는 점이 무서운 것입니다. 또한 책임 소재도 불분명합니다. 기기의 결함이나 소프트웨어 오류 혹은 해킹으로 가스가 누출되어 사고가 일어났다고 가정해보죠. 사고 원인이 명확할 경우에도 책임을 져야 하는 주체가 모호한데, 만약 사고 원인조차 알 수 없는 상황이라면 책임은커녕 해커의 소행인지 기기의 결함인지 알 수조차 없게 됩니다.

빅브라더와 리틀시스터의 감시탑에서 벗어나기

편리한 사물인터넷의 부작용은 결국 인권침해입니다. 사물인터넷이 새로운 파놉티콘(Panopticon)이 될지 모른다는 것이죠. 우리는 편리하다는 이유로 사물인터넷을 쓰지만, 실상은 사물인터넷의 정보를 독점한 이들이 감시탑에서 우리를 감시하고 통제한다는 뜻입니다. 미셸 푸코는 《감시와 처벌》에서 바로 이 파놉티콘을 예로 들며 권력행사 방식이 변화했다고 말합니다. "권력은 소유하는 것이 아니라 작용하는 것이며, 억압하는 것이 아니라 생산하는 것"이라고 말이죠. 이 말의 주체를 현대 기업들에게 그대로 적용해봅시다. 오싹하지 않습니까? 정보혁명의 미래에 우리 인간이 자유와 해방을 맞이할 것이라고 단정할 수 있겠습니까?

우리를 편리하게 하는 기기와 시스템이 사생활을 침해하는 문명의 이기로 변질되고 있습니다. 진정 두려운 일입니다. 우리의 일상이 도청되고 감청됩니다. 첨단 도청장치를 사용하면 몇 백 미터 떨어진 곳에서도 대화를 엿들을 수 있습니다. 첨단 장비가 아니더라도 도청이 가능한 특수한 사례도 얼마든지 있습니다. 프린터, 에어컨, 세탁기를 이용한 도청입니다. 이런 생활·사무기기를 해킹하여 특수한 전자기장을 내뿜게 만든 후 0과 1로 신호를 보내게 합니다. 데이터 전송이 다소 오래 걸리는 단점이 있지만 컴퓨터나 스마트 기기 없이 정보를 빼내 올 수 있다는 점이 충격적입니다.

우리가 감시 사회로 점점 빠져들면서 생각해봐야 하는 중대한 문제가 하나 있습니다. '국가란 무엇인가'입니다. 예를 들어 2015년에 불거진 국정원 해킹 프로그램 도입 논란이 있습니다. 국정원이 이탈리아 밀라노에 본사를 둔 '해킹팀'이라는 기업으로부터 해킹 프로그램을 구입했습니다. 정부는 이 해킹 프로그램의 용도가 대북 첩보라고 하지만 해킹 대상으로 의뢰한 IP 138개를 분석해보니 국내 고층 빌딩의 공기조절 시스템과 CCTV 시스템이 포함되어 있었다고 합니다. 또한 해킹 가능한 프로그램에는 카카오톡을 비롯해 페이스북, 텔레그램 등의 SNS도 다수 확인되었죠. 국정원의 해명에도 불구하고 의혹이 가시지 않는 이유겠지요.

이쯤에서 질문 하나를 던져볼게요. 국가가 왜 필요합니까? 국가의 존재 이유가 뭡니까? 현대 국가는 사회주의와 자유주의 두 가지 성향을 모두 가지고 있습니다. 사회주의는 국민의 사회보장·사회복지를 위해, 자유주의는 자유와 조화를 보장하기 위해 필요합니다. 자유주의와 사회주의 모두 국가 존재를 전제로 의미가 있습니다. 국가가 없으면 사람들은 서로 감시하고 알아서 지켜야 합니다. 근대적 의미의 국가가 처음 등장했을 때, 자유권과 재산권을 일부 양보하면서 국가를 만들었다는 것이 사회계약설입니다. 문제는 국가 권력이 점점 강력해진다는 것이죠. 현대에 들어서 정보권력 측면에서 더욱 심각해졌습니다. 정보가 점점 국가에 집중되고 있기 때문입니다. 세계가 지식정보 사회로 나아가는 상황에서 정보의 중요성이 커졌습니다. 하지만 국가의 정보권력이 국민을 보호하고 자유를 보장하는 차원을 넘어서 위협하는 수준에 이르렀습니다.

정보권력은 국가와 시장 그리고 개인으로 나눠볼 수 있습니다. 가장 심각한 것은 국가의 정보권력 남용입니다. 국가가 정보권력을 남용할 때 국민의 인권이 침해받게 마련이죠. 미국의 정보권력은 9.11 테러 이전과 이후로 확연하게 나뉩니다. 미국에서 10년 가까이 살았던 저는 9.11테러가 발생한 후 이곳이 내가 알던 미국이 맞나 싶을 정도로 달라졌다고 생각합니다. 미국 본토가 처음으로 공격을 받아 자국민이 희생되었다는 것은 거대한 충격이었습니다. 그 반동으로

1 미국 오바마 대통령은 프리즘 폭로 사건 이후 동맹국 정상들의 항의 전화에 시달려야 했다. 문제는 독일도 2012년에 미국의 힐러리 클린턴 당시 국무장관과 존 케리 현 국무장관의 위성전화 통화를 도청했다는 것이다.

2 적국을 포함해 동맹국과 자국민의 정보까지 불법 감청하여 문제가 된 미국의 프리즘 프로그램.

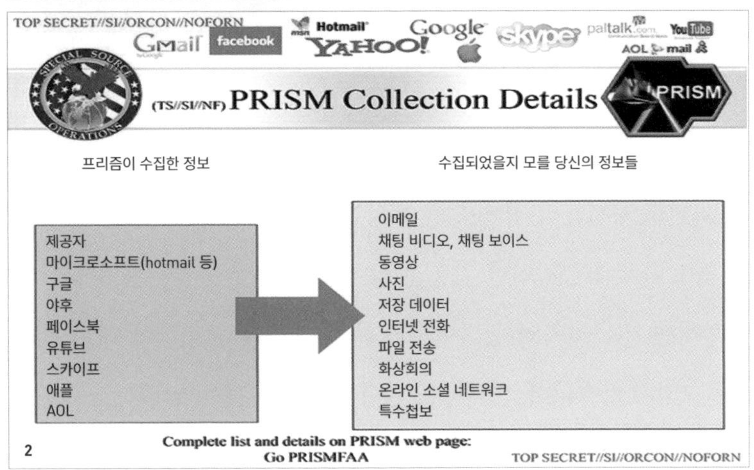

프리즘과 같은 광범위 도청 시스템이 등장했습니다.

시장의 정보권력은 어떤 상황일까요? 개인의 통화내역이나 문자 서비스 내역이 KT와 LGT, SKT 등 통신사업자의 데이터베이스에 모두 기록되고 있습니다. 물론 일정 기간이 지나면 삭제가 된다고 하지만 말입니다. 인터넷 포털사이트의 영향력도 무시할 수 없습니다. 이메일 기록, 쪽지, 카페, 블로그, 검색어 등 개인이 온라인에서 활동한 내역이 지문처럼 남습니다. 신용카드 회사부터 음식점 검색 어플리케이션 기업까지 개인의 정보를 수집하여 기업의 이익을 위해 활용합니다. 파워블로거도 권력자입니다. 자영업자들에게 횡포를 부렸다는 뉴스가 심심찮게 등장하곤 하지요.

과거에 정보권력을 쥔 이들을 빅브라더라고 한다면 지금은 '리틀시스터'가 있습니다. 기업, 개인의 정보남용 위험성이 커지고 있다는 뜻입니다. 해킹은 또 다른 측면의 위험입니다. 가장 유명한 해킹 집단으로 '어나니머스'를 들 수 있습니다. 영화 〈브이 포 벤데타〉를 보면 주인공 브이가 가이 포크스 가면을 쓰고 나옵니다. 어나니머스가 이 가면을 자신들의 심볼로 삼고 있죠. 어나니머스는 톰 크루즈가 어느 종교단체에서 강연한 것을 해킹한 것으로 첫 유명세를 탔습니다. 그렇다면 정보권력의 근간이 되는 정보기술은 근절해야 하는 걸까요? 그렇지 않습니다. 순기능도 얼마든지 있기 때문입니다.

범죄 예방을 위한 박수공식(C=M×O)

정보기술의 가장 대표적인 순기능은 편리성입니다. 현대 한국 사회에서 휴대폰이 없는 사람이 몇 명이나 될까요? 정보기술은 현대인에게 편리함을 주지만 더 많은 정보기술, 더 많은 IT 기기를 사용하면 그만큼 더 많은 정보가 외부로 흘러들어갑니다. 편리성과 보안성은 서로 반비례하는 법입니다. 만약 철저한 보안을 보장하는 사회가 된다면 우리는 지금보다 더욱 마음 편하게 정보기술을 활용할 수 있을 겁니다.

CCTV는 개인의 인권을 침해할 위험이 있지만 범죄 예방과 범죄자 체포에 기여를 하기도 합니다. 환경설계를 통한 범죄예방(CPTED, Crime Prevention Through Environmental Design)이 대표적인 예입니다. CPTED는 범죄를 유발하는 환경 요인을 제거하거나 최소화하여 범죄율을 낮추는 것이 목표입니다. 범죄 발생 지역을 은폐하는 게 아니라 오히려 잘 보이게 해서 범죄가 일어나지 않도록 하는 것이죠. 다른 예로 모스키토 시스템(The Mosquito)이 있습니다. 이 기계의 원리는 청소년만 들을 수 있는 16,000~18,500Hz의 주파수를 방출하여 불쾌감을 유발시킴으로써 자리를 뜨게 만드는 것입니다. 주로 폐가나 청소년출입금지 업소에 설치하며 청소년의 일탈을 방지하는 대표적인 시스템입니다.

이처럼 현대 정보기술은 범죄를 예방하는 데 큰 역할을 하기도 합니다. 범죄에 관한 여러 이론 가운데 '박수 이론'이 있습니다. 공식은 $C=M \times O$입니다. C는 범죄(crime), M은 동기(motive), O는 기회(opportunity)입니다. 범죄가 발생하려면 범죄동기와 범죄기회가 만나야 한다는 뜻이죠. 범죄를 줄이려면 범죄동기와 가능하다면 범죄기회를

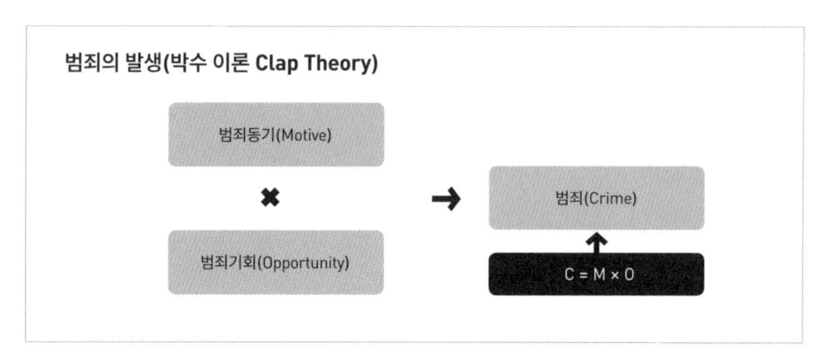

✖ 범죄는 범죄동기와 범죄기회가 만나 발생한다. 뒤집어 말하면, 동기나 기회 가운데 하나만 0이어도 범죄는 일어나지 않는다는 뜻이다.

줄여야 합니다. 범죄동기는 유전적인 코딩과 성장기의 코딩으로 벌어집니다. 코딩이 어떻게 발휘되느냐에 따라서 범죄자가 되느냐 되지 않느냐가 나뉩니다.

범죄에 대한 동기는 신념화와 합리화의 과정을 거치며 변화합니다. 코딩이 되면 편견이 됩니다. 더 심해지면 신념이 되고 말지요. 그러면 괴물이 되고 권력을 남용하게 되는 겁니다. 범죄기회는 감시가 미미할 때, 보안이 취약할 때 범죄율이 크게 증가합니다. 범죄동기는 어떻게 차단시켜야 할까요? 편견과 이기심을 없애야 합니다. 결과적으로 교육으로 범죄를 예방할 수밖에 없다는 뜻이죠. 이와 함께 민주주의와 법치주의를 강조해야 합니다.

그렇다면 정보권력의 범죄기회는 어떻게 줄일 수 있을까요? 가장 좋은 방법은 우리를 감시하는 사람들을 감시하는 것입니다. 이걸 시놉티콘(synopticon)이라고 합니다. '서로 동시에 감시한다'는 뜻이며 대중이 권력자를 역으로 감시한다는 뜻이죠. 지금 우리가 권력자들을 감시하는 정도로는 부족합니다. 미국의 예를 봅시다. 미국 국민은 9.11테러 이후 국가 안보를 최우선으로 여겼습니다. 자의에 따라 개인의 자유가 다소 줄어드는 것은 감내했죠. 하지만 국가가 정보권력을 쥐고 프리즘 시스템을 통해 동맹국과 자국민의 정보까지 감청했다는 사실에 미국민은 경악했습니다. 그리고 정부에게 국민의 개인정보 보호를 보장하라고 압박을 넣었습니다.

우리도 그렇게 해야 합니다. 국회, 법원, 헌법재판소, 언론, 시민단체를 통해 국가와 정보권력에 대한 감시를 지금보다 더 철저하게 해야 합니다. 개인정보 보호에 관련된 법도 강화해야 합니다. 시장의 정보권력도 감시해야 합니다. 2014년 1월에 언론을 통해 알려진 카드사 개인정보 유출사건을 보세요. NH농협카드는 개인정보 유출 확인 페이지에 입력한 정보를 암호화조차 하지 않고 평문으로 전송했습니다. KB국민카드는 개인정보 유출 확인 웹사이트를 만들어놓는다면서 타인의 생년월일과 주민등록번호 끝자리를 입력하면 이메일, 휴대전화를 비롯해 전체 주민번호, 자택주소, 결제계좌와 연소득까지 표시되게 만들었습니다. 두 카드사 모두 유출 확인 사이트를 통해 피해자의 정보를 더 널리, 더 많이 유출한 것이죠. 보안의 기본도 모르는 조치였습니다. 시장의 정보권력이 잘못된 길로 빠지지 않게 하기 위해서는 어떻게 해야 할까요?

우리를 감시하는 이들을 감시하라

지금까지 빅 데이터와 사물인터넷 그리고 핀테크는 완벽하지도 않거니와 권력으로 활용하려는 목적으로 얼마든지 우리의 인권을 침해하고 개인정보를 유출한다는 사실을 살펴봤습니다. 이 문제들을 단기간에 쉽게 해결할 방법은 없습니다. 왜냐하면 국가 정보권력의 순기능인 '보호'와 개인이 보장받아야 하는 '인권'이 때때로 상충하기 때문입니다. 모든 사람은 범죄로 인한 피해와 두려움으로부터 자유롭고 싶으면서도, 자신의 기본적인 인권을 보호받고 싶어 하기 때문에 갈등합니다. 더욱이 두 가지 기본적인 욕구 그 어느 것도 쉽게 포기할 수 있는 성질의 것이 아닌 데다가, 다른 한쪽의 축소를 수반한다는 점에서 범죄 통제를 강조하는 입장과 인권을 강조하는 입장은 첨예하게 대립할 수밖에 없습니다. 하지만 보호와 인권, 둘 모두 매우 중요한 가치입니다. 이는 시장과 개인의 정보권력에도 똑같이 작용합니다. 시장의 정보권력은 일견 우리에게 편리함을 제공하지만 동시에 개인정보 보호를 완벽하게 보장하지 않습니다. 개인의 정보권력도 마찬가지입니다. 우리가 어디서나 손쉽게 스마트폰으로 정보를 얻을 수 있도록 여러 개인이 정보를 공유하지만 그 과정에서 불가피하게 개인이나 단체, 국가의 정보가 유출됩니다. 모두 양면성이 있습니다.

정보권력이 문제가 된다고 정보기술을 폐기할 수는 없지 않습니까? 지구온난화를 방지한다는 이유로 석유 사용을 전면 금지할 수는 없는 것과 마찬가지입니다. 화석연료 사용으로 인한 대기오염 문제를 해결하기 위해 전기자동차 등과 같은 제3의 대안이 등장했습니다. 마찬가지로 정보권력의 남용을 막기 위해서는 감시자를 철저히 감시할 수 있는 '역감시 시스템'을 제대로 운용하는 것이 중요합니다. 권력기관과 국민이 동시에 서로를 감시하는 일종의 시놉티콘(Synopticon) 시스템이 필요한 것입니다. 이러한 역감시 시스템 작동 등을 통해 정보권력 남용에 따른 부작용을 최대한 줄여나가는 법적, 제도적 보완 노력이 필요하다고 봅니다.

미래에 우리의 일거수일투족과 나아가 사고까지 지배하려는 빅 브라더와 리틀시스터에에 맞서야 합니다. "We are watching you." 억압받지 않기 위해 대중이 정보권력을 쥔 자의 눈을 똑바로 보며 할 말입니다.

메르스의 승리와 미래 한국 의료의 위기

권복규

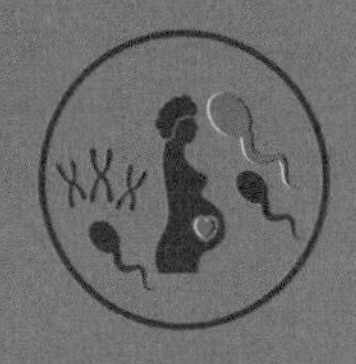

산부인과, 사명감만으로
버티는데 한계가 왔다

호환·마마가 가장 무서운
세상으로 퇴보한 한국

동물에서 인간으로 옮겨간
바이러스들

미국 병원 vs. 한국 병원

의대에는 의학이라는 과목이
없다

한국 의료에 대한 당신의
세 가지 오해

의료는 우리의 삶과 인권이다

한국의 방역 시스템은 왜 메르스
앞에서 붕괴했는가

오늘날 세계적인 재앙의 최대 위험은
핵탄두가 아니라 바이러스입니다.
앞으로 몇 십년간 만약 무엇인가가
천만 명이 넘는 사람들을 죽인다면,
그것은 아마도 전쟁이 아니라 매우
전염성이 강한 바이러스일 겁니다. (중략)
우리는 미래의 전염병에 준비되지
않았습니다.

빌 게이츠의 TED 강연 중에서(2015년 4월)

이 원고를 준비하던 중에 '메르스 사태'가 벌어졌습니다. 원래는 '과학과 의학의 만남'이나 '인문학과 의학의 만남'으로 하면 재미있겠다고 생각했습니다. 그게 아니면 유전자 조작이나 줄기세포 연구와 같은 이야기를 할까 했는데, 다음 장에 홍성욱 교수님이 생명과학을 다루시기로 해서 현직 의학자의 눈으로 본 한국 의학의 현실을 다루기로 정했습니다. 저의 주제는 '메르스의 승리와 미래 한국 의료의 위기'입니다. 한국의 의료 현실을 적나라하게 보여주는 것이 제가 제일 잘할 수 있는 일이며 독자에게도 유익할 것입니다.

여러분은 의대를 나와서 의사를 안 할 수도 있다는 사실을 알고 있습니까? 인턴을 하지 않으면 의사가 아니다, 혹은 레지던트를 하지 않으면 의사가 아니라고 생각하십니까? 사실 저도 의사 면허가 있습니다만 마지막으로 환자를 진료한 것은 15년 전의 일입니다. 다른 의

대 동기들이 레지던트를 하는 기간에 저는 의학사와 의료윤리를 공부했습니다. 환자를 보지 않고 연구만 하는 분야를 기초의학이라고 합니다. 이 분야를 연구하는 사람은 많지 않습니다. 대한민국에서 의사를 안 하고 기초의학을 공부하신 분 중에 가장 유명한 분이 바로 안철수 의원입니다. 안철수 의원은 생리학을 전공했습니다. 제가 의과대학 본과 1학년 때 생리학 조교를 하고 계셨죠. 생리학 연구를 하시다가 그다음에는 컴퓨터 바이러스 분야로 갔습니다. 그 후의 이야기는 여러분이 더 잘 아시리라 생각합니다.

저나 안철수 의원처럼 의대를 나와서 의사를 하지 않는 게 이상한 걸까요? 의대를 나와서 학문 연구에만 종사하거나 의학계가 아닌 다른 분야로 진출하는 것은 이상한 일이 아닙니다. 그런데 많은 이들은 하얀 가운을 입고 환자를 보지 않으면 의사가 아니라고 말합니다. 하지만 그것은 오해입니다. 의과대학에서는 의학의 모든 부분을 기본적으로 배웁니다. 그 후에 일반 의사로 일을 하든지 아니면 레지던트를 하면서 전공이 나뉩니다. 소수가 기초의학으로 가는데 이런 진로가 이상하게 보인다는 사실은 우리나라 의학이 아직 충분히 발전하지 못했다는 방증입니다.

의대에 대한 다른 오해도 있습니다. 사람들은 흔히 의대는 이과라고 생각합니다. 그러면 문과 학생은 의대에 올 수 없을까요? 의대에 와도 적응이 힘들까요? 제가 재직하고 있는 이화여자대학교는 2015년 의예과 신입생들 가운데 여섯 명을 문과 출신으로 뽑았지만 지금

잘하고 있습니다. 의대는 이공계라고 볼 수 없습니다. 결국은 문과와 이과를 구분하는 것 자체가 일본인들이 만든 것입니다. 그럼 일본은 왜 문과와 이과를 만들었을까요? 이과는 군인을, 문과는 관료를 양성하기 위해서였습니다. 이런 전근대적인 교육 방식을 우리나라는 벌써 100년째 고수하고 있습니다. 실로 우스운 일이라 생각합니다. 물론 어릴 때 과학에 재능이 있는 사람이 과학을 공부하는 건 좋다고 생각합니다. 그러나 문과에서도 마음이 따뜻하고 사람 돌보는 걸 좋아하는 이들은 자신의 성향에 따라 사람을 살리는 의술을 공부할 수 있다고 생각합니다. 우리나라 의학과 의대에 대한 편견과 오해는 이 밖에도 많습니다. 앞으로도 서서히 고쳐가야겠죠.

이 장의 주제는 '메르스의 승리와 한국 의료의 위기'입니다. 의사라는 직업에 대해서는 어느 정도 이야기를 했으니, 이제 세상의 의료와 체계를 진지하게 검토하는 시간을 갖도록 하겠습니다. 이번 메르스 사태는 오늘의 주제에 정말로 잘 어울립니다. 왜냐하면 그 어떤 사건보다도 한국 의료계의 현실을 바닥까지 적나라하게 보여줬기 때문입니다.

한국의 방역 시스템은 왜 메르스 앞에서 붕괴했는가

우리나라에서 메르스 사태를 책임지는 정부기관은 질

병관리본부입니다. 생긴 지 10년이 넘었습니다. 질병관리본부에 직원이 몇 명일까요? 대략 400여 명쯤인데 비정규직이 절반이 넘습니다. 의사 출신은 수십 명에 불과합니다. 미국에는 질병관리센터(CDC, Centers for Disease Control)가 있습니다. 미국 CDC의 직원은 모두 6000명입니다. 그 가운데 의사는 2000명입니다. 우리나라와 비교해보세요. 우리는 상대가 안 됩니다. 이 규모의 차이는 한국이 메르스 초동대처에 실패한 환경적 요인이자 의료 선진국이 아닌 이유라고 할 수 있습니다.

미국 CDC 의사들의 업무는 뭘까요? 환자를 치료할까요? 아닙니다. 바이러스와 세균을 연구합니다. 하지만 우리나라는 질병관리본부의 의사에 대한 처우가 매우 열악했습니다. 의사가 한창 경제적으로도 전도유망한 직업이었던 90년대에 정부에 근무하는 의사의 수입은 민간 의사의 절반도 되지 않았습니다. 그런 상황에서 누가 바이러스와 세균을 연구하겠다고 질병관리본부에 들어가겠습니까? 정부도 의사들을 연구원으로 채용할 생각을 하지 않았습니다. 질병관리본부에 근무하는 의사는 20명 남짓이라고 말했지요? 2015년 메르스 사태가 벌어졌을 때 질병관리 본부장과 일부 책임자급 의사들은 평시의 보건행정 방면에 유능했지만 전염병 방역 전문가라고는 보기 어려웠습니다. 이분들은 보건복지부 내의 다양한 부서에서 돌아가며 행정 경험을 쌓은 후 질병관리본부로 온 것입니다. 이분들을 탓할 생각은 없습니다. 다만 메르스 사태가 걷잡을 수 없이 번져간 상황이 안타까울 따름입니다.

그렇다면 메르스 사태와 같은 비상시에는 누가 통제를 해야 할까요? 비상시에는 질병관리본부장이 하는 게 맞습니다. 예를 들어 불이 나면 소방관과 경찰관이 함께 현장에 도착합니다. 그럼 지휘는 누가 하나요? 당연히 소방관이 합니다. 마찬가지로 이번 메르스 사태는 질병관리본부장이 지휘하는 게 맞습니다. 하지만 질병관리본부장은 그럴 권한이 없었습니다. 누구보다도 질병에 대해 잘 알고, 비상사태에 기민하게 대처해야 하는 상황에서 우리나라 질병관리본부는 그럴 힘이 없었습니다.

우리나라에 전염병 예방 및 관리에 관한 법률이 있습니다. 평시 시민의 건강 보장을 위한 부분은 훌륭합니다. 하지만 문제가 되는 부분이 있으니, 바로 전염병 예방과 관리를 군수와 도지사, 복지부장관이 한다는 것입니다. 그리고 나머지도 대부분 시, 군, 구청장이 하게 되어 있습니다. 전국으로 전염병이 퍼지는 상황에서 지휘체계가 시, 군, 구청장까지 내려오면 방역은 이미 늦습니다. 규모가 작거니와 지자체마다 보건 역량이 다릅니다. 우리 정부는 메르스 방역을 시, 군, 구청장에게 미뤄놨습니다. 국가의 질병 재난을 잠재우기 위해 상황을 전체적으로 통제할 수 있는 곳이 없었습니다.

미국에서는 당연히 CDC의 센터장이 책임지고 방역을 실시합니다. 그런데 미국에 비해 결코 넓지 않은 우리나라는 전염병 사태를 책임지는 곳이 단 한 곳도 없는 상황에 맞닥뜨렸습니다. 전염병이 인

메르스(중등호흡기증후군)

최초 발생	2012년 9월 사우디아라비아
국내 최초 발생	2015년 5월 바레인 방문객
세계 감염자 수	1,100여명(국내 30명)
세계 사망자 수	470여명(국내 2명)
국내 격리자 수	1,364명
초동 대응	국내 첫 환자 확인 뒤 2주가 지나서야 문형표 보건복지부 장관이 중앙메르스관리대책본부장을 맡음.

참조 : 감염자·사망자 수 통계는 감염병이 집중 유행한 시기(2015년 6월 3일).

구가 밀집한 수도를 휩쓸 때는 질병을 가장 잘 아는 질병관리본부장이 책임지고 방역·소개·치료를 진행해야 합니다. 하지만 이번 메르스 사태에서 우리의 질병관리본부장은 그럴 권한조차 없었습니다. 결국에는 더욱 비전문가이자 연금 전문가인 보건복지부장관이 나섰다가 수습에 실패했습니다. 보건복지부장관도 격리와 관리에 대한 권한이 크지 않습니다. 결정적으로 격리 작업을 수행할 경찰에 대한 권한이 없습니다.

메르스가 한국에 상륙했던 초기에 방역망을 모두 짠 후, 환자가 내원한 병원, 주변인, 의료진을 모두 격리하는 강력한 방법을 썼다면 평택쯤에서 막았을 겁니다. 결과적으로 방역은 실패했고 메르스는 서울과 수도권으로 북상했습니다. 첫 사망자가 발생했을 때까지도 이 병은 노약자나 지병이 있는 환자들에게만 치명적이고 건강한 사람은 안전하다고 전망했습니다. 하지만 환자가 발생한 병원에 근무하던 건강하고 젊은 의사가 걸리고 말았습니다. 전염병이라는 게 이렇게 무섭습니다. 우리는 초기에 잡을 수 있었던 전염병 앞에서 호된 신고식을 치러야 했습니다.

호환·마마가 가장 무서운 세상으로 퇴보한 한국

> "옛날 어린이들은 호환·마마·전쟁 등이 가장 무서운 재앙이었으나 현대의 어린이들은 무분별한 불법비디오들을 시청함으로써 비행청소년이 되는 무서운 결과를 초래하게 됩니다."

옛날 비디오 테이프의 첫 장면에 나오는 문구입니다. 정말 기막힌 이야기라고 합니다. 저는 지금도 호환·마마·전쟁이 가장 무서운 재앙이라고 생각합니다. 이 재앙은 자연재해를 통틀어서 이야기한 것입니다. 가뭄, 홍수, 지진, 화재, 호환, 인간 아닌 다른 것으로 일어나는 모든 재해입니다. 그다음이 두창(천연두), 즉 전염병이라는 것입니다.

의료 서비스가 일상화된 현대 한국에서는 상상하기 힘들지만, 불과 100여 년 전인 조선시대에 어린이의 사망률은 25%를 넘었습니다. 많은 어린이들이 홍역이나 두창을 의미하는 마마에 걸릴 수밖에 없었습니다. 그러면 '손님 치렀다'고 했습니다. 살아남으면 곰보가 되고, 죽으면 어쩔 수 없는 일이었습니다. 전염병에 의한 어린이의 죽음은 슬픈 일이되 지금처럼 멀리 있는 일이 아니었습니다.

다산 정약용 선생이 두창에 대한 책을 썼는데 본인도 이 병에 걸렸습니다. 죽을 위기를 넘기고 살아남았지만 곰보자국이 생겼습니다. 정약용 선생 본인도 자녀가 9남매였는데 아들 둘과 딸 하나 남기고 모두 어릴 때 잃었습니다. 19세기까지 여성의 절반은 아기를 낳다가 사망했습니다. 출산 도중에 혹은 산후에 감염 증상으로 죽었죠.

만약 지금 우리가 19세기를 살고 있다고 가정해보죠. 어른이 될 때까지 가장 무서운 건 무엇일까요? 호랑이일까요, 전쟁일까요, 아니면 전염병일까요? 저는 전염병이라고 생각합니다. 19세기 같았으면 4인 가족 가운데 한 명은 이미 죽은 것입니다. 우리나라 인구는 계속 증가했는데, 일제강점기 초반에는 2000만 명 수준이었습니다. 하지만 지금은 남북한 합쳐 7000만 명이 넘었죠. 인구가 증가할 만한 경제적 여건이 존재했지만 인구가 지금에 비해 적었던 것은 그만큼 질병이 많은 목숨을 앗아갔기 때문이기도 했습니다.

질병과 전쟁 같은 외부의 위협에서 다수의 개인이 어떻게 안전을 보장받을지에 대해 여러 방법을 찾다가 태어난 것이 근대 국가입니다. 국민은 국가에 의무를 다하는 대신 안전을 보장받는 것입니다. 왕이나 군인들이 지켜준다고 나타났거든요. 문제는 수단이었습니다. 국가는 국민을 모아 외세에 대항하기 위해 군대를 만듭니다. 그다음에 치안을 유지하기 위해 경찰을 조직합니다. 경찰은 내부의 문제,

즉 살인자나 강도에게서 시민을 지켜야 하니까 야경단에서 출발했습니다. 이와 더불어 사법체계를 만듭니다. 그리고 전염병에서 국민을 보호하기 위해 의료 시스템을 구축합니다. 국가가 질병을 통제하기 위해 발명한 것이 바로 방역 시스템입니다.

의학의 발전은 절대 근대 사회와 분리되어 있지 않습니다. 그만큼 근대 국가는 사람의 몸과 병을 어떻게 통제할지 고심했고, 거기서 나온 것이 근대 의학입니다. 유럽은 방역의 소중함을 흑사병으로부터 배웠습니다. 흑사병 때문에 유럽인의 절반이 몰살당했죠. 그 때문에 도시의 건강을 지키기 위한 여러 방편이 방역 시스템으로 발전했습니다. 전염병이 창궐하면 의사나 의료 단체가 사회를 통제하면서 퇴치합니다. 예를 들어서 '쥐를 잡아 태워라', '전염병에 걸린 사람은 절대 집 밖으로 나오지 말라'와 같은 정책들을 의사들이 주도적으로 하게 됩니다. 이 과정에서 의사들의 지위가 높아진 면이 있습니다.

우리나라는 전염병 청정지역이었을까요? 아닙니다. 15세기와 16세기에 엄청난 전염병이 돌았습니다. 이 전염병 사태로 인해 16세기 임진왜란 때 일본군에게 속수무책으로 밀리는 상황이 초래되기도 했습니다. 전염병과 가뭄 등으로 농사가 망하고 정부의 통제가 원활하지 못했던 것입니다. 게다가 전쟁 통에 피난을 가서 농업이 붕괴했습니다. 그래서 임진왜란과 병자호란을 거치며 조선의 인구가 크게 줄어들었습니다. 허준이 유명해진 이유도 이런 환경 때문이었습니다. 허준은 《동의보감》 외에도 여러 책을 썼습니다. 식량이 없을 경우에 어떤 나무껍질을 먹을 수 있으며, 전염병이 돌 때 비감염자, 감염자, 사망자를 어떻게 처리해야 하는지를 보여준 책이었습니다. 허준은 관직이 정1품까지 올랐습니다. 지금으로 따지면 장관급입니다. 하지만 오히려 이런 출세 때문에 귀양도 몇 차례 갔다 왔습니다. 허준은 중인이자 천거로 들어온 의관 출신입니다. 조선시대에 의관은 지금으로 치면 하급 기술관입니다. 그런데 그렇게 들어온 사람이 장관까지 된다니까 주변에서 엄청나게 끌어내린 거죠. 선조 시대에 역병이 돌면 허준이 지휘를 했을까요? 아닙니다. 항상 정승들이 했습니다. 이 사람들이 뭐 하던 사람들입니까? 책을 읽던 사람들입니다. 그런데 허준이 장관으로 자신들 위에서 지휘를 한다고 하니까 인정을 할 수 없는 겁니다. 결국 허준은 자주 귀양을 갑니다.

그로부터 500년이나 지났습니다. 그런데 왜 지금도 저 때와 똑같은 광경을 목격해야 하는지 답답합니다. 역병이 돌 때 의사인 허준이 아니라 성리학을 공부한 정승들이 최종적인 지휘를 했듯이 지금도 우리나라에는 책임지는 전문가가 없습니다. 예를 들어 군인은 여러 보직을 경험해도 주변이 모두 군인이니까 갑자기 보직을 변경해도 큰 무리는 없습니다. 하지만 의료와 질병은 그렇게 관리해서는 안 됩니다. 호환, 전쟁, 마마 중에 우리나라가 대비를 잘한 게 있나요? 전쟁 대비를 잘못해서 임진왜란과 병자호란으로 망하기 직전까지 갔습니다. 동학농민전쟁 때는 정부가 남의 일 보듯 뒷짐을 졌습니다. 전염병에 대한 대비는 잘했나요? 전염병의 역사에 대한 연구자도 몇

✖ 전염병은 과거는 물론이고 현재와 미래에도 가장 고통스러운 재앙일 것이다. 인명피해뿐만 아니라 사회 시스템을 붕괴시키기 때문이다. 그림은 피터 브뢰겔이 그린 <죽음의 승리>.

분 안 되어서, 잘 모르긴 합니다만 말하기 부끄러운 수준입니다. 과거에 전염병 돌았을 때 가장 먼저 하는 방역 대책이 무엇이었을까요? 조선시대에는 일단 왕이 반성을 합니다. 전염병이나 가뭄이 닥치면 죄수들을 사면시켰습니다. 옛날에는 억울한 사람이 감옥에 갇히면 그 원혼이 역병을 가져온다고 믿었기 때문입니다.

동물에서 인간으로 숙주를 바꾼 바이러스들

이번 메르스 사태를 봅시다. 조선시대와 다른 게 없습니다. 정치권은 메르스의 책임 소재를 놓고 정치적 공방을 벌입니다. 그리고 자신들 스스로 이번 사태를 막기 위해 무엇을 어떻게 했는지 자화자찬을 하고 있습니다. 정부가 그동안 어떤 일을 했는지, 얼마나 무능했는지 폭로되면 아마 큰일이 날 겁니다. 예를 들어 보건복지부는 "3차 감염자는 없을 것이다"라고 공언했다가 결국 2015년 5월 30일에 추가 환자를 13명이라고 밝히고 맙니다. 하지만 사실 추가 환자는 13명이 아니라 14명이었습니다. 심지어 14번째 환자는 처음으로 발생한 3차 감염자였습니다. 보건복지부는 전염병 환자 수와 발생하지 않을 것이라 장담했던 3차 감염자의 존재를 은폐했던 것입니다.

당국자는 역학 조사도 끝나지 않았고 감염 경로도 오리무중이었기 때문에 정확한 정보를 수집한 후 밝힐 예정이었다고 말합니다. 하지만 이 첫 번째 3차 감염자는 6월 17일에 사망했습니다. 이런 상황에서 자랑할 거리가 대체 뭐가 있는지 궁금합니다. 그리고 설령 백에 하나, 만에 하나 잘한 게 있더라도 정치적으로 이용해야 했을까요? 메르스와 같은 전염병은 옛날에도 이미 도시들을 휩쓸고 지나간 전례가 있습니다. 특히 유럽인들은 피해를 최소화하는 시스템을 만들고 대비를 했습니다. 이 부분이 우리와 결정적으로 다릅니다. 의학적으로 표현하자면 우리는 예방주사를 거듭 맞았음에도 불구하고 항체가 형성되지 않았습니다. 그렇기 때문에 진짜 질병이 닥치면 온 사회가 병들고 사람들이 무더기로 죽어 나가는 것이죠.

그렇다면 이런 전염병은 왜 자꾸 발생할까요? 그건 아마도 인간과 자연의 경계 혼란 때문이 아닐까 합니다. 사실 거의 모든 병들은 동물에서 옵니다. 홍역은 개에게서 왔습니다. 두창은 소에서 왔습니다. 우리가 우두 접종이라는 걸 하잖아요? 인플루엔자는 닭에서 왔습니다.

사람이 소, 돼지, 닭, 개와 함께 살면서 생긴 게 전염병입니다. 인간이 1만 년 정도 살면서 개가 앓는 질병에는 어느 정도 면역력이 생겼습니다. 재미있는 건 전염병은 뜨문뜨문 번지지 않는다는 것입니다. 인구가 밀집해야 생깁니다. 19세기까지 세계를 불태웠던 전염병은 20세기 초반에 소강상태에 들어갔습니다. 하지만 곧 다시금 번졌습니다. 그 이유가 뭘까요? 그건 바로 인간이 그전에는 살지 않던 곳으로 활동 영역을 넓혔기 때문입니다. 아프리카나 남미와 동남아시아의 정글은 사람이 살 수 있는 곳이 아니었어요. 그런데 유럽인들이 식민지를 만들면서 철로를 깔고 밀림 생태계가 사라지면서 사람과 동물 사이에 병원균들이 옮겨 다니게 되었습니다.

이쯤에서 바이러스와 세균이 무엇인지 짚고 넘어가도록 하죠. 바이러스는 생물과 무생물의 경계에 있습니다. 생물에 기생하지 않을 때는 생물체의 기능을 하지 않고 결정 형태로 존재하기 때문에 무생물에 가깝습니다. 하지만 생물에 기생하게 되면 급속하게 증식하며 자가복제를 하고 돌연변이도 생긴다는 점에서는 생물에 가깝습니다. 바이러스와 세포의 가장 큰 차이는 크기입니다. 바이러스는 단세포 생물보다도 작지요. 크기는 0.01~0.2 마이크로미터(μm)이며 세균과 달리 매우 작습니다. 19세기 말에 와서야 사람들은 너무 작아서 보이지 않는 무언가가 병을 일으킨다는 것을 알게 되었고, 20세기에 진입한 이후에야 전자현미경으로 바이러스의 모습을 볼 수 있었습니다. 세균은 세포입니다. 유전정보를 가지고 있고 분열이 가능합니다. 세균은 항생제로 치료가 가능하지만 바이러스는 훨씬 어렵습니다. 바이러스는 항 바이러스 약제로 치료하는데, 치료제가 많지 않습니다.

동물에서 사람으로 전염된 대표적인 병이 바로 후천성면역결핍증, 즉 에이즈(AIDS)입니다. 에볼라 출혈열도 중간 숙주가 무엇인지 아직 명확하게 밝혀지지는 않았지만 큰 박쥐류(Megabat)를 의심하고 있습니다. 최근에 아시아에 유행한 게 중증급성호흡기 증후군인 사스(SARS)와 신종 인플루엔자(Influenza A)입니다. 그리고 여기에 더해 메르스가 있습니다. 사실 메르스가 유행할지는 상상도 못 했습니다. 세계보건기구(WHO) 관계자들도 예측을 못 했을 겁니다. 이미 널리 알려진 사실이지만 국내의 메르스는 사우디아라비아에 다녀온 환자에게서 시작되었습니다. 자기도 모르게 감염돼서 퍼뜨리고 1차, 2차, 3차 환자가 발생했습니다. 옛날 같으면 사우디아라비아에 다녀오는

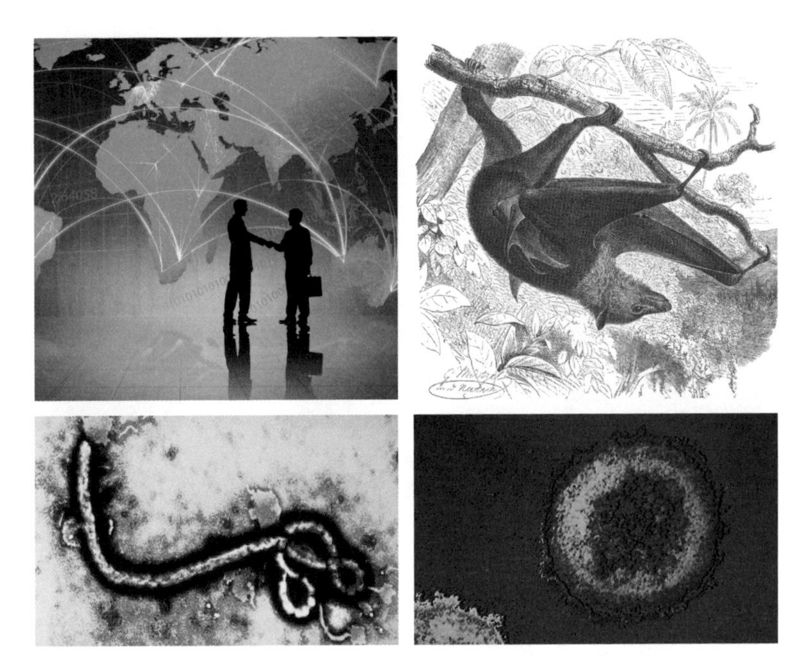

✖ 유통혁명이 일어나 지구가 하루 생활권에 묶이고 못 가던 곳에 인간이 진출하면서 동물 바이러스가 인간에게 전염되었다. 그 대표적인 두 예가 에볼라 출혈열과 에이즈다.

데 2년 내지 3년이 걸렸죠. 100명 출발하면 50명은 가다가 죽었습니다. 도착했다 해도 다시 돌아오기는 거의 불가능했습니다. 옛날에도 중동으로 떠난 여행자가 돌아왔다는 기록이 없습니다. 하지만 지금은 사우디아라비아까지 비행기로 6시간이면 갑니다. '지구촌'이라 부르는 교통과 유통의 혁명이 문제인 겁니다.

다행스럽게도 메르스는 공기전염이 안 일어났습니다. 치사율도 낮았습니다. 치사율이 높아 보였던 것은 병원 감염자가 많았고 대부분 다른 질병을 앓고 있는 환자였기 때문이었습니다. 만약 메르스가 공

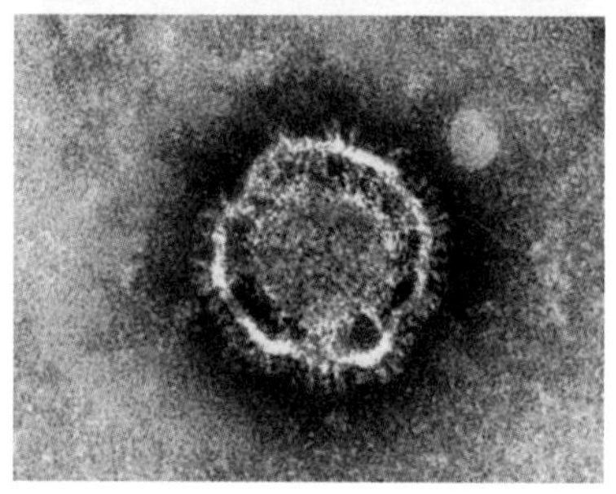

✖ 코로나바이러스는 RNA가 복제될 때 일어나는 오류를 수정하는 효소 유전자를 지니고 있기 때문에 동물 바이러스에서 인간 바이러스로 변이될 가능성은 적은 것으로 알려졌다. 메르스 바이러스를 최초로 발견한 모하메드 자키 박사는 공기전염의 가능성을 시사했으며 3차 감염에 따른 변이 또한 불가능한 일이 아니라고 밝혔다.

기전염이 되면 영화 〈감기〉가 현실이 되는 것입니다. 치사율은 10% 내외였습니다. 인간 폐렴과 비슷한 수준이죠. 에볼라 출혈열이 40%입니다. 10명 걸리면 4명은 죽는 겁니다. 이걸 우리나라 사람들은 모르고 있었습니다. 오히려 영화를 하는 사람들이 먼저 알았습니다. 영화 〈감기〉를 보면 알 수 있죠. 예술가들은 이런 것을 재빨리 감지합니다. 현실에서 비슷한 일이 벌어지기 전에 미리 상상력을 동원해서 작품으로 만들어냅니다.

메르스 예방법은 새로울 게 없습니다. 기존 전염병 예방 수칙과 같았습니다. 손을 잘 씻는 게 가장 중요합니다. 물을 끓여 먹고, 숙면을 취하고, 음식을 골고루 먹는 수밖에 없어요. 해열제와 항 바이러스제는 효과가 미미합니다. 메르스에 타미플루가 효과가 있다는 소문이 돌았지만 사실이 아닌 것으로 판명되었습니다. 메르스는 중동에서 일어난 병이기 때문에 약을 개발하겠다는 회사를 찾기 어렵습니다. 어쩌면 우리나라에서 개발을 해야 할지도 모릅니다. 타미플루를 바꿔서 만들면 되지 않나 싶습니다. 플루보다 사망률이 높거든요. 플루는 걸려도 안 죽어요. 반면에 메르스는 치사율이 10%였죠. 안타까운 일이지만 전염병이 돌면 노년층이 가장 많이 죽습니다. 1919년 스페인독감이 전 세계를 돌며 최소 2500만 명이 사망했습니다. 당시에 노년층과 기존 환자들이 대부분 사망했다고 보면 됩니다. 이들이 사망했을 때 사회적 충격은 덜했습니다. 문제는 어린이와 청소년입니다. 미래의 일꾼이 사라지면 사회를 유지할 수 없습니다.

미국 병원 vs. 한국 병원

한국의 의료에 문제가 있다는 건 누구나 압니다. 응급실은 정말로 응급 상황에 충실한 곳일까요? 그렇지 않습니다. 대형병원 응급실은 어쩌면 대기소에 가깝습니다. 응급실에 일반 환자가 더 많습니다. 응급실에 오는 사람 대부분은 응급 환자가 아닙니다.

달리 진료를 받을 곳이 없으니까 응급실에 온 것이지요.

2014년에 미국 국민이 1년에 병원을 찾은 횟수는 평균 2.8회였습니다. 그에 비해 우리나라는 12회 이상이었죠. 의료시설을 가장 많이 사용하는 나라가 한국입니다. 한국의 병원은 접근성도 좋습니다. 미국은 접근성이 나쁘지 않지만 한국보다 훨씬 비싼 치료비를 감당해야 하며 보험에 가입되어 있어야 합니다. 보험 가입을 하면 건강관리조직(HMO, Health Maintenance Organization)이라는 곳이 환자에게 어느 병원으로 가야 하는지 지정해줍니다. 건강관리조직이 지정해준 병원이나 의사를 찾아가지 않으면 진료를 받을 수 없습니다. 우리나라처럼 누구에게나 진료를 해주는 곳은 찾기 힘듭니다. 미국에서 구급차를 부를 경우 수천 달러를 지불해야 하는 경우도 있습니다. 우리나라는 119가 무료입니다. 우리는 유럽의 사회복지 시스템을 동경하는 경향이 있습니다. 하지만 제가 지금 스웨덴에 있다고 치면, 원하는 의사와 병원에 절대로 못 갑니다. 국가에서 정해준 의사와 의료기관에만 갈 수 있습니다. 의사가 특별한 치료가 필요하다고 인정하지 않으면 다른 지역 병원에도 못 갑니다. 최근 스웨덴에서는 환자가 한 지역에서 2주 이상 진료를 기다렸을 경우에 한해 다른 지역에서 진료를 받을 수 있게 하는 법안이 통과되었습니다. 반대로 말하면 아픈데 2주 동안 기다려야 한다는 뜻입니다. 2주면 웬만한 병은 다 낫습니다. 진짜 문제는 아픈 사람입니다. 병원 진료를 기다리다가 중간에 죽을 수도 있지 않겠습니까?

국가가 의료를 통제하는 경우는 흔합니다. 모든 사람에게 다 맞춰서 해줄 수 없기 때문입니다. 그 대신에 모든 사람에게 평등한 진료를 해주고 대체로 결과가 좋으니 버티는 중입니다. 한국 현실에는 절대로 안 맞죠. 집 앞에 병원이 있는데 왜 못 간다는 겁니까? 여기 갔다가 마음에 안 들면 다시는 안 가면 되는 겁니다. 한국은 예전부터 의사를 그렇게 이용해왔습니다. 국가에서 통제한 적이 없습니다. 환자가 자신이 원하는 의사에게 진료와 치료를 받을 자유는 굉장히 중요한 자유입니다. 우리나라는 많은 국민이 가난했던 1970년대에 이런 진료받을 자유를 돈으로 통제했습니다. 당시 사람들은 병원에 가려면 보증금을 내야 하니까 대신 약국에서 약을 샀습니다. 일단 약이 병원 진료보다 저렴하니까 약국에 갔다가 아파서 도저히 안 되겠다 하면 가는 게 병원이었죠.

이렇게 아파도 병원에 못 가고, 국민 건강이 피폐해지는 현상을 바로잡고자 정부는 국민건강보험을 만들고 의사의 수를 늘렸습니다. 지금 우리나라는 예컨대 삼성병원도 전국 어디에 살든, 누구나 진료를 받을 수 있습니다. 이게 우리나라 의료 문화입니다. 응급실에 입원해도 병문안 가고, 병실에서는 가족들이 간병을 하거나 간병인이라는 사람을 고용합니다. 전 세계에 간병인이라는 직종이 있는 나라는 대만과 우리나라밖에 없습니다.

반면에 간호사가 간호를 안 하는 나라도 우리나라밖에 없습니다. 대형 병원에서는 간호사가 간호를 하는 게 아니라 보호자에게 간호

교육을 합니다. "어떤 음식을 얼마나 드셨는지 적어서 알려주세요" 하고 요청하는 식입니다. 왜 이런 현상이 벌어질까요? 그건 바로 간호사 수가 너무 적기 때문입니다. 간호사 임용 규정을 지키는 곳이 없습니다. 이 규정을 모두 따르면 병원은 망할 겁니다.

의대에는 의학이라는 과목이 없다

한창 메르스가 대유행이었을 때는 제발 메르스가 공기 감염이 되지 않기를, 그리고 다른 3차 감염이 나오지만 않기를 간절히 바랐습니다. 제가 근무하는 목동병원에서도 메르스 환자를 받아 치료했지만 버티는 데도 한계가 있었죠. 환자와 접촉한 보호자들이 모두 격리되었기 때문입니다. 의사와 간호사도 마찬가지로 격리되었습니다. 병원 관계자들은 전쟁을 치르는데 부상병이 속출하는 상황입니다. 질병은 개인에게 문제를 미치는 것에 그치지 않고 이렇게 집단과 사회 전반에 과부하를 겁니다. "인생은 짧고 예술은 길다"는 명언이 있습니다. 히포크라테스 전집에 나오는 말이죠. 이 말은 원래 "인생은 짧고 의술은 길다"라고 해석해야 합니다. 이 부분은 의술과 예술 어느 쪽으로든 번역이 가능합니다.

예전에는 사혈치료라는 것이 있었습니다. 환자의 피를 뽑아서 치료하는 방식이죠. 어떤 환자로부터 피를 한 컵 뽑으니까 나았으니 이

번에도 비슷한 증상의 환자에게서 피를 뽑으면 된다고 생각했습니다. 그런데 어처구니없게도 환자가 죽어버렸습니다. 16세기 의학에는 이런 게 비일비재했습니다. 지금도 마찬가지입니다. 언제, 어떤 방식으로 치료할지 판단을 내리는 일은 그때나 지금이나 똑같이 어렵습니다. 그래서 의학이 어려운 것입니다. 의사들은 의학이 과학이라고 주장하기를 좋아합니다. 또 과학자처럼 보이는 아우라가 있습니다. 과학자들은 정치적으로 오염되지 않을 것 같고, 순수하게 자연을 탐구할 것으로 보입니다. 실제로 의사는 과학을 바탕으로 하고 있지만 명확한 과학 공식과 달리 판단이 불확실한 게 의학입니다. 그래서 의학은 독립된 학문이 아닙니다.

의과대학에는 의학이라는 과목이 없습니다. 의사가 아닌 분들은 고개를 갸우뚱할지도 모릅니다. 제가 의대에서 별걸 다 배웠는데 학과로서 '의학'은 못 배웠습니다. 그 이유는 의학은 과목이 아니기 때문입니다. 사람을 치료하기 위해 학과로서 해부학·생리학·미생물학·병리학·기생충학 등을 공부했고, 그다음에 내과, 외과, 소아과, 피부과, 안과 등을 통틀어 다 배웠지만 의학은 없었습니다. 의학은 학문이라기보다는 일종의 '실천'이라고 아리스토텔레스가 말했습니다. 그 구체적인 실천을 의술이라고 합니다. 그 의학과 비슷한 것으로 정치술, 전쟁술 등을 예로 듭니다. 훌륭한 장군이라 해도 막상 전투에 들어갈 때는 이길지, 질지 아무도 모릅니다. 정말로 뚜껑을 열어봐야 알 수 있는 일이죠. 지리, 기후, 무기, 적군과 아군의 상태 등등을 미리 파악하고, 필승의 전략을 세우고, 철두철미하게 지휘해서 이기는 것이 장군의 일입니다. 이런 것은 학문으로 만들어서 전수할 수가 없어요. 전쟁에서 백전백승하는 법이란 만들 수도, 가르칠 수도 없는 것입니다. 모든 장군은 이길 수도 있고 질 수도 있습니다.

정치도 마찬가지입니다. 국가를 운영하는 방법은 경험적인 것에 의지합니다. 정치는 단순히 지식을 많이 쌓았다고 되는 게 아닙니다. 그게 가능하다면 정치학 교수가 정치를 하면 되는 일이죠. 그래서 의학은 학문이 아니라 실천인 것입니다. 이것을 알아야만 의학이 과학이네 아니네 하는 논쟁이 사라집니다. 의학은 과학만도 인문학만도 아니고 이 둘이 만나서 생긴 실천입니다. 우리 사회가 역병으로 고통받으면 의학의 실천 대상은 사회가 되는 것입니다.

의학적 판단이 어려운 이유는 또 있습니다. 미국 여배우 안젤리나 졸리와 BRCA 유전자의 예를 들어보죠. 안젤리나 졸리는 BRCA 유전자를 가지고 있었습니다. 이 유전자를 보유한 여성은 선천적으로 난소암과 유방암을 앓을 확률이 높습니다. 안젤리나 졸리는 유방암 확률 87%, 난소암 확률 50%였습니다. 뒤집어서 말하면 유방암과 난소암에 안 걸릴 확률이 각각 13%와 50%라는 것입니다. 의사는 이렇게 말합니다. "당신 같은 경우에는 100명 가운데 87명이 유방암에 걸립니다." 이건 과학입니다. 그런데 이런 과학적 통계를 알게 되었다고 무조건 유방절제술을 받으면 그만일까요? 이게 과학일까요?

안젤리나 졸리와 같은 경우에는 사람마다 각자 다른 반응을 보입니다. 어떤 사람들은 건강을 잘 지키며 살겠다고 합니다. 그럼 안젤리나 졸리가 과학적 통계만 믿고 섣불리 수술을 받은 걸까요? 그렇지 않습니다. 위험을 안고 있는 사람의 의견도 존중해야 합니다. 그리고 이것은 과학이 아닙니다.

✖ 안젤리나 졸리는 자신의 '잘못된 유전자' 때문에 발생할지 모를 유방암을 '예방하기 위해서' 유방을 절제했다. 과학적 통계가 과학으로서의 의료로 연결되는지는 생각해볼 문제다.

간암 말기 환자가 있다고 가정합시다. 항암 화학요법을 받으면 수명이 몇 년 늘어나겠지만 매우 고통스럽고 치료비도 비쌉니다. 치료를 포기한다면 수명을 연장할 수는 없지만 화학요법에 따른 고통과 경제적 손실을 피할 수 있습니다. 이 둘 중에 뭐가 옳을까요? 의사는 당연히 치료를 받으라고 말할 겁니다. 의사란 사람을 살리는 직업이기 때문에 환자에게 무엇이든 해줘야 합니다. 하지만 환자가 반드시 의사의 말을 따라야만 할까요? 물론 의사가 전적으로 옳은 경우도 있습니다. 피가 줄줄 흐르는 상황에서 지혈을 안 하면 30분 내로 죽는 경우에 환자는 반드시 의사의 처치에 따라야 합니다. 물론 이렇게 과다출혈로 인한 쇼크사가 걱정되는 상황에서도 환자가 치료를 거부한다면 그 의견을 존중해야 한다는 사람도 있습니다. 그만큼 인간이란 복잡다단한 존재이며, 판단이란 그보다 더 복잡한 것입니다. 판단의 가치도 다양하고요. 이런 것들에 얽힌 문제를 과학이라는 이름으로 일방적으로 결정할 수 없다는 겁니다.

다른 예를 또 하나 들어보죠. 치료 포기와 자살 기도자의 사례입니다. 음독자살을 시도했다가 실패해서 병원에 실려 오는 이들이 간혹 있습니다. 그럴 때는 위에 호스를 꽂고 물을 부어 위세척을 합니다. 자살에 실패했으니 이들이 순순히 치료를 받을까요? 천만의 말씀입니다. 이들은 자기를 그냥 내버려 두라고 발광을 합니다. 그래서 치료하는 동안은 묶어놔야 합니다.

죽든지 살든지 그건 환자의 생각이고, 의사는 일단 살릴 수밖에 없습니다. 암에 걸린 환자가 혼자 이것저것 생각해본 후, 이제 항암치료를 받지 않겠다고 하는 것과 자살 시도자가 그냥 자살하도록 내버려 두는 것은 다른 문제입니다. 의학적 결정이란 게 그만큼 어려운 것입니다.

한국 의료에 대한 당신의 세 가지 오해

이번에는 우리나라 의료에 대한 오해를 짚어보겠습니다. 우리나라에서는 아직도 많은 이들이 의료에 대한 오해 때문에 치료시기를 놓치고, 쓸데없이 더 많은 의료비를 지불하고, 안 겪어도 될 불편에 시달립니다.

우선 "큰 병원일수록 잘 고칠 확률이 높다"는 말이 사실인지 알아봅시다. 서울대학교 병원의 평균 진료 시간이 얼마나 되는지 아십니까? 3분 15초 정도입니다. 겨우 3분 15초 동안 진료를 받기 위해 무려 2시간을 기다립니다. 그렇다면 환자들이 만족하는 진료 시간은 몇 분일까요? 평균 6분입니다. 6분만 진료 받으면 만족한답니다. 그런데 서울대학교 병원은 그 절반에 불과합니다. 종합병원은 첨단 의료기기가 있어서 좋다는 오해도 있습니다. 하지만 진료는 사람이 하는 것입니다. 게다가 대학병원의 의사들은 대부분 여러 조직의 책임을 맡고 있고, 논문을 써야 하는 등 굉장히 바쁩니다.

우리나라의 국민건강보험에서 효과가 인정된 치료는 대부분 보험이 됩니다. 그래서 비보험으로 비싼 것은 아직까지 효과를 나도 모르고 너도 모른다는 겁니다. 그런데 그런 것들을 울며 겨자 먹기로 합니다. 암 말기인데 다른 치료법이 없다면 이런 치료라도 받아야 한다는 겁니다.

의학에서 오진을 없애기란 사실상 불가능합니다. 보통은 20% 정도라고 보면 무방합니다. 최근에는 이런 오진률을 낮추는 방법이 화두입니다. 메디컬 에러는 의학 자체에 내재되어 있는 겁니다. 아무리 해도 15% 밑으로 줄이는 건 현대 의학에서는 거의 불가능합니다. 왜 이럴까요? 예컨대 여러분이 갑자기 열나고 기침을 하고 가래가 나온다고 해보죠. 그래서 개인 병원에 가면 대개 감기라고 합니다. 일주일 동안 약을 먹어도 안 나았습니다. 이제 큰 병원에 갔더니 감기가 아니라 폐렴이나 기관지염이라고 합니다. 이럴 경우 처음에 갔던 개인 병원 의사를 "바보네, 오진을 했네" 하고 생각합니다. 하지만 실상은 그게 아니라 큰 병원 의사는 "당신이 감기 치료를 일주일 동안 받았음에도 안 나았으니 뭔가 다른 문제가 있을 것이다"라는 전제하에 진료를 하는 겁니다. 이미 감기약을 처방받았는데도 안 나았으니 감기를 배제하는 것이죠. 이 경우에는 처음에 진료했던 개인 병원 의사가 틀린 게 아닙니다.

우리나라에서는 위와 같은 일이 자주 일어납니다. 첫 병원에서는 그냥 "감기입니다"라고 말합니다. 큰 병원의 아주 유명한 의사도 처음 그렇게 가면 다 감기라고 할 겁니다. 똑같이 대처합니다. 어쩌다가 요행으로 죽을 사람을 살리기도 합니다. 옛날에 제가 어떤 환자가 이상해서 청진을 해봤더니 겉보기에는 별거 없었는데 대동맥류였어요. 수술해서 다행히 잘 사셨는데 자칫했으면 "별거 없습니다, 그냥 스트레스 많이 받으셨나 보네요"라고 했을지도 모릅니다. 잘 보이지 않는 병을 잡아내면 굉장히 훌륭한 의사가 되는 일이지만, 그런 일은 쉽지가 않습니다.

과학이 점점 발전함에 따라 병은 많아집니다. 갱년기 증후군 같은 것은 원래 병도 아니었습니다. 최근 들어서 이런 사태가 증가했습니다. 소아 집중력 장애, 주의력결핍과잉행동증후군(ADHD)도 최근에 많아진 병입니다. 제가 목동에 사는데 여기 사는 아이들 대부분이 집중력에 문제가 많다고들 합니다. 과연 그럴까요? 오히려 성적이 잘 나오는 게 이상한 거 아니에요? '보통 성적'이 정상입니다. 정규 분포표를 그려보면 평균 80점을 받는 학생들은 그래프의 중간에 가 있을 가능성이 높습니다. 그런데 우리나라는 누가 거기에 있다고 하면 너는 집중력이 부족하다고 하는 겁니다.

옛날에는 의사에게 가면 죽을 확률이 더 높았습니다. 천막에서 톱, 가위, 망치 등으로 그냥 수술을 하는 겁니다. 마취요? 없습니다. 소독이라뇨? 없지요. 수술용 장갑? 당연히 없습니다. 이때는 위생이라는 개념 자체가 없었습니다. 세균이 병을 일으킨다는 생각도 못 했던 시기였거든요. 그냥 칼로 자르는 겁니다. 만약 다리가 감염되어 절단해야 한다면 얼마 만에 끝내야 할까요? 보통 1분 안에 잘라야 합니다. 1분을 넘어가면 환자가 쇼크로 죽습니다. 이러니까 수술 받으면 죽을 확률이 90%입니다. 안 받으면 어떻게 될까요? 60%가 사망합니다. 우습게 들리겠지만 이 시대에는 수술을 안 받는 게 차라리 나았습니다.

19세기 중반 이후에 세균이 발견이 되고 소독을 하고 마취가 발견이 되어 수술하면 죽는 확률이 10% 이내로 떨어지면서 의학이 사람을 치료할 수 있는 힘을 가질 수 있었습니다. 그럼 옛날에 의사가 뭘 했을까요? 약재를 줬습니다. 다리가 부러져서 오면 버드나무 껍질을 줍니다. 버드나무 껍질을 달여 먹으면 진통 효과가 있습니다. 제일 많이 쓰는 약이 무엇이었냐면 바로 코카인입니다. 모르핀, 아편, 코카인 등이 많이 쓰였지요. 모두가 좋아하는 약이죠. 이걸로 치료를 한 겁니다.

그럼 의사가 쓸모가 없었느냐고 묻는다면 그건 또 아닙니다. 옛날 그림을 보면 의사는 필요했습니다. 이때 의사는 '환자가 죽는다' 정도를 아는 겁니다. "내가 이런 환자 50명 정도 봤는데, 이 정도면 죽는다" 하고 이야기를 해주는 겁니다. 어머니는 절망에 빠지고, 아버지는 씁쓸해하죠. 의사는 미안해하지만 자기도 어떻게 할 방법이 없습니다. 그럼에도 이런 사람의 존재가 필요했습니다. 그 이유는 다음 예로 설명할 수 있습니다. 출판문화 쪽에서 활동하시던 한 분이 암으로 얼마 전에 돌아가셨습니다. 그분이 마지막에 인터뷰를 했습니다. 평소에 의사를 자주 비난하곤 했는데 암에 걸리고 나서 보니 자신을 치료하는 건 의사였더라는 겁니다. 그에 덧붙여 "고맙다"라는 말을 남기셨습니다. 안 되는 건 안 되는 거죠. 의사가 죽음을 어떻게 막습니까. 고치지 못하더라도 위로해주고 고통을 좀 덜어주는 것, 코카인과 같은 진통제라도 줘서 고통을 덜어줄 수 있는 사람이 의사라는 겁니다. 의사는 환자가 낫도록 해줘야 하지만, 그게 불가능하다면 최소한 곁에 있어주는 사람이 되어야 합니다. 손 한 번 잡아주고, 조언 한 마디 해주면 환자에게 힘이 되는 게 의사라는 존재입니다. 이런 의사를 만들고 싶은 게 저의 소망입니다. 병을 고치지는 못하더라도 이렇게 해주는 게 필요합니다.

19세기 이후에는 세균과 소독술, 마취가 발견이 되면서 맹장수술 등이 가능해지고, 인슐린, 엑스레이, 항생제 등등이 발전하면서 이제

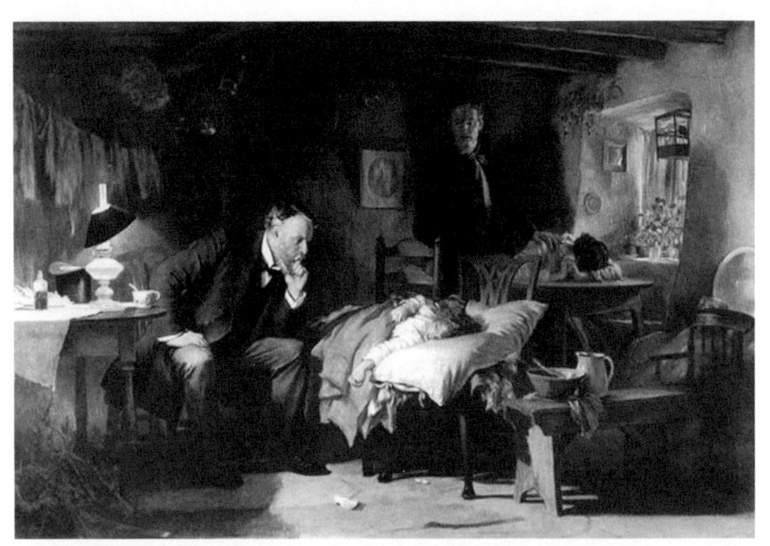

✖ 남북전쟁(1860-1864) 시대에 부상병들은 의사에게 치료를 받는 편이 좋았을까?

병원이 치료의 중심이 됩니다. 예전에는 의사가 왕진을 다녔습니다. 그래서 환자의 집에서 치료를 했는데 지금은 환자가 병원에 가서 의사에게 치료를 받게 됐습니다. 병원은 현대 과학의 꽃으로 일컬어지기도 합니다. 하지만 실제로 병원은 감염될 가능성이 굉장히 높은 곳입니다. 메르스도 마찬가지였습니다. 항생제 내성이 생긴 슈퍼 균들을 만드는 곳도 병원입니다. 따라서 사실 가장 위험한 곳이 병원입니다. 친지들이 메르스 걸렸다 하더라도 병문안 가지 않는 게 낫습니다. 정말 부득이한 경우가 아니면 병원은 안 가는 게 좋습니다. 이런 지식은 의사라면 누구나 다 압니다.

산부인과,
사명감만으로 버티는 데 한계가 왔다

현대 사회는 암, 성인병, 정신질환, 우울증, 치매 등이 늘어나면서 의료비가 폭증하고, 그 결과 의료가 관료화됩니다. 더구나 메르스와 같은 전염병이 돌 때는 개인의 프라이버시가 제한될 수밖에 없습니다. 감염자를 격리해야 하고 개인의 이동의 자유가 어느 정도 억압이 되죠. 그런데 이게 문제가 될 수 있습니다. 메르스 사태가 극에 달할 때는 격리조치가 필요하지만 그렇지 않을 때는 공중보건에 따른 격리는 최소화해야 합니다. 프라이버시 보호 때문이죠. 세계보건기구는 우리나라가 메르스의 이동경로를 파악해내기를 기대하고 있습니다. 왜냐하면 이런 것을 잘 알아내는 게 우리나라이기 때문입니다. 예를 들어 교통카드 기록을 통해 누가 어디에 갔는지 조회가 가능한 것처럼 말입니다. 구글은 여러분이 어디에 갔는지 알고 있습니다. 우리는 거짓말을 할 수 없습니다. 경로를 확보할 수 있는 시스템은 금방 만들 수 있습니다. 물론 이런 시스템은 응급상황에서만 활용해야 합니다. 상습적으로 쓰면 개인 프라이버시 등 여러 문제가 생깁니다. 그 때문에 개인의 이동경로 파악과 그에 따른 문제에 관해 심도 있는 논의를 해야 합니다. 하지만 이런 논의가 없는 것도 문제죠.

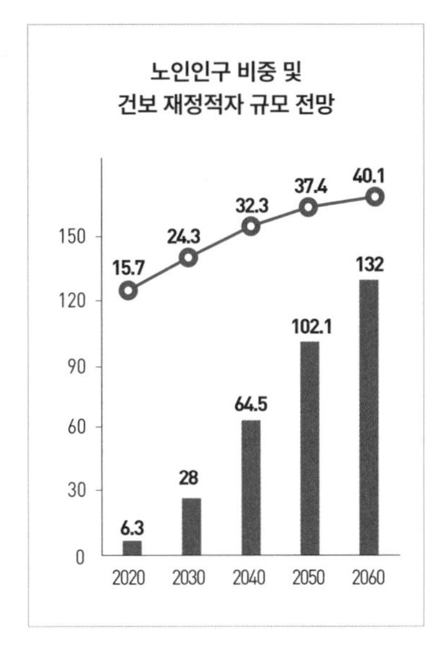

✖ 노인인구 비중 및 건보 재정적자 규모 전망. 2060년에는 10명 가운데 4명이 노인이고, 건강보험료 적자는 국가예산의 30%를 차지할 것이다.

재정적자로 유추해보자면 국민건강보험의 재정적자 규모는, 2060년에는 132조 원의 적자가 날 것으로 예상합니다. 고령사회로 진입하면서 향후 혜택을 받아야 할 사람은 자꾸 늘어나는데 젊은이가 없으니 국민건강보험료를 낼 사람이 부족해집니다. 이 난국을 어떻게 타개하느냐가 지금 가장 풀기 어려운 문제 중 하나입니다. 노년층에 대한 국민건강보험 혜택을 줄일 수도 없습니다. 하지만 미래 젊은이들은 어떻게 살라는 건가요? 일자리도 없고, 취업도 안 되고, 자기 돈도 없는데 국민건강보험료는 누가 냅니까? 이것은 우리 사회의 가장 큰 폭탄입니다.

그리고 병원이 여유가 없습니다. 예전에 종합병원은 병상 1000개당 1800명을 고용했어요. 하지만 지금은 1000명 정도입니다. 800명은 어디로 갔을까요? 병원이 자꾸 적자를 보니까 줄인 겁니다. 지금은 의사도 간호사도 제대로 된 의료를 못 하고 있습니다. 병원도 적자고 우리도 보험제도 내에서 제대로 된 일을 할 수 없는 상황입니다. 현실에 맞게 어떻게든 버티는 중인데 앞으로 적자가 난다고 해서 의료 인원을 더 줄이면 아무것도 할 수가 없게 됩니다. 이런 현실은 이미 큰 문제입니다. 그런데 이걸 누구도 관심 있게 보지 않는 게 문제죠.

그래서 과거로 회귀하자며 침과 뜸으로 치료하자는 사람이 있습니다. 옛날 조선시대 사람들은 잘살았을까요? 이 사람들의 평균 수명은 얼마였을까요? 38세였습니다. 다른 방편으로는 첨단기술을 개발하자는 의견도 있습니다. 첨단기술은 대부분 고가입니다. 첨단기술마다 보험을 해주면 엄청난 적자를 초래할 겁니다. 보험을 안 해주면 돈 있는 사람만 하는 게 됩니다. 우리나라 국민건강보험제도에서 비용을 가장 많이 쓰는 사람이 1년에 얼마나 쓸까요? 40억 원입니다. 혈우병을 앓고 있는 분입니다. 특별한 여러 가지 혈소판 제제와 같은

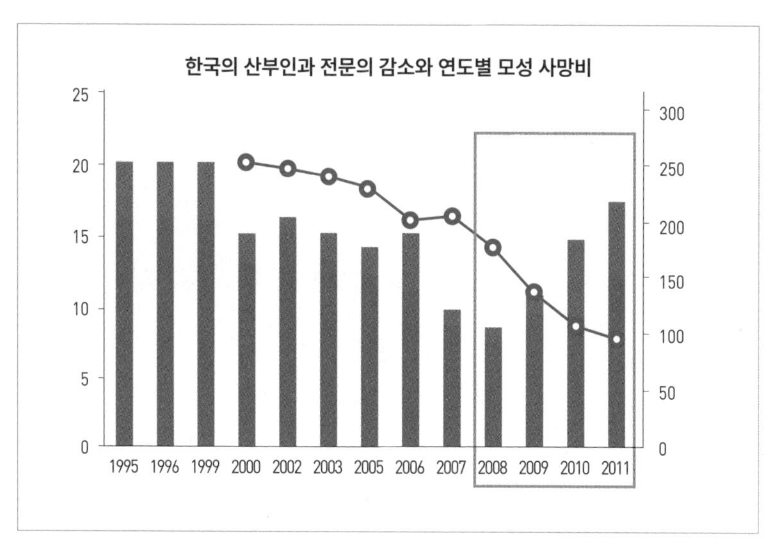

✖ 한국은 고령출산이 증가하는 데 반해 산과가 급격히 감소했다. 2013년 강원도의 모성 사망비는 32.1명으로 중국과 스리랑카보다 높은 상황이다. 원인은 낮은 분만수가와 불가항력인 사고에 대한 병원 부담, 실효성 없는 정부 정책이다.

고가 치료가 필요해서 1년에 40억 원 이상을 씁니다. 그걸 안 쓰면 환자는 죽고 맙니다. 우리나라에서 신장 투석을 받아야 하는 환자가 일주일에 두 번 안 받으면 바로 사망합니다. 이 비용도 만만치 않습니다. 하지만 앞으로 이런 환자들은 늘어날 수밖에 없습니다. 우리가 이런 현실적 문제를 과학으로 해결해야 할지, 아니면 다른 무언가로 해결해야 할지 알 수가 없습니다.

의료비가 자꾸 늘어나니 정부는 보험 수가를 묶어놓고, 의사들은 모두 피부과나 성형외과 같은 분야로 갑니다. 그런데 이게 꼭 의대생들의 이기심이고, 의료계의 잘못된 현실일까요? 우리나라의 의사에 대해 만족도는 어떻게 될까요? 만족이 20%, 불만족이 55%입니다. 그럼 의사도 만족하며 살까요? 아닙니다. 의사도 불만 많습니다. 상황이 이러니 학생들을 키우는 입장에서 너희는 성형외과, 피부과에 가지 말라고 할 수가 없습니다.

우리나라 레지던트 평균 일주일 근무시간이 107시간입니다. 그래서 지금 이 주당 근무시간을 90시간 아래로 줄이는 법을 만들려고 합니다. 주당 40시간 근무와는 굉장히 거리감이 있죠. 피부과에 간 학생에게 요즘 어떤 일을 하냐고 물었더니 "레이저로 점 빼고 제모합니다"라고 답하더군요. 피부과에서는 제모를 할 때 한 명에 60만 원씩 받는다고 합니다. 반면에 산부인과에 가서 하루 종일 고생해서 분만이 끝나면 20만 원을 받는다는군요. 이런 상황에서 어떻게 산부인과도 가고, 흉부외과도 가라고 말할 수 있습니까? 아무리 의사로서의 사명감을 강조해도, 점을 빼면 60만 원이라는 말 앞에서는 어떻게 할 수가 없습니다.

의료는 우리의 삶과 인권이다

상황이 이렇게까지 된 데는 여러 가지 원인이 있습니다. 국가는 공공의료에 관심이 없습니다. 그러니까 투자가 적습니다. 우리나라 보건 복지 예산이 연간 35조 원입니다. 그중에서 90% 이상이 복지예산입니다. 대부분 연금으로 지출됩니다. 물론 복지는 필요합니다. 하지만 질병관리본부 1년 예산이 천억 원도 안 됩니다. 투자도 없습니다.

그럼 국민이 세금을 적게 내고 있을까요? 국민건강보험료와 소득세 가운데 어느 쪽 액수가 더 많습니까? 대부분 국민건강보험료가 더 많아요. 보험료를 징수하지만 이 돈으로 월급 받는 국민건강보험공단의 직원이 1만2000명입니다. 이들의 평균 연봉은 6000만 원입니다. 어느 지방에는 국민건강보험공단 청사를 신축했는데 그 지역에는 분만을 받는 산부인과가 하나도 없습니다. 황당한 일이죠. 하지만 아무도 여기에 관심을 기울이지 않습니다. 우리나라 국민이 1년에 쓰는 의료비가 100조 원이 넘습니다. 이걸 제대로 쓰도록 관리하는 데 누구도 관심이 없습니다.

우리나라 의사들은 기본적인 의식은 있습니다. 하지만 의사로서 자신이 하고 있는 일의 사회적인 의미를 생각하는 사람은 별로 없습니다. 이런 부분은 가르치지 않았거든요. 저 역시 배운 적이 없습니다. 어설프게 의학사를 배운 정도였죠. 지금은 분위기가 많이 바뀌어서 의료인문학을 가르치게 하고 조금씩 의식이 싹트고 있지만 그에 대한 전문가는 거의 없다시피 합니다. 그나마 조금씩 나아지고 있는 것은 2000년 의약분업 때 의사들 파업이 계기가 되었습니다. 이때 사회를 알아야겠다고 반성을 하고 투자를 했는데 여전히 의료와 사회의 관계에 대한 생각은 부족합니다.

사람들은 자신이 시민의 일원으로서 준수해야 하는 보건의료 의식이 있다는 사실을 초등학교 때부터 배워야 하는데 그러지 못했고요. 이번 메르스 사태 같은 일이 일어났을 때, '왜 마스크를 써야 하는가', '왜 자가격리 조치를 준수해야 하는가'를 알고 있어야 합니다. 이런 지식은 보건이나 체육 시간에 배워야 하는데 배운 적이 없지요. 어떻게 의료를 이용해야 자기 건강에 최대한 득이 되는가도 배우지 않았습니다. 학교마다 보건교사가 있지만 보건에 대한 교육은 하지 않습니다. 고작 1년에 한두 시간 교육밖에 없습니다. 보건교사가 '병원을 올바로 이용하는 방법'이나, '병문안은 조심해서 가야 한다'는 것을 가르쳤으면 좋겠습니다. 왜냐하면 의료가 발전하면 할수록 본인이 결정해야 하는 사항이 점점 많아지기 때문이죠. 예컨대 어떤 유전자 검사에 대한 허용 여부는 사회가 결정해야 하는 겁니다. 우리나라에서는 일부 유전자 검사가 법으로 금지되었지만 어떤 나라는 다 됩니다. 정말 그 검사를 받고 싶으면 그 나라로 가면 됩니다. 이 정도로 경계가 사라졌는데 국가가 언제까지나 막을 수 있는 건 아니죠. 또한 의사가 특정 유전자 검사에 대해 말해주면 그것을 어떻게 이해하고 받아들일지 어릴 때부터 교육을 받아야 하는데 그런 과정도 없습니다.

지금까지 말한 것들은 정말 큰 문제입니다. 조속히 해결해야 할 문제들이죠. 하지만 우리나라 지식인들은 정치에만 관심이 있습니다. 저는 2015년 6월, 메르스 사태가 한창일 때 생방송으로 진행하는 TV 프로그램에 출연한 적이 있습니다. 어땠냐고요? 정말 '뭐 이런 게 다

있나' 싶을 정도였습니다. 몇몇 정치인들을 언급하더니 이 사람들이 잘했는지 못했는지 대답하라고 제게 요구하는 겁니다. 그걸 제가 어떻게 알겠습니까? 또한 지식인이나 여론에 큰 영향을 미치는 분들은 의학과 과학을 공부해주시면 좋겠는데 그러지를 않습니다. 사실 제가 하는 일은 인문학에 가깝습니다. 하지만 인문학자들은 제가 의대 교수라고 깔보기도 합니다.

현재 우리나라에 대한 가장 큰 위험은 고령화로 인한 국민건강보험의 재정 파탄입니다. 메르스 사태가 2015년 한국의 경제성장률을 0.8%나 깎아 먹었습니다. 산부인과 의사들이 감소하면서 모성사망률이 증가하니까 정부가 산부인과에 지원을 해주기 시작했습니다. 덕분에 조금 좋아지기는 했지만 다른 산적한 문제가 아직도 그대로 있습니다. 모성사망률이 높다는 말은 우리나라가 선진국이 아니라는 뜻입니다. 의료체계는 이렇게 무너지고 있습니다. 하지만 아무도 말을 안 하고 있습니다. 의학은 이공계가 아닙니다. 이런 걸 바꿔나가야 합니다. 현대인은 100년 정도를 사는데, 의사 도움을 안 받는 이는 아무도 없습니다. 평생 살면서 변호사 도움 안 받은 사람은 꽤 많습니다. 그러나 의사는 만날 수밖에 없고 의료는 받을 수밖에 없습니다. 의사와 의료는 우리와 가장 밀착되어 있는 것입니다. 삶과 인권에 가장 밀접하게 관련되어 있습니다. 의료를 폭넓게 이해해야 합니다. 그래야 의료의 붕괴와 같은 사태를 막을 수 있습니다.

유전공학의 저울추: 디스토피아와 유토피아 사이에서

홍성욱

유토피아와 새로운 아틀란티스

'불쾌한 골짜기'에 들어서기 전에

중국, 인간 유전자를 조작하다

유전자 편집으로 만든 맞춤형 원숭이

과학 기술로 만들어낸 세상에서 책임을 외면한다면

유전자 편집 가위의 창시자가 유전자 편집을 반대하다

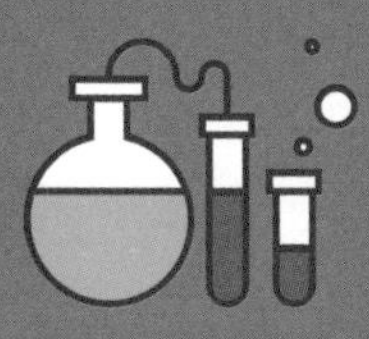

과학이 DNA를, DNA가 인간을 지배하는 세상

DNA: 당신은 당뇨병 발병률 40%, 심혈관 질환 60%, 한계수명 44세다.

생명과학은 제 안에
새로운 종교의 싹을 품고 있다. (중략)
어쩌면 지금 북반구의 사회들에는
기존 종교들이 거의 모든 구속력을
잃은 이 시점에, 그 사회들이 자초한
미성숙이라는 유령이
재림하는 것인지도 모른다.

알렉산더 키슬러, 《복제인간, 망상기계들의 유토피아》

2015년 4월 22일, 중국 광저우의 중산대학교 연구실에서 과학계를 뒤흔든 커다란 사건이 벌어졌습니다. 크리스퍼 유전자 가위(CRISPR)를 이용해서 인간 배아를 편집한 것이지요. 연구진은 수십 개의 인간 배아를 편집했습니다. 그 결과를 저명한 과학잡지 〈네이처〉와 〈사이언스〉로 보냈다고 하는데, 이 최고 저널들은 연구결과를 출판하는 것을 거절했다는 이야기가 있습니다. 이게 사실이라면, 아마도 황 교수팀 연구의 윤리적 문제 때문이었을 것입니다.

중국, 인간 유전자를 조작하다

중산대학교 준지우 황(Huang Junjiu) 교수와 연구진은

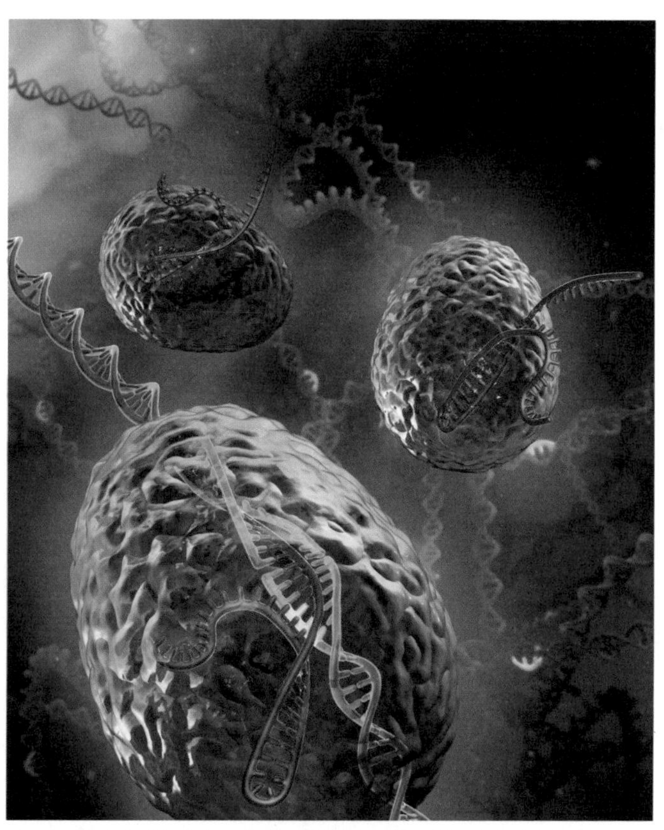

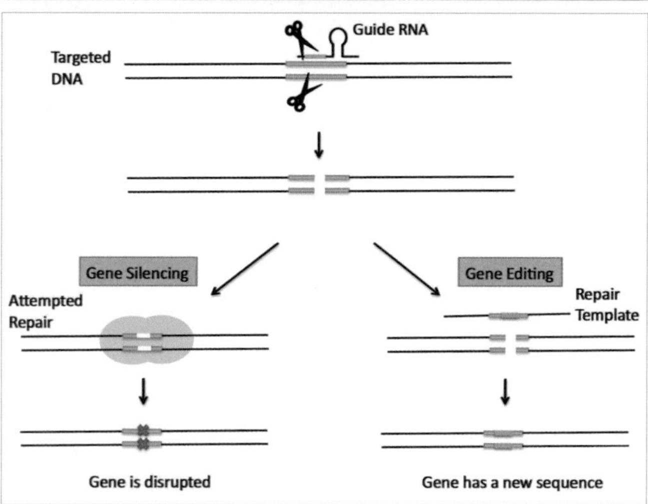

✖ CRISPR란 동식물의 유전자와 결합시켜서 특정 DNA 부위를 자르는 데 사용하는 인공 효소를 뜻한다. 유전자 편집 기술에 사용되며 각종 난치성 유전질환을 사전에 방지할 수 있다는 장점이 있다. 하지만 '맞춤형 아기' 등 여러 윤리적 문제가 있으며 돌연변이 발생에 대한 안정성도 미흡한 상황이다.

〈네이처〉와 〈사이언스〉가 자신들의 연구 결과를 출판하지 않기로 하자 〈프로틴&셀(Protein&Cell)〉이라는 잡지에 자신들의 논문을 출판했습니다. 이후 곧바로 마침내 '인간의 유전자 편집에 성공했다'는 기사가 전 세계로 퍼져 나갔죠. 당연히 과학계와 대중의 반응은 엄청났습니다. 유전자 연구의 역사에 남을 일이라는 의견과 결국 우려했던 일이 벌어졌다는 의견이 교차했습니다. 이런 생명윤리의 문제에 대해 황 교수는 "자궁에 착상했을 때 사람이 될 수 없는 배아를 편집했기 때문에 윤리적으로 문제가 없다"고 해명했습니다. 사실 유전자 편집 실험은 이것만이 아니었습니다. 인간 배아를 편집하기 직전에 중국의 다른 연구진은 원숭이 배아를 편집하여 연구진이 원하는 '맞춤 원숭이'를 만들었습니다. 원숭이에게 크리스퍼 기술을 적용할 수 있다는 것을 발견하고, 곧이어 인간 배아를 대상으로 실험을 했던 것입니다.

인간의 유전자를 원하는 대로 편집할 수 있다는 것은 어떤 의미일까요? 예를 들어 질병 유전자를 가진 아이를 낳게 되었을 때, 그 유전자를 제거하여 미래에 병에 걸릴 위험이 없는 아이를 낳을 수 있다는 것입니다. 물론 유전자 기술이 더 발전한 훗날의 시나리오이지만요. 배아 단계에서 먼저 '해로운' 유전자를 제거하고 배아를 착상시켜서 태아로 자라게 한다는 것입니다. 치명적인 유전적 질환이 있을 때 이런 작업을 하면 된다는 것이죠. 과학자들이 이러한 유전자 기술에 주목하는 이유는 더 있습니다. 그건 바로 배아 단계가 아니라 성인도 유전자 치료가 가능할 수 있기 때문입니다. 예를 들어 질병 요인을 가진 성인에게 교정된 유전자가 담긴 혈액이나 줄기세포를 주입하여 질병을 완화시키거나 완전히 치료할 수 있는 길이 열릴지도 모릅니다.

언뜻 보면 인간의 생로병사에 새로운 지평이 열린 것처럼 보이는데 왜 생명윤리의 문제가 될까요? 그 이유는 유전자 가위 기술에 각종 난치성 유전 질환을 사전에 방지할 수 있는 순기능이 있지만 동시에 맞춤형 배아와 같은 역기능도 존재하기 때문입니다. 게다가 불확실성과 위험도 있습니다. 개인적으로 싫어하는 유전자를 잘라냈는데 다른 유전자까지 잘라내는 경우가 생길 수 있기 때문입니다. 이후에 아이를 낳아보니 전혀 의도하지 않은 아이라는 것이죠. 유전자 기술을 연구하는 과학자들은 이런 불확실성을 줄일 수 있다고 확신합니다. 지금 당장은 안 되지만 더 시간이 지나면 99.9%의 확실성을 가질 수 있다고 합니다.

유전자 편집은 인류에게 축복일까요, 재앙일까요? 아마 답은 '축복이자 재앙이다'일 겁니다. 문제점을 해결하면서 긍정적인 효과를 취하는 방법을 고민해야 하는 시점입니다.

유전자로 운명이 결정되는 미래

그럼 최근에 주목받는 유전자 가위 기술은 어떤 것일까

요? 현재 활용하고 있는 크리스퍼 기술은 3세대 유전자 편집 기술로 원래는 크리스퍼-캐스나인(CRISPR-cas9)이라고 불렀는데, 보통 줄여서 크리스퍼라고 합니다. 또는 게놈 편집이라고 하기도 하죠. 크리스퍼 가위의 기술은 게놈 과학의 혁명이라고 할 정도로 굉장히 큰 관심을 끌고 있습니다. 〈네이처〉, 〈사이언스〉, 〈셀〉과 같은 세계 3대 과학 잡지의 표지에 CRISPR가 종종 등장할 정도로 최근에 가장 이슈가 되는 기술이죠. 개념만 말씀드리면, 인간의 DNA 가운데 어떤 특정한 타깃을 잘라내는 기술입니다.

인간의 지능이나 성격을 결정하는 단일 유전자가 존재하지는 않습니다. 특히 환경과의 상호작용은 결코 무시할 수 없죠. 하지만 머리카락 색이나 눈동자 색은 하나의 유전자에서 결정되기도 합니다. 유전병은 여러 유전적 요인에 기인하지만 특정한 유전병은 하나의 유전자에 의해 발현됩니다. 하나의 유전자에서 발현되는 유전병 중에서 일단 병세가 나타나면 현대의 의학으로도 속수무책인 것이 있습니다. 그런데 이 유전자를 잘라내고 비활성화하는 일이 크리스퍼 기술로 가능하게 되었습니다. 또는 유전병을 유발하는 유전자를 잘라내고 대신 다른 부분을 이어 붙여서 다른 유전자를 만들어내는 것도 가능합니다.

유전자 편집의 성공률은 100%가 아닙니다. 100개로 실험을 하면 20개가 되기도 하고 10개가 되기도 합니다. 실수로 다른 부분을 잘라내는 경우도 종종 있습니다. 그렇지만 다른 기술에 비해 떼어내고

자 하는 유전자를 정확하게 떼어내어 새로운 유전자를 붙일 수 있는 가능성이 획기적으로 높아졌습니다. 특히 이 크리스퍼 기술의 가장 큰 특징은 시술의 가격이 매우 저렴해졌다는 것입니다. 이 기술이 없을 때에는 이 작업 한 번에 적게는 500만 원부터 많게는 1000만 원까지 들었다고 합니다. 그런데 지금 크리스퍼 기술은 한 번 자르는 데 불과 3만 원에서 5만 원 정도의 돈이 든다고 합니다. 이전 가격의 1%도 되지 않습니다. 가히 혁명이라고 할 수 있지 않겠어요? 이것을 유전자 조작의 민주화라고 말하기도 합니다. 왜냐하면 모든 연구자들이 이런 기술의 혜택을 받을 길이 열렸기 때문이죠.

이 기술의 시초는 정립된 지 오래되었지만 주목을 받기 시작한 것은 2~3년밖에 되지 않았습니다. 과거에는 매우 제한된 환경에서 숙련된 사람만 작업할 수 있었지만 지금은 전 세계의 모든 곳에서, 심지어 대학원생이나 대학생들이 작업을 하기도 합니다. 이렇듯이 크리스퍼 유전자 조작 기술은 이제 대중적인 것이 되어버렸습니다.

아직 유전자 조작을 생각도 할 수 없었던 시절에 매우 흥미로운 영화가 등장했습니다. 1997년에 개봉한 영화 〈가타카〉입니다. 이 영화에 등장하는 미래 인류 사회는 매우 흥미롭습니다. 유전공학의 발달에 힘입어 인간은 태어나는 순간부터 예상 수명과 질병, 성격 등이 판별됩니다. 그리고 이에 따라 사회적 지위가 부여되지요. 언뜻 보면 과학적으로 합리적이며 사회적으로 효율적인 것처럼 보입니다. 하지만 우리 인류는 이러한 사회를 이미 한 번 겪었습니다. 바로 20세기

초중반 독일에서 나치에게서 말입니다. 〈가타카〉의 세계는 과학의 탈을 쓴 우생학이 지배하는 사회입니다. 유전공학은 인간의 행복을 노력이 아니라 유전자라는 운명에 맡기는 세상의 과학적 근거가 될지도 모릅니다. 참고로 '가타카'라는 제목은 작품 속에서 태양계를 탐사하는 우주선을 발사하는 기업의 이름입니다. 그리고 동시에 인간 DNA의 성분인 네 가지 염기서열을 구성하는 알파벳이기도 하지요. 제목부터 의미심장합니다.

영화에는 DNA와 인간이 함께 등장합니다. 이에 관련된 상징적인 장면이 하나 있습니다. 바로 건물 내부의 나선형 계단이죠. 유전자의 모습을 형상화한 이미지입니다. 하반신이 마비된 제롬이란 인물은 죽을힘을 다해서 DNA 모양의 나선계단을 올라갑니다. DNA, 즉 유전자라는 자신의 운명을 그냥 받아들이지 않겠다는 의지의 표상이지요. 〈가타카〉에는 두 명의 제롬이 등장합니다. 올림픽 수영에서 은메달을 땄으며 유전자 점수 10점 만점에 9.3을 받은 우월한 제롬이 있습니다. 하지만 시골에서 자동차 사고를 당해서 하반신이 마비됩니다. 방금 DNA를 닮은 나선형 계단을 올라갔다는 이가 바로 이 제롬입니다.

두 번째 제롬은 사실 빈센트라는 이름으로 살아왔던 청년입니다. 우주항공 기업 가타카에서 근무하며 토성과 타이탄으로 여행을 가는 순번을 기다리고 있는 우주 비행사입니다. 영화 속 미래 사회에서 빈센트는 출생과 동시에 유전자 검사를 받아 심장병, 근시, 기대수명

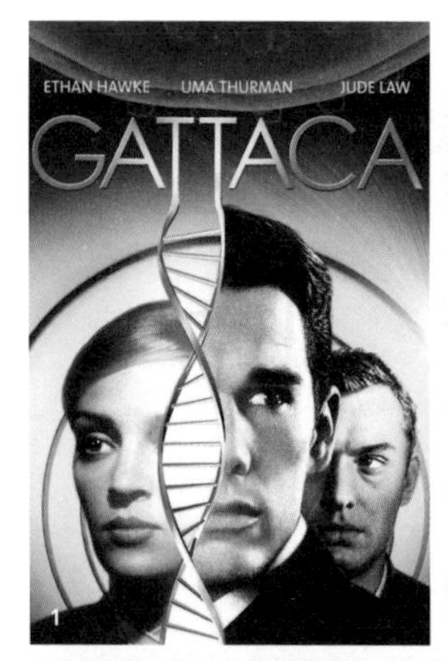

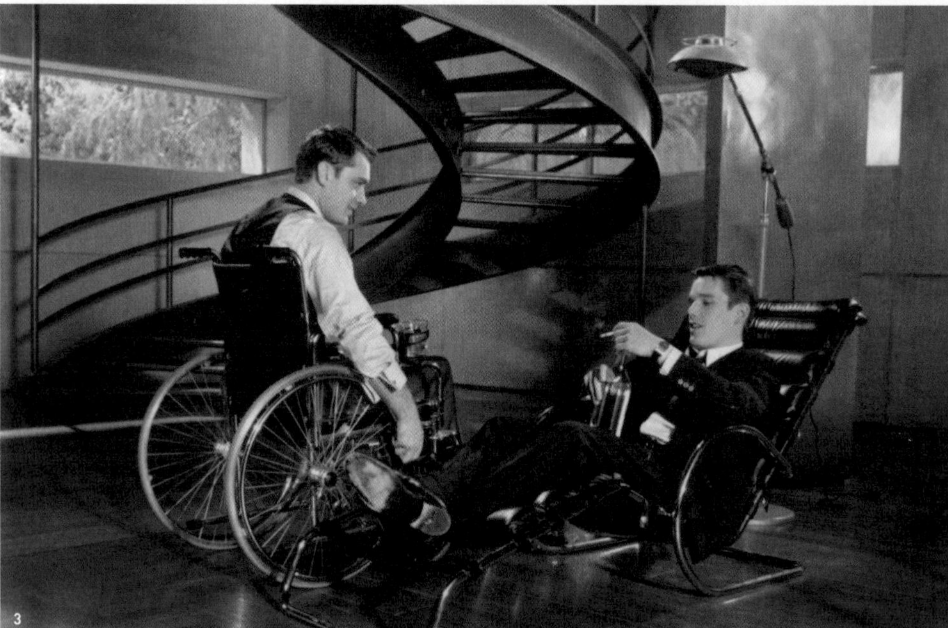

1 <가타카>의 포스터.

2 자신의 메달을 보면서 과거를 회상하는 제롬.

3 극중 나선계단.
영화 속 세계에서는 유전자의 우열로 신분이 결정된다. 사진에서 휠체어를 탄 제롬은 올림픽 수영 은메달리스트였으나 사고로 하반신 마비가 된다. 그가 힘겹게 DNA 모양의 계단을 기어 올라가는 장면은 유전자와 인간 존재에 대해 많은 생각을 하게 해준다.

30세를 선고받습니다. 절대 우주인이 될 수 없는 존재죠. 하지만 빈센트는 진짜 제롬에게 돈을 주고 신분을 사서 가타카에 몰래 취직합니다. 가타카에서는 매일 혈액과 소변으로 본인 확인을 하기 때문에 빈센트는 제롬의 피와 오줌을 빌려서 슬쩍 사용함으로써 검사의 문제를 해결합니다. 빈센트는 여러 우여곡절 끝에 드디어 우주여행에 나서게 되지만 회사에 살인 사건이 일어나면서 상황이 좀 복잡하게 전개됩니다.

DNA
: 당신은 당뇨병 발병률 40%, 심혈관 질환 60%, 한계수명 44세다

영화 속의 인간 사회는 두려울 정도입니다. 사회는 두 개의 그룹으로 구성되어 있습니다. 적격자와 부적격자입니다. 기준은 유전적 성향입니다. 우월한 사람은 적격자이고 열등한 사람은 부적격자로 구별되지요. 부적격자들 중에 아주 일부가 이 적격자의 신원을 빌려서 불법적으로 적격자 행사를 하는 사람들이 있습니다. 이들을 "빌린 사다리"라고 부릅니다. 신분을 잠깐 빌려서 이용한다는 것이죠. 현대 사회는 냉정하게 말해서 경제력과 권력으로 신분이 나뉘잖아요? 영화에서 묘사하는 미래 사회는 유전적인 차이로 나눠집니다. 적격자들은 유전적으로 우성이고, 부적격자들은 사회 밖으로 밀려나 노숙자처럼 살아가야 합니다.

또 하나 흥미로운 게 있습니다. 영화의 미래 사회에서도 '유전자에 따른 차별은 불법'이라는 사실입니다. 헌법에서는 사람을 유전적으로 차별해서는 안 된다고 명시되어 있습니다. 그렇지만 차별은 이 사회의 곳곳에서 은밀하게 이루어집니다. 예를 들어서 회사에서의 면접은 유전자를 검사하는 것으로 대체합니다. 유전적인 성향을 검사해서 합격과 불합격을 가르지요. 설령 검사를 거부한다 해도 악수를 해서 유전자를 채취하는 등 다른 방법은 얼마든지 있습니다. 살인의 단서도 유전자에 숨겨진 폭력적인 성향을 발견해서 해결하려고 합니다. 배우자를 고를 때도 상대의 DNA 검사에 의존합니다.

세상이 과학적으로 더 발전했을 때, 이런 사회가 오지 않는다고 누가 단언할 수 있을까요? 요즘에도 결혼할 때 종합건강검진 결과를 교환하고 한다고 하죠. 미국에서는 곧 유전자를 전부 조사하는 비용이 100만 원 이하로 떨어질 것으로 예측합니다. 이건 건강검진 비용과 같습니다. 기업에서도 지원자에게 신체검사를 요구하여 만약 결핵균 보유자라면 뽑지 않습니다. 미래 사회는 "당신의 게놈 정보를 제출하시오"라고 통보한 후 폐암에 걸릴 확률이 40%라면 안 뽑는 곳이 될지도 모릅니다. 〈가타카〉에서는 신입사원 면접을 볼 때 혈액을 확인해보고는 끝났다고 합니다. 지원자가 어떤 사람인지 자세히 알아볼 필요가 없습니다. 지금 우리가 하고 있는 일들이 조금 더 극단적으로 발전했을 때 이런 사회가 올 수도 있습니다.

〈가타카〉 첫 장면에서는 미래에 아이가 유전적 조작을 통해서 만들어져서 미리 조정되고, 그렇게 자라난 아이들 사이에서 차별이 발생하는 이유가 묘사됩니다. 20세기에는 다소 황당한 미래 세계라는 시각으로 봤지만 이미 원숭이의 유전자를 편집하는 작금의 상황에서는 정말 우리가 맞닥뜨리게 될 미래일지도 모른다는 불안감이 엄습합니다.

유전자로 모든 게 결정되는 세상, 어떤가요? 〈가타카〉가 명작으로 꼽히는 이유는 이 영화에서 묘사하는 미래가 우리가 사는 세상과 멀리 떨어져 있지 않기 때문입니다. 앞으로는 결혼뿐만 아니라 진학, 취업, 스포츠 방면에서도 유전자를 스캔하여 "당신은 당뇨병 걸릴 확률이 60세 이전에 40%다" 혹은 "당신은 30살 이전에 심혈관 질환을 앓을 확률이 60%다" 하고 일종의 선고를 한다고 상상해보십시오. 유전자 스캔의 결과는 결코 100%로 나오지 않습니다. 이때 결혼 상대자가 향후 발병 부위에 대해 수술을 요구하는 것이 당연하게 받아들여질지도 모릅니다. 교육에서부터 유전자에 따라 학생들을 감별하여 교육의 질을 달리하는 차별이 일어날지도 모릅니다. 이런 사회가 정상적인 사회일까요? 하지만 이런 사회가 큰 저항 없이 도래하게 될 수도 있습니다. 지금부터 경각심을 가질 필요가 있습니다.

유토피아와 새로운 아틀란티스

생명공학이 더 발전한 미래는 유토피아일까요? 유토피아란 어떤 곳이고 정말로 존재했거나 앞으로 만들어갈 수 있을까요? 이에 대한 답을 찾기 위해서는 먼저 유토피아란 어떤 곳인지 살펴봐야겠습니다.

유토피아는 영국의 인문학자 토머스 모어가 1516년에 《유토피아》라는 소설을 출간하면서 세상에 처음 소개되었습니다. 유토피아에는 '좋은 곳'과 '어디에도 존재하지 않는 곳'이라는 두 가지 뜻이 있습니다. 소설 《유토피아》에 등장하는 유토피아는 섬과 같이 고립된 형태입니다. 유토피아에 사는 사람들은 외부와 스스로 격리되어 오랫동안 행복하게 살아가는 형태입니다. 반면에 섬 주위는 매우 험난하고 주변은 온통 암초라서 길을 모르는 외부인들은 유토피아로 진입할 수 없습니다.

유토피아와 대척점에 있는 세계는 디스토피아입니다. 굉장히 힘들고 고난이 가득 찬 세상이죠. 디스토피아는 유토피아보다 더 나중에 등장한 개념입니다. 존 스튜어트 밀이 1868년에 영국의회에서 영국 정부의 아일랜드 억압정책을 비판하며 처음 사용했다고 알려져 있지요. 세계의 배경은 주로 산업혁명 이후 공업이 발달한 사회이며 발달된 과학기술이 개인을 억압하고 통제합니다. 언뜻 유토피아처럼 보이지만 자신들이 만들어낸 과학기술에 자유와 인권을 빼앗겼기 때문에 결코 행복한 사회가 아닙니다.

토머스 모어의 《유토피아》에는 과학이 등장하지 않습니다. 이곳은 사람들이 스스로 선하게 사는 걸 선택하여 만들어진 세상입니다. 과학기술이나 자본처럼 외부의 것으로 행복을 추구하지 않지요. 사람들이 도덕적으로 선하게 사는 것을 택할 수 있었던 이유는 '화폐'를 없앴기 때문입니다. 토머스 모어는 이미 500년 전에 돈이 사회악의 근원이라고 생각했습니다. 모어의 유토피아는 돈이 아닌 덕을 위주로 사는 것을 택한 사회입니다. 이 사회에서 사람들은 모두 조금씩 일하고 그 결과를 평등하게 나눕니다.

《유토피아》에는 과학기술에 대한 소재가 딱 하나 등장합니다. 바로 인공 달걀부화기입니다. 그런데 유토피아에는 왜 하필 인공 달걀부화기가 등장한 것일까요? 그건 아직 이유를 알 수 없습니다. 어쩌면 그 시대에 가장 필요한 기술 가운데 하나였을 수도 있죠. 《유토피아》가 출간된 후 100년 정도가 지난 다음에 유럽에서 코르넬리스 드레벨(Cornelis Drebbel)이라는 엔지니어가 인공 달걀부화기를 발명하여 특허를 냅니다. 부화기의 특징은 달걀에서 병아리가 태어날 수 있을 정도로 온도를 일정하게 유지하는 것입니다. 17세기 기술로 인공 달걀부화기를 만드는 건 보통 일이 아니었습니다. 드레벨은 알코올을 이용했습니다. 더우면 알코올이 팽창하여 뚜껑을 열리게 만들었어요. 온도가 다시 내려가서 알코올이 수축하면 뚜껑이 닫힙니다. 그래서 이 장치를 최초로 피드백(feedback)의 원리를 구현한 장치라고 부릅니다.

드레벨이 유명한 이유는 인공 달걀부화기가 아니라 최초로 잠수함을 만들었기 때문입니다. 그래서 실험도 했는데 실험 단계에서 더 나아가지는 못했어요. 결과적으로 해군에서 쓰이지는 못했지만 최초로 수중항해라는 개념을 떠올렸다는 게 중요합니다. 드레벨의 잠수함 개념은 근대 철학자 베이컨으로 이어집니다.

영국 과학혁명의 시조라 불리는 프랜시스 베이컨(Francis Bacon)도 유토피아에 대한 소설인 《새로운 아틀란티스》를 썼습니다. 이 소설은 영국 선원들에 의해서 우연히 발견된 유토피아의 이야기입니다. 이 유토피아는 토머스의 유토피아와 달리 많은 과학기술이 등장합니다. 드레벨의 잠수함도 등장하고, 현대의 전화와 같은 장치가 묘사되기도 합니다. 심지어 비행하는 기계도 나옵니다. 빛을 모아서 굉장히 먼 거리까지 비춤으로써 배를 섬으로 인도하는 장치도 있습니다. 인간 시력의 한계를 넘어서 먼 곳을 보는 망원경도 있습니다. 이처럼 새로운 아틀란티스에 나오는 것들은 현대의 발명품과 유사한 점이 많으며 현대의 생명공학과 관련된 것도 적지 않습니다.

예를 들어, 어마어마하게 큰 열매나 거대한 닭처럼 생명공학과 관련된 소재들도 등장합니다. 한 번 먹으면 이후 오랫동안 음식물을 섭취하지 않아도 체력이 유지되는 고기나 빵, 음료수가 나오기도 합니다. 성장을 크게 한 동물들, 성장을 작게 한 동물들, 성장을 멈춘 동물들도 등장합니다. 종을 섞어서 새로운 종을 만드는 기술도 소개됩니

✖ 토머스 모어의 《유토피아》는 사유재산 철폐와 짧은 노동시간이라는 소재가 등장하여 공상적 사회주의의 시초로 여겨지기도 한다. 또한 프랜시스 베이컨이 《새로운 아틀란티스》에서 자연세계의 계획적, 체계적 탐구를 주창한 부분은 훗날 영국 왕립학회를 창립한 이들의 철학이 되었다.

다. 토머스 모어의 유토피아에는 이런 이야기가 등장하지 않습니다. 이런 편리한 발명품이 없어도 사람들은 행복합니다. 사회에 차별과 빈부귀천이 없습니다. 모두 굉장히 행복하고 만족스럽게 살고 있는 세상입니다. 이에 반해 베이컨의 소설 속 유토피아는 과학기술 발전이라는 달콤한 열매를 먹으며 사는 사회입니다. 이 두 유토피아는 굉장히 다른 두 흐름을 형성하고 있습니다.

토머스 모어는 인간의 불행은 불평등에서 온다고 생각했습니다. 불평등의 가장 큰 원인은 화폐라고 봤고요. 그래서 화폐를 폐지한 세상만이 불평등을 없앨 수 있다고 믿었습니다. 반면에 베이컨은 인간의 불행은 빈곤에서 온다고 생각했습니다. 또한 빈곤은 생산기술의 나태에서 온다고 믿었습니다. 그래서 이 빈곤을 극복하는 방법은 생산기술을 끌어올리는 것입니다. 생산기술을 향상시키기 위해 반드시 필요한 것이 획기적인 과학기술이었습니다. 두 유토피아는 분명히 다른 세계입니다. 과연 어느 쪽이 옳은 세계일까요?

그 답을 찾기 전에, 저 두 세계를 하나로 합친 이를 소개해야겠습니다. 바로 칼 마르크스(Karl Marx)입니다. 마르크스는 두 가지 전제조건을 제시했습니다. 첫째, 화폐가 없어야 하고, 둘째, 기술을 발전시켜야 한다는 것입니다. 국민이 서로 평등한 상황에서 생산력을 끌어올리면 세상은 행복할 것이라는 거죠. 이를 실제로 행한 국가가 있으니 바로 소련입니다. 역사를 봐도 알겠지만 사실상 소련의 사회주의 실험은 실패했죠. 중국도 이를 실험하다가 지금은 어느 나라보다도 자본주의적인 나라가 되었습니다.

우리는 정치·경제적으로 평등하며 과학기술의 혜택을 공평하게 누리며 행복한 삶을 영위하는 미래 유토피아를 맞이할 수 있을까요? 지금의 역사를 보면 그렇게 낙관적이지만은 않습니다.

과학기술로 만들어낸 세상에서 책임을 외면한다면

과학기술이 발전한 미래 세계가 디스토피아로 치닫는 것을 막으려면, 우리 스스로 멸망의 길로 들어서는 것을 막으려면 어떻게 해야 할까요? 무엇보다도 인류가 개발한 기술에 책임을 지는 것이라고 생각합니다. 특히 생명공학은 미래에 우리 인간을 닮은 생명체를 만들어내는 일이 가능케 해줄 겁니다. 그럴 때 우리는 생명공학의 기술과 새로운 생명체에 책임을 져야 합니다. 새로운 기술, 새로운 생명에 대한 인류의 책임 문제는 역사가 오래되었습니다.

18세기 말에 이탈리아의 루이기 갈바니(Luigi Galvani)라는 과학자는 재미있는 현상을 발견합니다. 수프에 넣을 죽은 개구리를 철제 쟁반에 올려놨는데, 기전기와 연결된 철사가 닿자 개구리 다리가 경련을 일으켰던 겁니다. 갈바니는 연구를 거듭한 끝에 동물의 근육에는 '동물전기'라는 생명의 기가 들어 있다고 발표했습니다. 갈바니와 친분이 있었던 알렉산드로 볼타(Allessandro Volta)는 동물전기에 의구심을 품었습니다. 전기는 근육이 아니라 금속에서 온 것이라고 생각한 것이죠. 그래서 서로 다른 금속 사이에 개구리 다리를 놓고 금속 사이의 전하량 차이로 다리가 움직이게 만드는 실험에 성공했습니다. 결국 당시에는 볼타가 옳은 것으로 판명되어 백작 작위까지 받는 등 승승장구했지만 갈바니는 아내도 죽고 쓸쓸한 말년을 보내다 죽었습니다. 하지만 갈바니는 사후에 전지의 발명에 기여한 공로를 인정받았고, 동물전기라는 개념도 '전기 신호를 전달하는 신경'의 발견으로 부분적으로 옳았던 것으로 밝혀졌지요.

지금까지 전기 이야기를 한 이유는 전기에 특수한 힘이 숨겨져 있을 것이라는 18세기 사람들의 믿음 때문입니다. 당시 프랑스의 의학저널에 실린 그림 중에는 시체를 가지고 실험을 하는 장면을 그린 것이 있었습니다. 전기를 만들어 시체에 불어넣으면 개구리 다리가 움직였듯이 인간의 다리도 움직일 수 있는지 살펴보는 실험 장면을 묘사한 것이었죠. 여기서 더 나아가 전기를 이용하면 죽은 사람도 살릴 수 있는 것 아닌가라는 생각을 하게 되었죠. 죽은 사람의 몸에 전기를 흐르게 하여 되살릴 수 있다고 추측하기도 했습니다. 당시 사람들은 이러한 가능성에 고무되기도 하지만 두려워하기도 했습니다. 권력을 가진 자가 시체를 전기로 되살려서 죽은 자들의 군대를 만들 수 있지 않겠어요? 이미 죽은 어머니를 부활시키는 것은 멋지지만 동시에 두려운 일이기도 합니다.

시체에 전기를 흐르게 하는 실험을 했던 과학자들 가운데 린트 박사라는 사람이 있었습니다. 그는 런던에서 실험을 통해서 인기 있는 대중강연을 했습니다. 그 대중강연 참여자 중에 젊은 여성이 한 명 있었어요. 이름은 마리 올스톤크래프트 고드윈(Mary Wollstonecraft Godwin)이었습니다. 당시 최고 지성인이자 최초의 자유주의 페미니스트로 일컬어지는 매리 올스톤크래프트의 딸이었죠. 이 젊은 여성은 곧 시인 퍼시 셸리와 결혼을 해서 마리 셸리가 됩니다. 그녀는 결혼하기 전에 전기로 사람을 되살릴 수 있을지 모른다는 희망과 동시에 끝을 알 수 없는 두려움을 모두 이해했습니다. 그리고 소설을 쓰지요. 이 소설이 바로 모든 장르문학의 어머니로 불리는 《프랑켄슈타인》입니다. 처음에 나온 소설에는 책 표지에 그림이 없었습니다. 저자도 익명이었습니다. 그런데 《프랑켄슈타인》이 출간과 동시에 큰 인기를 얻습니다. 이 프랑켄슈타인은 사실 소설의 주인공 과학자의 이름이고, 그가 만든 괴물은 이름이 없었습니다. '그', '그것', '몬스터'로 불리죠. 이름이 한 번도 등장하지 않습니다.

프랑켄슈타인 박사는 피조물들이 신에게 감사하듯이 자신이 만들어낸 '그것'이 자신에게 감사할 것이라고 생각합니다. 그런데 막상 만들고 나서 밀려드는 그 감정들을 어떻게 표현해야 할지 모릅니다. 회한이 밀려오자 박사는 도망을 칩니다. '그것'은 자기 아버지를 찾아가는데 그 과정에서 살인을 저지르는 등 복잡한 플롯이 전개됩니다. 괴물은 박사에게 "나를 만든 것에 책임을 다하라. 그렇지 않으면 통제 불능이 무엇인지 보여주겠다"고 말합니다. "나에 대한 의무를

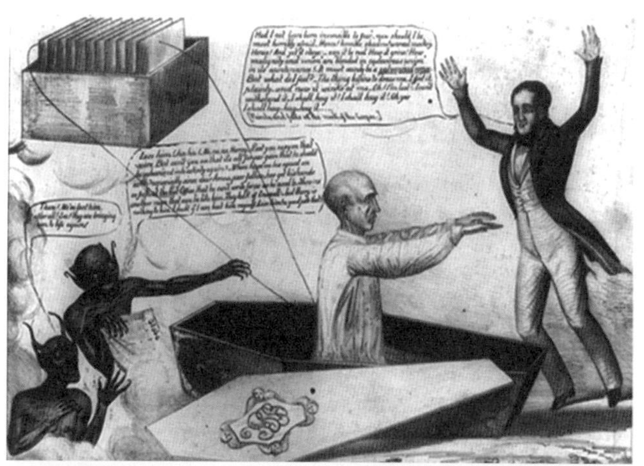

✖ 18세기 사람들은 시체에 전기를 통하게 하면 다시 살아날지도 모른다는 믿음이 있었다. 아래는 그런 방식으로 창조된 '피조물'인 괴물과 그가 어떤 존재인지 확인하지도 않고 숲으로 도망치는 '창조주' 프랑켄슈타인 박사의 그림.

다하시오. 나는 당신의 너그러움과 애정을 받아야 하오. 나는 당신의 피조물이잖소. 나만 영원히 기쁨을 누리지 못할 수는 없어요"라고도 하지요.

"사람이 만든 기술들을 책임감 있게 다루지 않았을 때, 그것들은 역습을 할 것이다."

이 소설의 메시지는 나날이 발전해가는 과학기술을 경계해야 하는 우리가 반드시 새겨들어야 하는 것입니다. 이는 단순히 문학이나 영화와 같은 공상의 수준에 그치는 문제가 아닙니다. 우리는 미래에 분명히 뭔가를 만들어낼 것이고, 거부감을 느끼며, 선택의 기로에 서게 될 것입니다. 그것이 외견만 인간 같은 로봇이든, 정말로 모든 게 완벽한 생물인 새로운 창조물이든, 프랑켄슈타인이 자신의 피조물 앞에서 도망을 쳤듯이 우리 역시 최소한의 책임마저 도외시한다면 기술과 피조물은 독이 되어 돌아올 게 확실합니다. 이는 과학자들이 과학 지식과 함께 도덕과 윤리를 고민해야 하는 이유이기도 합니다.

'불쾌한 골짜기'에 들어서기 전에

소설 《프랑켄슈타인》이 출간된 지 수십 년 후에 허버트 조지 웰스(Herbert George Wells)라는 유명한 소설가가 《모로 박사의 섬》이라는 기괴한 소설을 발표합니다. 에드워드 프레딕과 몽고메리가 어떤 무인도에 들어가게 되었는데 인간과 비슷하지만 인간은 아닌 것들과 조우하게 됩니다. 그 섬은 본래 런던의 저명한 생리학자였던 모로 박사의 섬이었습니다. 인간과 비슷한 동물들은 '수인'이라고 불리며 동물들을 생체 실험하여 인간과 비슷하게 만든 것이었어요. 그리고 육식을 금지하고 인간처럼 생각하고 걷고 행동하는 법을 지키도록 했습니다.

《모로 박사의 섬》은 출간 당시보다 현대에 와서 더 큰 인기를 얻었습니다. 인간의 DNA가 유전물질이며 이중나선 구조라는 점, 유전자 재조합이 가능하다는 점이 과학적으로 증명되기도 전에 생명체에 대한 조작이 작가의 상상력으로 소개되었기 때문이죠.

요즘은 유전자 재조합 기술로 새로운 생명체들이 태어납니다. 유전자 조합 작물 중 하나인 '무르지 않는 토마토'를 예로 들어보죠. 토마토는 비타민이 풍부하고 맛도 좋아서 수많은 요리에 쓰입니다. 하지만 수확 후 신선도 유지가 어렵다는 단점이 있습니다. 1994년에 미국의 칼젠이라는 기업은 유전자 조작을 해서 미국 전역으로 유통될 때까지 토마토가 무르지 않게 막 땄을 때 특성을 유지하는 데 성공했습니다. 이후 유전자 재조합 방식으로 수많은 생명체들이 탄생했습니다. 생명체뿐만 아니라 인슐린처럼 인류의 질병 치료에 반드시 필요한 물질도 만들어냅니다. 인슐린은 원래 소와 돼지의 이자에서 추출했기 때문에 매우 비쌌습니다. 그러다가 1980년대 초에 유전자 재조합 기술을 이용하여 인공적으로 생성하는 데 성공했고, 1982

The ISLAND of DR. MOREAU

By H. G. Wells

Author of "The War of the Worlds", "The Abyss", etc.

I faced these people, facing my fate in them, single-handed now,—literally single-handed, for I had a broken arm. In my pocket was a revolver with two empty chambers. . . . I looked squarely into the faces of the advancing monsters. They avoided my eyes, and their quivering nostrils investigated the bodies that lay beyond me on the beach. I took half-a-dozen steps, picked up the blood-stained whip that lay beneath the body of the Wolf-man, and cracked it. They stopped and stared at me.

702

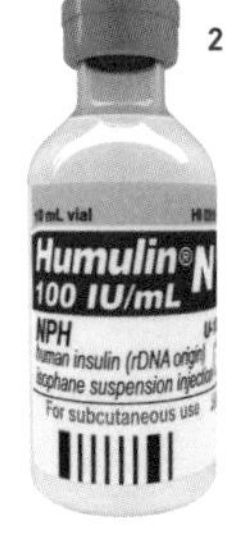

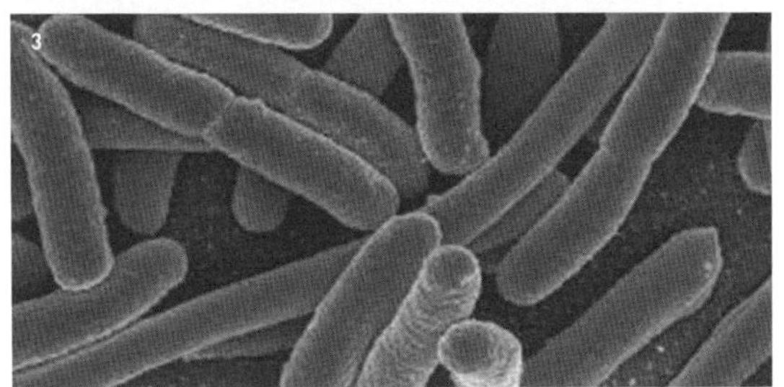

1 소설《모로 박사의 섬》.

2 세계 최초로 인공적으로 생성한 인슐린 '휴뮬린'.

3 생명체 최초로 특허를 받은 '기름 먹는 박테리아'.

년에 엘라이릴리이라는 기업이 사람의 인슐린이라는 뜻의 '휴뮬린'을 제품화했습니다.

여기서 진정한 의미의 프랑켄슈타인이 등장합니다. 기름 먹는 박테리아입니다. 1970년대 초반에 개발되어 여러 논란이 있다가 1980년 미국 대법원은 이 생명체에 최초로 특허를 허가한 것이죠. 그전까지 특허는 기계에만 허용이 됐습니다. 그 뒤에 하버지 원콤 하우스라는 특정한 암유전자를 가지고 있는 쥐에도 특허가 부여되었습니다. 쥐 같은 커다란 생명체에도 특허가 된 거예요. 경제적인 측면에서 보자면 긍정적입니다. 그렇지만 유전자 변형 식품은 사회적, 환경적인 이유에서 계속 논란의 대상입니다. 여러분에게 무르지 않는 토마토를 먹으라고 하면 즐겁게 먹겠어요? 꺼림칙하죠. 유전자 변형 작물들은 미국에서는 판매되지만 유럽은 수입을 거의 하지 않습니다. 우리가 영화관에서 먹는 팝콘의 옥수수도 유전자 조작으로 만들어진 겁니다. 유전자 조작 농산물이 먼 이야기처럼 들리지만 이미 우리가 일상에서 섭취하고 있습니다. 미국에서는 먹어도 된다는 쪽으로 가고 있고, 유럽에서는 안 먹는 게 좋지 않겠느냐는 입장입니다.

유전자 조작을 이용해서 실험실에서는 기괴한 실험들도 많이 합니다. 인간의 뇌를 가진 동물을 만들어 실험을 하기도 하죠. 윤리적으로 논란이 될 수 있는 것도 있습니다. 이게 사실은 괴물 같은데, 한편으로 보면 어떤 사람에게는 희망을 줄 수도 있습니다. 사람의 조직과 비슷한 부분을 이식받아서 쓸 수 있다면 생명공학과 의학의 혁명이라 할 수 있겠죠.

유전자 조작 생명체의 존재 자체에도 희망과 두려움이 공존합니다. 패트리샤 피치니니(Patricia Piccinini)라는 작가는 미래 생명공학의 가능성과 공포를 잘 표현하는 예술가로 꼽힙니다. 우리의 아이들이 미래에 모종의 생명체와 함께 살아가는 사진을 만듭니다. 굉장히 기묘한 경험이 아닐 수 없습니다. 정체를 알 수 없는 기묘하고도 불쾌한 느낌이 드는데 아이들은 크게 두려워하지 않습니다. 사진에는 미래에 대한 낙관과 희망과 함께 두려움과 공포가 공존하고 있습니다.

에두아르도 카츠라는 이름의 예술가는 꽃을 만들었습니다. 그 꽃은 평범한 꽃이 아닙니다. 본래 페투니아라는 꽃인데, 여기에 자기의 유전자를 섞었어요. 유전자 재조합으로 새로운 종을 만든 것이죠. 그리고 그 종의 이름을 '에듀니아'라고 지었습니다. 에듀니아는 식물(plant)과 동물(animal)의 유전자를 결합한 플랜티멀(plantimal)의 대표적인 예입니다. 사람들이 에듀니아의 작품성을 의심하자 카츠는 유전자 분석을 의뢰합니다. 페투니아 꽃에서는 볼 수 없는 유전자들이 존재하는 것으로 판명되었죠. 이런 작품을 만드는 예술가들은 의외로 많습니다. 아무것도 모르고 보면 아름답게 보입니다. 그런데 탄생에 대한 설명을 들으면 소름이 돋는 것들이 있죠. 그 소름이 바로 현재와 미래의 생명공학에 대한 '불쾌한 골짜기'입니다.

생명공학이 극에 달한 유토피아와 디스토피아는 어떤 세계일까요? 처음에 이야기했던 크리스퍼 유전자 가위 기술로 돌아가 봅시다.

1 패트리샤 피치니니 작가의 작품 <완전한(Undivided)>

2 피치니니는 사람들에게 “당신은 생명공학과 같은 현대 기술의 성공을 좋아하는 만큼 그 실패도 좋아할 수 있을 것인가?”라고 묻기 위해 작품을 만든다고 한다.

3 예술가 카츠는 연분홍 꽃잎의 붉은 잎맥 세포 하나하나에 자신의 유전자가 발현되어 있다고 주장한다.

미래에 이 기술을 활용하면 맞춤형 베이비를 만들 수 있을지 모릅니다. 홍채와 머리카락 색은 한 가지 DNA에서 뽑을 수 있기 때문에 쉽게 편집할 수 있습니다. 반면에 유감스럽게도 키는 조작이 조금 어렵습니다.

이와 관련하여 2014년에 미국에서 유전자 편집 아기에 대해 어떻게 생각하는지 설문조사를 해봤습니다. 아이를 똑똑하게 하기 위해서 유전자 조작을 하는 게 정당하냐는 질문에 예상 외로 많은 부모들이 부정적으로 답했습니다. 무려 83%의 부모들이 적절하지 않다고 생각했습니다. 물론 어떤 유전자가 똑똑한 것에 관련이 있는지 모르는 상태여서 현실적인 답을 한 것으로 볼 수도 있습니다.

이번에는 심각한 질병의 위험을 줄이는 것에 대해서 어떻게 생각하느냐고 물었습니다. 이번에는 적절하다는 의견이 46%나 나왔습니다. 생명공학이 더욱 발전하여 유전자 편집이 가능해진다면 똑똑해지는 것보다 건강 요소에서 시작될 확률이 높다는 것입니다. 자기 아이가 심각한 유전병을 가지고 태어날지도 모르는 상황에서 유전병에 관계된 유전자를 편집하는 걸 주저할 이유가 없다는 겁니다.

부모는 더 건강한 아이를 원하는 게 당연합니다. 하지만 아직은 생명공학의 발달로 인간 유전자 편집을 어떻게 어디까지 할지, 어떻게 받아들여야 할지 전혀 준비되어 있지 않습니다. 〈가타카〉는 그저 영화라고 치부할지 모르지만 이미 인간 유전자를 편집할 준비는 끝났습니다. 유전자 편집의 정확도가 증가하고, 유전자에 대한 이해가 더

깊어지기만 하면 됩니다. 앞으로 얼마나 가까운 미래일지 알 수 없습니다.

유전자 편집이 지금은 뭔가 거창하고, 위험하고, 꺼림칙한 것처럼 느껴질지 모릅니다. 하지만 유전자 편집이 거의 모든 아기들에게 적용되고 성인도 필요할 경우 얼마든지 가능하다고 생각해보세요. 마치 현재 신생아들이 태어난 지 8시간 안에 백신 주사를 맞는 것처럼 말이죠. 백신 주사를 맞는 이유는 질병의 예방이잖아요? 유전자 조작으로 더 광범위하고 치명적인 질병들을 예방할 수 있다고 가정해보죠. 유전자 조작은 지금의 백신 주사와 똑같은 게 되는 겁니다. 그리고 이게 사회 전체가 이런 유전자 조작을 시작하는 첫발일 수 있습니다.

유전자 편집 가위의 창시자가 유전자 편집을 반대하다

생명공학의 발전이 가져올 유토피아와 디스토피아는 어떤 세계일까요? 1976년에 전 세계 140명의 저명한 과학자들이 캘리포니아 아실로마에서 유전자 재조합법에 대한 회의를 열었습니다. 많은 학자들은 윤리를 잊은 과학 발전에 경종을 울렸고, 극단적으로는 유전자 재조합 과학 연구를 잠정적으로 중단해야 한다는 주장까지 등장했습니다. 크리스퍼가 유전자 가위로 활용되는 데 결정적으로 기여한 제니퍼 다우드나(Jennifer Doudna) 교수는 인간 배아에 관련

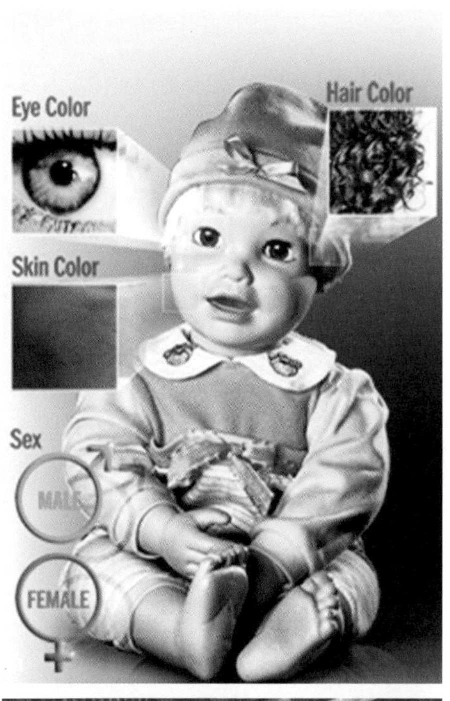

1 미래에는 아기의 키, 홍채 색, 머리 색, 피부색 등을 선택해서 낳는 시대가 열릴지도 모른다.

2 유전자 재조합법에 대해 토론을 벌인 아실로마 회의.

3 제니퍼 다우드나 교수는 CRISPR-cas9 기술을 개발했지만 인간 배아 연구는 윤리적인 이유로 반대하고 있다.

된 유전자 가위 연구를 그만두어야 한다며 모라토리엄(moratorium: 연구 중단)을 제안하기도 했습니다.

생명공학의 유토피아는 제니퍼 다우드나 교수처럼 과학의 발전에 윤리적 고찰을 더해서 생각할 줄 아는 이들이 많을 때 가능합니다. 반대로 과학을 인간 본위의 학문이 아니라 자본과 편리함만으로 다룬다면 인간은 과학의 굴레에 갇히고 억눌릴 겁니다.

생명공학이 디스토피아를 낳지 않으려면 과학 공동체 스스로 과학에 대해 반성과 비판적 사고를 해야 하며, 시민도 적극적으로 참여하해야 합니다. 과학이 전진하는 발걸음을 조금 느려지더라도 신중하게 내딛어야 합니다. 과학이 낳을 여러 혁신과 발전에 대해서 충분히 검토를 해야 합니다. 이렇게 하면 생명공학 발전의 혜택은 취하면서도 디스토피아는 막을 수 있다고 생각합니다. 무엇보다도 중요한 것은 전문가들 못지않게 시민들도 과학에 적극적으로 참여하여 과학의 발전을 만들어가는 것입니다. "미래를 예측하는 유일한 방법은 우리가 그것을 만드는 것이다"라는 말이 있습니다. 우리가 미래를 확실하게 알 방법은 없습니다. 우리가 할 수 있는 최선은 재앙의 원인을 제거하고 새로운 희망을 만들어나가는 것 뿐입니다. 미래에 대해 한 가지 확실한 게 있습니다. 정해진 것은 아무것도 없다는 것입니다. 우리의 성찰, 참여, 노력만이 균형 잡힌 미래를 가져올 것입니다.

원자력에 대한 집착과 에너지독립

이필렬

땅 위에 단단히 서 있어야 하는 학문에 대하여

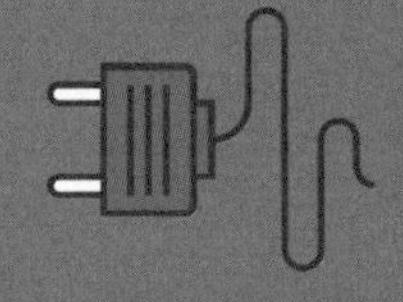

에너지 부족의 시대

독점기업에 맞서는 평범한 사람들

작은 마을 셰나우의 에너지독립 100%

독일이 원자력발전을 포기하게 만든 원동력, '저먼 앙스트'

원자력발전을 반대하는 시민 참여의 힘

우리는 국가로부터 에너지독립을 실현할 수 있을까

비극의 시작, 후쿠시마 원자력발전소 사고

원자력으로 풍요로운 사회와 마을 만들기

'죽음의 땅' 후쿠시마 후타바마치(双葉町)의 마을 입구 표어.

땅 위에 단단히 서 있어야 하는 학문에 대하여

'인문학 아카데미'라는 큰 타이틀 아래에 '원자력에 대한 집착과 신 에너지 탐색'이라는 제 발표 제목이 있습니다. 그 밑에 있는 부제를 제가 지었습니다. '후쿠시마 원자력발전소 사고로 독일·일본·한국은 어떻게 변했을까.' 사실 후쿠시마 원자력발전소 사고가 크게 일어났음에도 불구하고, 원자력이나 에너지 문제에 대해 일반 대중들은 별다른 관심이 없습니다. 10년 전에는 '웰빙'이라는 단어가 횡행했고 얼마 전에는 '힐링'이라는 단어가 떠돌더니 요즘에는 인문학이라는 단어가 유행하고 있습니다. 저는 이 인문학이라는 말에 딴죽을 걸고 싶은 생각이 들었습니다. 그래서 '인문학과 세월호 의인들'이라는 글을 써봤습니다. 세월호 의인은 많은 분이 있지만 그중에서 두 분만 언급하겠습니다. 한 분은 설비 기술자였고 다른 한 분은 화물차 운전기사였습니다. 그 가운데 인문학을 공부한 사람은 없었습니다. 그런데 이 사람들이 어떻게 생명의 위기에 처한 수십 명의 승객을 구할 수 있었을까요? 한 가지 확실한 것은, 인문학을 하는 사람들은 구하지 못했을 것이란 겁니다.

이 두 사람은 다양한 세상 경험을 통해 위기 상황에서 어떻게 행동해야 하는지 체득했을 것입니다. 그 때문에 사람을 구하는 행동이 저절로 몸에서 나오게 되었을 것입니다. 지금 인문학이 인기를 얻고 있는 상황을 저는 이렇게 생각합니다. "땅 위에 단단히 발을 딛고 있지 않은 것은 거짓이다." 인문학은 결국 언어입니다. "좋은 삶은 어떤 삶을 말하는 것인가, 죽음을 어떻게 받아들여야 하는가, 죽을 운명인 인간은 어떻게 살아야 하는가." 이런 것들은 말만으로 그칠 수 있다는 것입니다. 구체적인 행동이 나오지 않으면 거짓일 수 있고 사기일 수 있다고 생각합니다. 인문학에 대해서 비판적인 접근을 할 필요가 있는 겁니다.

비극의 시작,
후쿠시마 원자력발전소 사고

후쿠시마 원자력발전소 사고가 발생한 이후 독일은 원자로를 폐쇄하기로 결정했습니다. 일본은 그와 반대로 행동했습니다. 한국도 마찬가지고요. 이 세 나라, 그중에서도 특히 일본과 독일을 비교해보려고 합니다. 그다음으로는 한국의 사례를 살펴보면서 우리가 어디로 어떻게 나아가야 하는지, 또 우리의 현재 상황은 어떤지 들여다볼 것입니다. 그 후에는 인문학에 대한 생각과 제 견해를 말할 것입니다.

2011년 3월 11일 도호쿠 대지진이 일어나 쓰나미가 발생했습니다. 15m에 달하는 쓰나미가 후쿠시마 원자력발전소를 덮쳤고 지하실에 있던 디젤 발전기가 수해를 입었습니다. 발전소의 작동이 멈춘 것은 물론이고 1호기에서 4호기까지 모두 네 개의 발전소에서 폭발이 일어났습니다. 그 뒤로 3년이 지났지만 후쿠시마 원자력발전소 주변 $92km^2$의 땅은 지금도, 아니 앞으로 영영 들어갈 수 없는 곳이 되었습니다. 원자력발전소는 어떤 곳이며, 3월 11일 이후 이곳에서 정확하게 어떤 사태가 벌어진 걸까요?

먼저 원자력발전소의 가동 원리를 간단하게 설명하겠습니다. 일반적으로 불은 이산화탄소나 물을 부으면 꺼집니다. 그런데 원자력발전소의 불은 한 번 붙으면 끄기가 무척 어렵습니다. 자연적으로 꺼지기를 기다릴 수밖에 없습니다. 하지만 다른 곳에 불이 번져서는 안 되기 때문에 이 뜨거운 불을 계속 관리해야 합니다. 그 관리 방법 중 하나가 바로 냉각입니다. 물을 계속 보내서 식히는 방식입니다. 이렇게 하지 않으면 너무 뜨거워져서 여러 가지 사건이 벌어지게 됩니다.

원자력발전소 안에는 핵 연료봉이라는 게 있습니다. 이걸 식히지

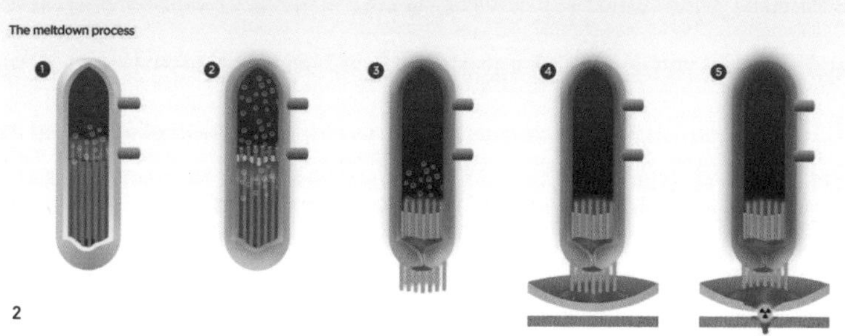

1 후쿠시마 원자력발전소 폭발.
2 연료봉 멜트다운.

못하면 자기 열에 의해서 스스로 녹아버립니다. 이를 '멜트다운(Melt-down)'이라고 합니다. 녹아버린 핵 연료봉은 강철로 된 원자로 용기를 녹이고 밑으로 내려옵니다. 이것을 '멜트스루(Melt-through)'라고 칭합니다. 연료봉은 강철판을 녹이고 콘크리트 바닥까지 떨어지게 됩니다. 계속 열이 발생하여 불이 타고 점점 더 뜨거운 상태가 되면 콘크리트마저 녹일 수 있게 됩니다. 그 아래로 내려가면 지하수가 있습니다. 엄청난 고열 상태의 물질과 수분이 만나면 어마어마한 폭발이 일어납니다. 이것을 '증기 폭발'이라고 합니다. 2010년 천암함이 침몰했을 때 큰 증기 폭발이 있었다고 합니다. 북한이 발사한 어뢰 때문에 커다란 공기 방울이 생성되어 함정을 둘로 쪼갰다고 합니다. 원자력발전소에서는 그것보다 훨씬 강한 폭발이 일어나게 됩니다. 그렇게 되면 원자로 전체가 붕괴되고 핵폐기물 전체가 날아가서 일본 전역을 뒤덮게 됩니다. 다행히도 이 단계까지 진행되지 않았습니다. 그러나 이 정도만으로도 정말 끔찍한 원자로 사고가 일본에서 일어난 것이라고 봐야 합니다.

후쿠시마 원자력발전소 사고가 발생한 뒤, 충격을 받아서 그런지 몰라도 일본 사람들은 잠잠했습니다. 그리고 한 달이 지나서 4월이 되니 사람들이 모여서 원자력발전을 그만두자는 집회를 열기 시작했습니다. 4월 한 달 동안 만 명 정도가 모여서 시위를 했습니다. 어느 정도 사고가 수습된 후, 일본 총리가 전국에 있는 모든 원자력발전소의 가동을 중지하고 안전성 테스트를 하겠다는 발표를 했습니다. 일본 전역에 있는 원자력발전소의 수는 50개 정도 됩니다.

독일이 원자력발전을 포기하게 만든 원동력, '저먼 앙스트'

일본과 멀리 떨어진 독일에서도 원자력발전소 반대 시

위가 일어났습니다. 25만 명이 모여서 여러 차례 시위를 벌였습니다. 그러자 앙겔라 메르켈(Angela Merke) 독일 총리는 원자력발전소를 포기하겠다는 결정을 내렸습니다. 메르켈 총리는 일본 총리처럼 물리학을 공부한 사람입니다. 하지만 일본에서는 폐쇄 결정을 내렸고 독일에서는 원전 포기 결정을 내렸습니다. 독일의 국회의원은 600명 정도입니다. 하지만 이 중에서 원전 포기에 반대표를 던진 건 열 명 뿐이었고 나머지는 전부 찬성표를 던졌습니다. 왜 독일은 이토록 신속히 원자력발전을 포기한다는 결정을 내린 걸까요?

다른 나라에서는 모두 독일의 결정을 비웃었습니다. 예를 들어 프랑스는 '쓰나미가 알프스 산을 넘어서 독일을 덮칠까? 원자력발전을 포기하는 게 우습다, 독일 사람들은 히스테리가 심하다'라고 조롱했습니다. 전 세계 언론 역시 마찬가지였습니다. 그때 한 용어가 등장했습니다. 바로 '저먼 앙스트(German Angst)'입니다.

저먼 앙스트는 우리말로 '알 수 없는 일에 대한 독일인의 막연한 불안감'이라는 뜻입니다. 이 용어는 독일의 여러 사회현상과 깊은 연관이 있습니다. 예를 들어 독일의 환경보호 운동이 있습니다. 저먼 앙스트라는 용어는 환경보호뿐만 아니라 계보를 거슬러 올라가면 나치, 더 위로 올라가면 낭만주의의 선구자 괴테와도 연결되어 있습니다. 그 당시 괴테는 뉴턴과 논쟁을 벌였습니다. 현대 과학은 뉴턴에게 엄청난 신세를 지고 있죠. 당시 뉴턴의 여러 과학 이론이 독일 사회 전체를 휩쓸고 있었습니다. 괴테는 이런 뉴턴에게 대항해서 뉴턴의 과학은 틀렸다고 반대했습니다. 괴테의 〈색채론〉이라는 연구에 나와 있는 내용인데, 한마디로 말해서 뉴턴의 색채 연구를 부정하고 다른 색채 이론을 제시한 것입니다.

색채론에서는 햇빛이 프리즘을 통과하면 분리되니 빛은 분리될 수 있는 것이며 일곱 개의 색과 입자로 구성되어 있다고 설명합니다. 반면에 괴테의 색채론은 전일적인 접근이었습니다. "빛이 분리된다는 말은 성립되지 않는다. 빛은 전체로 존재하는 것이며 전체로 드러나거나 아니면 완전히 가려지는 것이다. 햇빛이 프리즘을 통과하면 밝음과 어둠의 경계가 드러나는 것이다"가 괴테가 밝힌 색채론의 핵심입니다. 바로 낭만주의 과학의 시점인 것이죠.

낭만주의 과학이란 무엇인지 살펴봅시다. 보통 낭만주의적 자연철학이라고 칭하기도 합니다. 이것은 앞서 말했듯이 자연보호 운동에 영향을 끼쳤습니다. 독일에서는 고향보호 운동이 일었던 적이 있습니다. 이 운동은 나치의 이념과 연결되면서 쭉 이어져 내려옵니다. 독일의 자연보호 운동에 대해 한국의 자연보호 운동가들이 높이 평가하고 부러워하는데 뒤편에 이런 어두운 부분이 숨겨져 있는 것입니다. 환경보호 운동이 나치와 연결되는 것이 의외겠지만 닿아 있는 지점이 있습니다.

언론에서는 별 생각 없이 외래종이 한국에 수입되어 생태계에 혼란을 야기한다고 보도합니다. 그런데 이 외래종이라는 단어가 나치와 연결됩니다. 외래종이라는 단어 자체가 반동적이고 배타적이라고 볼 수 있거든요. 환경보호 운동에는 그러한 측면이 분명 존재합니다. 황소개구리를 죽여야 한다, 아까시 나무를 뽑아야 한다, 뉴트리아를 죽여야 한다고 쉽게 이야기합니다. 이런 시각 자체가 나치식의 배타성과 닿아 있는 겁니다. 사실 자연과 생태계는 고정되어 있는 것이 아니라 항상 움직이는 겁니다. 독일의 환경보호 운동, 특히 고향보호 운동은 이런 경향이 강합니다. 외부에서 들어오는 것, 그리고 자신에게 낯선 것을 없애려는 행동이 배타성을 띠게 되는 겁니다.

나치는 유태인을 학살했던 역사가 있죠. 독일인은 스스로 땅에 뿌리를 내려서 문화를 가꾸고 번성시키는 민족이라고 생각했습니다. '유태인은 그렇지 않고 뿌리 없이 돌아다니는 민족이다, 이런 민족이 우리를 오염시키니까 제거를 해야 한다'는 것이 당시 나치가 내세웠던 유태인 학살의 명분이었습니다. 이게 저먼 앙스트와 연결되는 겁니다. 앞서 이야기했던 괴테처럼, 많은 이들이 19세기에 들어서면서 새로 들어온 산업과 기계의 발명에 크게 반발했습니다. 그래서 산업과 기계를 배척하는 운동이 일어났죠. '원래 독일은 유기체적인 것인데 이것을 기계적인 것들이 들어와서 훼손하고 교란하고 있다, 그래서 우리 독일적인 것이 대항하여 일어서야 한다'는 게 주된 논리였습니다. 이런 논리와 정신이 원자력발전소에 관한 생각에도 일부 반영되었던 겁니다.

'Angst'라는 단어는 불안이나 초조 같은 감정을 의미합니다. 그렇다고 이런 부정적인 감정에 빠져 있는 것만을 뜻하지는 않습니다. 독일만의 방식으로 그 감정에 대항할 수 있는 방법을 찾아 발전시키기 위해서 노력하는 것을 뜻합니다. 독일이 원자력발전소를 반대하고 환경보호 운동에 앞장서고 있지만 과학기술 분야에서는 세계를 선도하고 있습니다. 독일 기계의 품질은 최고로 평가받지요. 이런 것들은 모두 독일의 발명 정신에서 비롯된 것입니다.

그다음으로 언급할 것이 민주주의 정신입니다. 독일은 민주주의를 겪은 역사가 그다지 길지 않습니다. 제1차 세계대전 이후에야 민주주의가 발전했는데, 당시에는 민주주의라는 사회체제를 받아들이지 않는 사람들이 꽤 있었습니다. 일례로 철학자 중에서 하이데거를 들 수 있습니다. 그는 민주주의를 받아들이지 않았습니다. 마르틴 하이데거(Martin Heidegger)를 비롯한 많은 이들이 독일에는 강한 리더가 필요하다고 생각했습니다. 그래서 히틀러를 지지하기 시작했죠. 민주주의가 제대로 뿌리내리기 시작한 것은 제2차 세계대전 이후입니다. 나치 독일을 반성하면서 민주주의의 중요성을 깨닫게 되었죠. 그래서 민주주의를 매우 활발하게 만들어가기 시작합니다. 이러한 민주주의 정신의 확대와 운영이 독일의 원자력발전 포기 선언과 밀접한 관련이 있습니다. 또한 민주주의의 정신에서 시민 참여를 빼놓을 수 없겠죠. 시민이 직접 참여하는 운동을 통해 여러 창조적인 행위들이 나올 수 있는데, 그중 하나가 원자력발전을 반대하는 것으로 볼 수 있습니다.

마지막으로 독일의 복지에 대해 이야기하겠습니다. 독일 노동자의

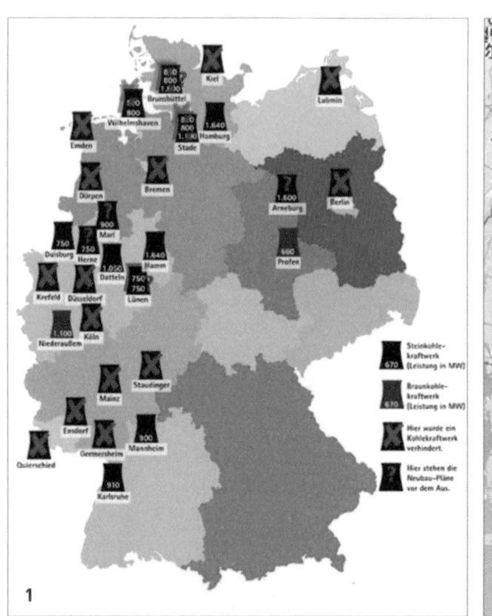

1 독일 원자력발전소 폐쇄 현황. 독일은 원자력발전소 8곳의 가동을 영원히 중단했다.

2 일본의 원자력발전소 현황.

3 2015년 10월 재가동에 들어간 일본 센다이 원자력발전소.

4 센다이 원자력발전소 2호기 재가동을 반대하는 집회자들의 절규.

노동시간은 굉장히 짧습니다. 일주일에 36시간 정도밖에 안 됩니다. 독일은 안 그래도 짧은 노동시간을 철저하게 지킵니다. 화물차 운전기사를 예로 들어볼게요. 우리나라에서는 12시간 운행을 해도 됩니다. 반면에 독일에서는 8시간 동안 업무를 보고 쉬러 갑니다. 출퇴근 기록이 블랙박스에 저장되는데, 8시간 이상 근무를 하게 되면 적발돼서 기업이 불이익을 받게 됩니다. 노동시간은 적고, 휴가기간은 깁니다. 그리고 실직을 해도 복지제도가 잘 구축되어 있어서 기본적인 생활을 꾸릴 수 있는 지원금이 지급됩니다. 이 덕분에 환경문제나 원자력 문제에 대해 생각하고 참여할 수 있는 시간을 가지게 되는 겁니다. 원자력 반대 집회에 25만 명이 모일 수 있는 것도 독일인에게는 시간이 있기 때문입니다. 이런 것들이 독일이 원자력발전을 포기할 수 있게 만든 원동력인 셈입니다.

독점기업에 맞서는 평범한 사람들

이제 구체적 사례를 살펴보겠습니다. 1977년에 부젤트로닉(Wuseltronik)이라는 아나키스트 집단이 태양에너지와 풍력을 연구했습니다. 태양에너지 같은 친환경 에너지를 연구하여 원자로 없이 살 수 있는 세상을 만들겠다는 목적으로 집단을 구성한 겁니다. 아나키스트뿐 아니라 과학을 전공한 많은 사람도 함께해서 하나의 움직임을 형성합니다.

한국이나 일본은 공학이나 과학을 전공했던 젊은이들이 사회활동을 시작한 뒤 전공을 포기하는 경우가 많았습니다. 물리학, 화학을 전공했던 사람들이 다 버리고 나와서 변호사를 하기도 했습니다. 그렇지만 독일은 그런 경우가 많지 않습니다. 기술을 공부해서 원자력발전 찬성론자들에게 맞서 싸우겠다는 마음을 먹게 되는 겁니다.

결국은 큐셀스(QCELLS)라는 회사가 설립되었습니다. 큐셀스는 본래 전 세계에서 가장 큰 태양 전지를 생산하는 회사였는데 2012년에 금융위기가 와서 파산했고 2015년 한화그룹이 인수했습니다. 슬프고 비극적인 일이죠. 원자력발전에 대항하기 위해 기술을 개발하여 크게 성공하고 돈도 많이 벌었지만, 결국은 한국의 거대 자본에 먹혀버린 것이 슬프고 비극적입니다. 큐셀스의 창립자가 이런 말을 했습니다. "모든 기업은 주식시장 상장과 함께 영혼을 상실한다." 큐셀스의 최후를 보면 그 말 속에 뼈가 숨어 있었다는 생각이 듭니다.

1978년에는 바그너솔라(wagner-solar)라는 기업이 세워집니다. 이 회사의 창립자들도 원자력 반대운동을 하던 사람들입니다. 이 사람들은 원래 정치를 전공했습니다. 하지만 원자력발전 반대운동을 하다 보니까 원자력발전에 대해서 잘 알아야 할 필요성을 느꼈고, 다시 공대에 입학하게 된 것이죠. 그래서 공대를 졸업한 후 태양광을 생산하는 기업을 만들게 되었습니다. 바그너솔라는 1978년에 설립된 이래 굉장히 활발한 사업을 벌여서 2008년 세계금융위기 속에서도 잘 살아남았지만, 결국은 망하고 말았습니다. 네덜란드 기업에 인수가 되고 말았지요. 바그너솔라는 상당히 오랫동안 잘 운영되었는데 마지막에 확장을 하고 주식이 상장되면서 점차 어려워지기 시작했던 겁니다.

또 다른 사례로는 셰나우 시민전력회사(EWS, Elektrizitätswerke Schönau GmbH)를 이야기할 수 있습니다. 셰나우 시민전력회사는 민주주의 정신과 시민 참여를 가장 잘 보여주는 사례입니다. 셰나우 시민전력회사의 창립자들은 공학을 전공하지 않은 평범한 마을 주민이었습니다. 그런데 지금은 독일 전역에서 아주 활발한 사업 활동을 펼치고 있습니다. 건물은 굉장히 작지만, 그 건물에서 독일 전역으로 전기를 보내고 있죠. 1998년에 서너 명이 사업을 시작했습니다. 이렇게 작게 시작했던 회사가 지금은 점점 직원이 늘어나 2008년에는 30여 명이 되었고, 현재는 100명 수준에 도달했습니다. 셰나우 시민전력회사의 첫 고객은 1700가구였습니다. 하지만 2015년에는 고객 수가 15만 명으로 늘어난 상태입니다.

에너지협동조합은 2006년에 첫 발걸음을 내딛었습니다. 그때는 여덟 개 정도였는데 이제는 700개 이상으로 늘어나 있습니다. 시민 참여가 이러한 협동조합의 형태로 활발히 나타나는 것입니다. 독일 사람들은 불안·초조·히스테리·걱정이 많은 게 사실입니다. 하지만 그런 불안을 가지고 있는 이들이 잘 단합하기 때문에 결국엔 무언가에 대항하는 일도 가능해지는 겁니다. 대표적인 단체로는 '그린피스'

를 들 수 있겠지요.

이런 단체들이 과연 어떻게 활동을 하고 있는지, 오로지 단체의 수입만으로 살펴보겠습니다. 2013년에 그린피스의 수입은 5520만 유로입니다. 환산해보면 600억 원에서 700억 원 정도 된다고 볼 수 있겠습니다. 1년 동안 회원들의 회비를 통해 얻는 수입만 이 정도라는 겁니다. 이렇게 큰 예산을 가지고 운영을 하기 때문에 많은 일들이 가능해지게 됩니다.

예를 들어 우리나라에서 원자력발전을 찬성하는 측은 원자력발전의 전력 생산 비용이 다른 발전 방식보다 저렴하다고 주장하고 있습니다. 마찬가지로 반대 측에서는 원자력발전이 오히려 비싸다는 주장을 내놓을 수 있겠죠. 그러면 원자력발전소 쪽은 많은 자금과 기술자들을 보유하고 있으니까 찬성 측에 지원을 해주게 됩니다. 그러면 찬성 측에서는 재정적 지원이 풍부하니 세밀한 연구가 가능해집니다. 대조적으로 반대 측은 그럴 수 없죠. 그런데 그린피스는 700억 원 정도의 자금을 보유하고 있으니까 찬성 측과 대등한, 혹은 그를 넘어서는 연구를 하는 것이 가능해집니다. 이 돈은 어떤 큰돈을 가진 사람에게서 나온 것일까요? 전혀 그렇지 않습니다. 많은 사람들이 적은 돈을 낸 것이 모여서 생겨난 것입니다. 국가와 산업체에서는 한 푼도 받지 않았습니다. 그들의 자금인 3800만 유로는 100유로 미만의 수입을 올리고 있는 이들에게서 나온 것입니다. 이런 부분들만 살펴봐도 독일인들이 원자력발전에 대해 어떤 방식으로 대응하는지를 알아낼 수 있는 겁니다.

원자력발전을 반대하는 시민 참여의 힘

원자력발전이 불안하여 그에 대응한 기술을 개발하는 독일 사람들이 모인 집단이 있고, 그에 해당되는 시민 참여활동이 있습니다. 이런 것들로 인해 독일은 원자력발전을 포기했고 그 결과는 표로 확인해볼 수 있습니다. 2011년에는 독일 전체 전력 생산의 20% 정도가 태양열 발전이나 수력발전을 통해서 생산되었습니다. 독일 정부에서는 2050년에 다다르면 전체 전력 생산의 80% 정도를 태양광, 풍력, 수력으로부터 생산할 수 있으리라 예상하고 있습니다. 에너지 소비가 어떻게 변할 것인지를 나타낸 그래프에는 소비가 점점 감소하는 걸로 나옵니다. 독일은 이렇게 많은 시민들이 참여하여 재생산 에너지를 확대해나가니까 재생가능 에너지만으로 충분히 발전할 수 있으며 원자력을 포기하는 결정을 내릴 수 있었지요. 하지만 일본에서는 원자력발전소 사고가 있었는데도 불구하고 원자력발전소를 포기하지는 않았습니다. 폐쇄만 한 상태입니다.

일본 정치인들은 독일과 달리 계속 원자력발전을 하고 싶어 합니다. 지금도 일본 내에서는 자민당 정권과 원자력 전력회사에서 원자력발전을 하기 위해 계속해서 여러 공작을 펴고 있습니다. 여론의 반

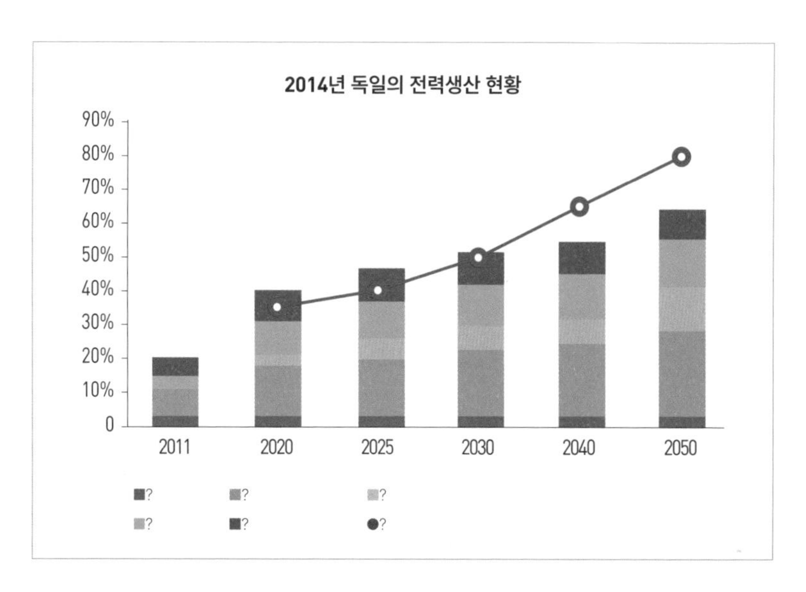

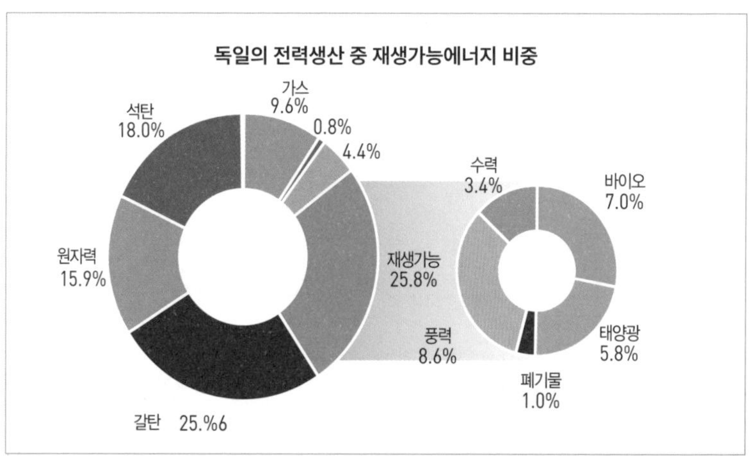

발이 심해지자 법정으로 분쟁의 장소를 옮겨버렸습니다. 법정에서 원자력발전소의 허가를 내달라고 재판을 하고 있는 겁니다. 그렇다면 일본 시민들의 움직임은 어떨까요? 원자력발전은 그만했으면 좋겠다고 생각은 하지만, 반대하기 위한 구체적인 행동은 그다지 활발하게 하고 있지 않습니다.

일본에는 SB에너지라는 회사가 있습니다. SB란 소프트뱅크(Soft bank)의 약자인데, 소프트뱅크는 재일동포인 손정의 씨가 운영하고 있는 회사입니다. 손정의 씨는 후쿠시마 원자력발전소 사고를 보고 크게 깨달은 바가 있었습니다. 그래서 재생가능 에너지에 주목했습니다. SB에너지는 아주 큰 태양광발전소를 많이 건설했습니다. 일본에서 제일 큰 기업에 속하는 기업이 이런 일을 하고 있는 겁니다. 당연히 전 세계적인 주목을 받고 있습니다. 하지만 손정의 씨는 여기서 그치지 않고 '아시아 슈퍼그리드(Asia supergrids)'라는 프로젝트를 제안했습니다.

아시아 슈퍼그리드 프로젝트란 한국·일본·중국·몽골을 하나로 합친 뒤 통합 전력망을 갖추고 이것을 동남아 및 인도에까지 확대하는 구상입니다. 몽골은 풍력발전에 딱 들어맞는 국가입니다. 몽골에서 풍력발전으로 전기 에너지를 생산한 뒤, 한국과 일본으로 가져옵니다. 중국에서는 넓은 영토를 활용해서 태양광으로 전기 에너지를 생산하기로 합니다. 말하자면 에너지 교류 제안인 것입니다. 독일과는 반대입니다. 일본에서는 큰 기업체가 전 세계에서 주목하는 일을 벌이지만 시민들은 목소리가 작고 약합니다. 하지만 약하다고 아예 없는 것은 아닙니다.

일본에는 시민협회 회원들이 만든 작은 발전소가 꽤 많습니다. 일본 전역에 쭉 걸쳐져 있습니다. 일본은 재생가능 에너지의 비중이 그

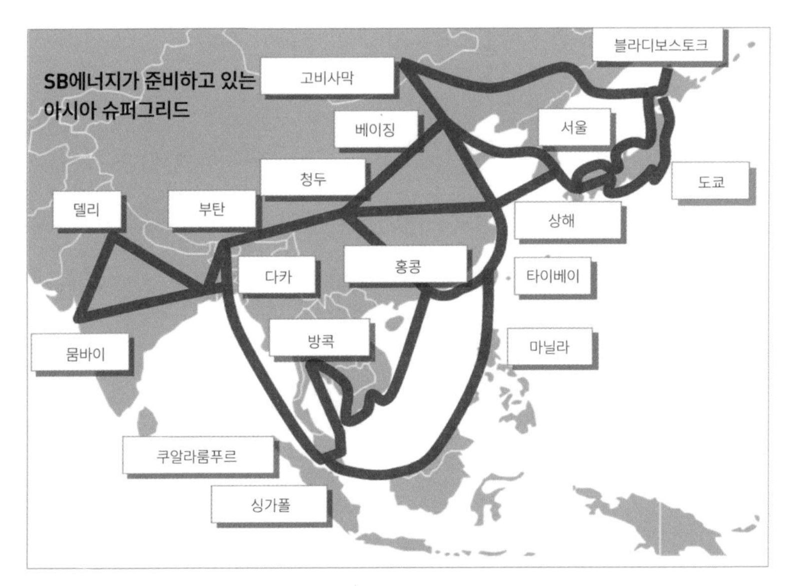

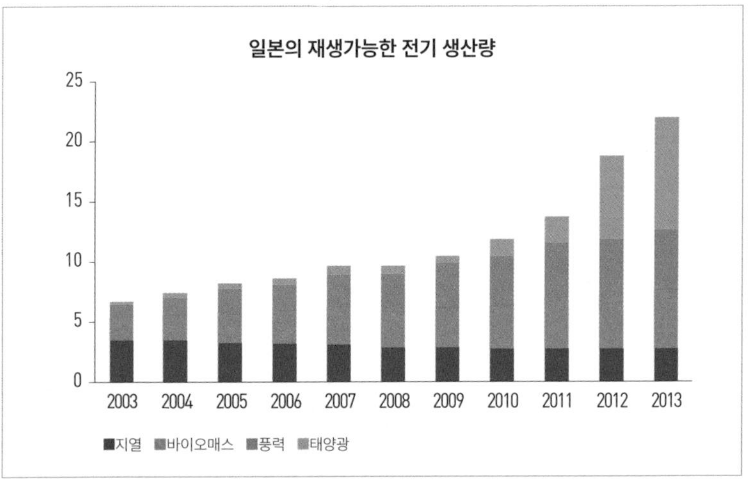

다지 높지 않은 국가입니다. 2000년과 그로부터 12년 뒤인 2012년이 11% 쯤으로 거의 차이가 없습니다. 태양 에너지의 생산량이 굉장히 많아지고 있긴 하지만, 독일과 비교해보면 아주 적은 양입니다.

독일과 일본의 결정적인 차이는 무엇이 있을까요?

일본이 독일을 이길 수 없는 세 가지 이유

일본과 독일의 차이를 크게 세 가지 정도로 정리해봤습니다. 첫 번째는 민주주의에 대한 반성 차이, 두 번째는 과거의 잘못에 대한 반성 차이, 마지막으로는 기업 형성과 그 발전 방식 차이를 들 수 있습니다. 독일의 민주주의는 일본의 민주주의보다 훨씬 앞서나가 있습니다. 후쿠시마 원자력발전소 사고만 봐도 후쿠시마의 지사가 사고가 나기 전 원자력발전소를 자세히 관찰했습니다. 후쿠시마 발전소는 심하게 노후화된 상태였고 언제 어떤 일이 벌어질지 모르는 상태였습니다. 그래서 지사는 발전소에 대한 규제를 강화했습니다. 그런데 예상치 못한 반발이 일어나고, 자민당 정권에서도 규제를 강화하지 못하게 압력을 넣습니다. 한국과 비슷한 상황이죠. 일본은 민주주의가 덜 발달한 국가이기 때문에 이런 일들이 빈번하게 발생하는 겁니다. 때문에 시민들이 원자력발전에 대해서 활발하게 논의하는 것도 쉬운 일이 아닙니다.

두 번째로는 과거에 대한 반성 태도에서도 독일과 일본 사이에는 차이가 존재합니다. 이건 우리도 아주 잘 알고 있습니다. 하지만 이게 왜 원자력발전과 연결되는지 궁금한 이들이 많습니다. 과거를 되돌아보고 반성한다는 것은 결국 시야를 크게 넓히는 것을 뜻합니다. 현재에 서서 과거를 보고 미래를 보기 때문에 시간적으로도 세계가 한층 넓어지는 겁니다. 반성한다는 행위는 좋은 세상을 만들기 위해서 앞으로 과거처럼 행동하면 안 된다고 생각하는 겁니다. 또한 현재를 지키는 것과 큰 관련이 있습니다.

게르하르트 얀더(Gerhart Jander)라는 이름의 독일 교수가 있었습니다. 그는 베를린 대학 공대 교수였기 때문에 제가 학생이었을 때뿐만 아니라 지금도 그 책으로 공부를 하고 있습니다. 그런데 이 사람은 나치에 소속되어 있던 사람이었습니다. 1925년에 나치스 당원으로 가입을 해서 독가스 연구를 했습니다. 그다음에는 적군의 방독면을 파괴하는 방법에 대한 연구를 했습니다. 유대인 과학자로서 카이저 빌헬름 물리화학 연구소 소장을 맡고 있던 프리츠 하버가 쫓겨나자 그 연구소 소장직을 꿰차게 됩니다. 그러자 얀더 교수는 그 연구소를 무기를 주로 연구하는 곳으로 바꿔버렸습니다. 그는 이렇게 나쁜 짓을 많이 했던 사람입니다. 그런데 이 사람에 대한 연구 논문이 나왔습니다. 여기에 얀더 교수의 친손자인 마르틴 얀더(Martin Jander) 씨가 직접 서평을 썼습니다. 자신의 할아버지인 얀더 교수가 이러이러한 나쁜 범죄를 많이 저질렀다는 것이 주된 내용이었습니다. 즉 친손자가 할아버지를 두고 이런 나쁜 짓을 한 사람이고, 이런 범죄를 행했다고 말한 것이죠.

독일이 과거를 어떻게 반성하는지 보여주는 단적인 예라고 할 수 있습니다. 우리나라나 일본에서는 이런 일이 거의 없다시피 합니다. 할아버지를 객관적인 시각으로 논하면 큰일이 벌어지죠. 하지만 독일에서는 이런 식으로 어떤 사건을 드러내고 조사해서 이후 반성하는 연구 논문이 많이 나와 있습니다. 심지어 딸이 아버지를 연구하고 반성하며 쓴 논문도 있습니다.

세 번째 이유로 기업 형성과 그 발전 방식이 있습니다. 이는 앞에서 설명했던 것과 크게 다르지 않으며 범위가 조금 더 넓어졌다고 볼 수 있습니다. 독일에는 가족기업이 꽤 많습니다. 전체 기업에서 80~90%가 가족기업입니다. 우리나라는 대기업이 비슷한 비중을 점유하고 있습니다. 그래서 그쪽으로 구직을 하거나 하청을 받는 등의 방식으로 대기업과 엮여야 성공할 수 있죠. 일본도 대기업의 점유율은 우리나라와 비슷하지만, 가족기업 역시 많습니다. 그런데 이 가족기업의 종류가 초밥 가게 같은 외식업이나 여관 같은 숙박업에 주로 몰려 있습니다. 독일처럼 독립해서 원자력에 대항하는 기술을 스스로 개발하는 기업은 아닙니다. 그래도 한 가지 다행스러운 점이 있다면 후쿠시마 사건을 겪은 뒤이기 때문에 시민들의 의식이 변화하고 있다는 점입니다. 전력매입제도도 시동을 걸고 있고, 또 어떤 이들은 지역에서 지방 자치 발전소를 만들어서 공급해야 한다는 주장을 펼치기도 합니다. 하지만 민주주의가 신장된 편도 아니고 과거에 대한 반성도 찾아볼 수 없기 때문에 과연 저런 것들이 확대되고 발전할 수 있을지, 저는 회의적으로 보고 있습니다.

작은 마을 셰나우의 에너지독립 100%

앞서 언급했던 셰나우는 작은 지역에서 민주주의가 어떻게 발생하고 작용하는지를 보여주는 아주 좋은 예입니다. 셰나우는 독일에 있는 아주 작은 마을인데, 전체 주민 수가 2500명쯤 됩니다. 우리나라의 지역구로 보면 면(面) 정도의 규모입니다. 셰나우 사람들은 원자력에 대항하는 미래 전력 사업을 하고 있습니다. 처음에는 주로 전력 절약운동을 했습니다. 그런데 이 과정에서 마을 사람들이 문제점을 하나 발견했습니다. 대형 전력회사에서 전기를 독점적으로 제공하고 있기 때문에 절약 운동으로 대항하기에는 한계가 있다는 것이었습니다. 그래서 마을 사람들은 자가발전을 시도해보자고 결론을 내렸습니다. 그래서 마을에 있는 수력발전소를 재가동시키게 되었습니다. 하지만 이 과정에서 전기를 독점하고 있는 전력회사와 대립을 하게 됩니다.

그때 마침 이들에게 기회가 주어집니다. 독일에서는 전력회사와 마을이 20년 단위로 계약을 맺는데, 1994년에 전력회사와 했던 계약이 만료된 겁니다. 주민 수가 2500명밖에 되지 않는 마을에도 의회는 존재합니다. 이 의회에서 전력회사와의 계약이 곧 만료되니 원자력이 섞이지 않은 전기생산 회사를 만들자고 협의를 보게 되었습니다. 그래서 주민들이 직접 공급을 하게 해달라고 독일 주의회에 제안서를 넣었습니다. 하지만 주의회가 거절 통지를 보냈습니다. 이에 대

1 셰나우 시민전력회사.

2 셰나우 시민전력회사의 태양광에너지 발전.

항해서 셰나우 사람들은 주민투표를 시작했습니다. 독일 헌법에서는 주민투표를 보장하고 있습니다. 그래서 마을 사람들은 직접 만든 잼도 나눠주는 등 홍보를 하면서 다른 이들을 설득하기 시작했습니다. 그래서 결국 56%의 찬성표를 얻고, 독일 전역에서 모금활동을 벌였습니다. 한마디로 투자를 받은 것이죠. 그렇게 모인 470만 마르크로 전력회사를 설립하고, 11월부터 셰나우 전력회사에서 전기를 공급하는 걸로 결정합니다.

물론 마을이 자체적으로 전력을 생산하는 것에 반대하는 주민들도 가만히 있지는 않았습니다. 그 사람들도 주민투표를 신청한 것이죠. 여기서 반대표가 과반수를 넘으면 지금까지 해온 모든 노력이 물거품이 됩니다. 그래서 다시 찬성하는 사람들이 열심히 노력한 결과 찬성 52%로 마을에 원자력 없는 전기 공급이 가능해집니다.

셰나우 전력회사는 1997년 11월에 전력 공급권을 완전히 넘겨받아서 본격적으로 전력을 공급할 수 있게 됩니다. 이처럼 한 편의 소설 같은 이야기를 통해 독일의 기초단체인 마을의 민주주의가 얼마나 활발하게 작동하고 있는지를 알 수 있습니다. 마을 의회가 있고, 주민투표가 있고, 의회가 내린 결정에 마을 사람들이 거부권을 행사할 수 있으며 제안서를 제출하는 일이 가능합니다. 이러한 행위가 가능하기 때문에 원자력에 대응하는 움직임을 펼칠 수 있었던 것입니다.

이런 움직임이 마을 단위로만 이루어지는 것은 아닙니다. 도시 단위로도 행해집니다. 함부르크에서도 비슷한 사례가 있었습니다. 함부르크에서는 시 자체가 소유한 회사가 있었습니다. 그런데 시의 재정이 부족해지자 이 회사를 매각했죠. 그런데 주민들은 함부르크의 회사를 매입한 기업에 부정적인 생각을 갖고 있었습니다. 그래서 주민들은 회사를 다시 사들이자는 주민투표를 열고, 결국 회사를 다시 소유할 수 있게 됩니다. 베를린에서도 똑같은 일이 있었지만 베를린은 실패했죠. 이런 것들이 가능한 국가가 독일입니다.

진정한 풀뿌리 민주주의에 관련하여 2002년에 또 한 가지 일이 있었습니다. 독일 환경보호법에 관한 것이었죠. 대부분의 독일 환경보호법 법안은 나치 독일 시절에 만들어졌습니다. 그래서 독일 환경부에서 환경보호법에 나치 때의 법안이 얼마나 포함되어 있는지 연구하고 발표하는 일을 학자들에게 맡겨서 진행하게 했습니다. 이런 식의 과거 역사를 청산하는 일이 자주 벌어지고 있습니다. 우리나라에서는 그린벨트 규제 완화를 예로 들 수 있습니다. 그린벨트 등에 대해 어떤 이들은 유신 시대에 박정희 대통령이 만든 것을 딸이 없앴다고 비판합니다. 하지만 자세히 들여다볼 필요가 있습니다. '박정희라는 독재자가 급하게 만든 것이 과연 옳은 것인가?' 하고 비판적 사고를 해야 합니다. 그런데 이런 고민 없이 그린벨트는 자연보호를 위한 것이기 때문에 좋은 것이다, 누가 어떤 방식으로 했든 간에 좋은 것이니 지켜야 한다고 말하는 건 옳지 않습니다. 독일 역시 마찬가지였습니다. 히틀러가 정권을 잡은 뒤 자연보호법을 바로 도입해버립니다. 그게 현재까지 쭉 이어져왔습니다. 거기에 대한 반성이 이루어진 것은 2002년이었던 것입니다.

한국전력에서 독립한 에너지독립 하우스

마지막으로 에너지 전환에 대해서 우리나라의 경우를 다뤄보겠습니다. 한국에서 원자력발전을 없애기 위해서는 무엇을 해야 할까요? 저는 이것을 세 가지로 정리해봤습니다. 첫째, 독점을 해체해야 합니다. 한국전력이 전력을 계속해서 독점하고 있는 체제에 우리는 아무런 의심도 갖고 있지 않습니다. 이런 인식이 에너지독립에 대한 가장 큰 걸림돌입니다. 우리는 전력 독점을 해체한 뒤 분산적 에너지 생산과 공급이 이루어지도록 해야 합니다.

한국의 에너지 상황을 살펴보면, 96%를 외국에서 수입해 오는 형국입니다. 전기는 국산이지만 원자재는 수입입니다. 여기에 엄청난 예산이 들어갑니다. 외화 수입의 35%가 에너지 수입을 위해서 지출되고 있는 상황입니다. 원자력발전을 도입하면 이 지출이 감소됩니다. 발전소 건물을 건설하고 유지하는 데 돈이 많이 들긴 하지만, 이건 국가 내부에서 돈이 순환되는 겁니다. 그래서 국가적인 규모에서 도입하려고 하는 것입니다.

지식경제부 장관이던 최중경이라는 사람은 "원자력도 신재생에너지다"라는 어록을 남겼습니다. 이것은 한국이 아직도 재생가능 에너지에 관심이 없다는 것을 보여주는 아주 좋은 사례입니다. 일본에서는 태양열발전이나 풍력발전 같은 것을 '자연에너지'라고 칭했습니다. 그럴듯해 보이지만 의미가 모호합니다. 하지만 후쿠시마 사고가

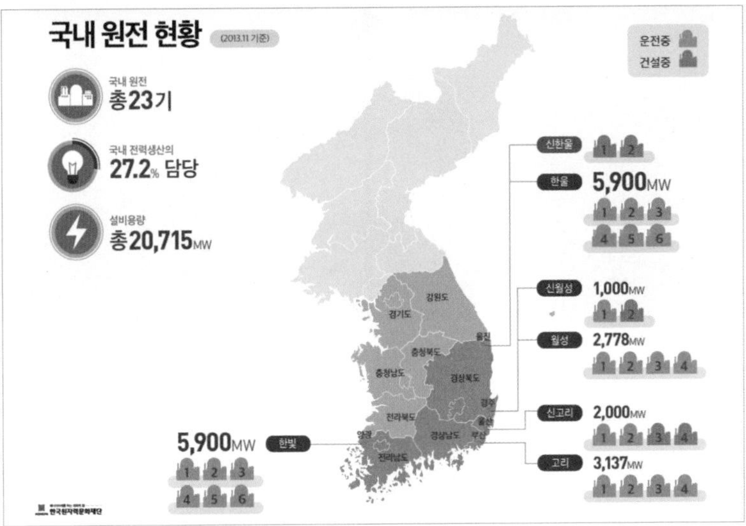

✖ 2012년 2월 9일 고리 원자력발전소에서 발생한 교류전원 완전상실 사고는 원자력 사고 레벨 2등급이었다. 발전단가에도 고리 1호기의 폐기단가 7000억 원이 전력 발전단가에 포함되지 않았다. 원자력발전은 '안정성'과 '숨은 비용'의 문제를 안고 있다.

✖ 패시브하우스는 첨단 단열기술로 전력을 아끼는 친환경 주택을 말한다. 여기서 더 나아가 진정한 에너지독립 하우스는 외부 전력을 전혀 쓰지 않는 주택이다. 전력공급을 독점하는 기업으로부터 완전히 독립하는 것이 진정한 에너지독립이다.

터진 뒤 일본 사람들은 '자연에너지'를 '재생 가능한 에너지'로 바꿔 부르기 시작했습니다. 명확한 뜻을 부여한 겁니다. 하지만 한국에서는 후쿠시마 사고 이후에도 여전히 신재생에너지라는 단어를 사용하고 있습니다.

2030년에는 전체 에너지 중 50%를 원자력 에너지가 차지할 것으로 예상됩니다. 우리는 원자력과 한국전력에 종속되어 있는 상태인 겁니다. 종속이란 것은 강하게 속박되어 있는 상태를 표현하는 단어입니다. 이 때문에 원자력발전으로부터 벗어나는 것은 아주 어려운 일입니다. 그렇다고 우리는 끝까지 반대만 하고 있어야 할까요?

그래서 제가 에너지독립에 대해서 이야기하는 것입니다. 개인적 차원에서라도 한국전력에서 벗어나야 합니다. 에너지독립이라고 말하니까 어렵게 느껴지나요? 어떻게 해야 하는지 막막할지도 모릅니다. 하지만 에너지독립은 간단합니다. 우리가 살고 있는 집부터 독립을 하는 겁니다. 에너지 소비를 대폭 줄이고, 태양광발전으로 에너지 공급을 하기 시작하자는 게 주된 논리입니다.

저는 강의를 시작하면서 학문이라는 것은 땅에 뿌리를 내려서 구체적인 실천으로 행해져야 한다고 말했습니다. 에너지 문제와 원자력발전도 마찬가지입니다. 에너지 발전의 문제점에 대해서 많은 이야기를 했지만, 이것이 말과 글에만 그치게 된다면 두 가지 문제가 발생합니다. 말을 하고 글을 읽는 행위 자체로만 만족하는 것이 첫 번째 문제고, 그 행위를 하면서 미리 절망해버리는 것이 두 번째 문제입니다. 아무리 해도 안 된다고 좌절할 수 있습니다. 이것을 극복하는 방법이 바로 실천입니다. 작은 단위에서도 실행할 수 있는 구체적인 활동이 바로 에너지독립입니다. 여러분이 에너지독립을 직접 실천하길 바라면서 이만 글을 맺습니다.

21세기 과학 '최선'의 시나리오: 여섯 번째 대멸종에서 살아남기

이정모

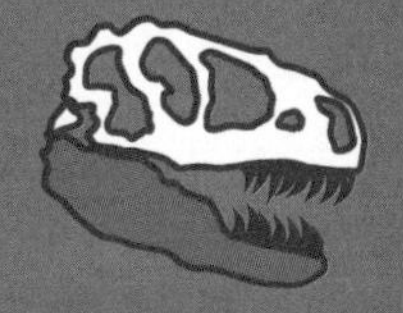

인류에 의한 여섯 번째 대멸종이 시작되다

멸종은 필연, 그래도 130만 년만 버티자

지구 생명의 역사 365일①: 생명 탄생과 대멸종

에너지 멸종 시대

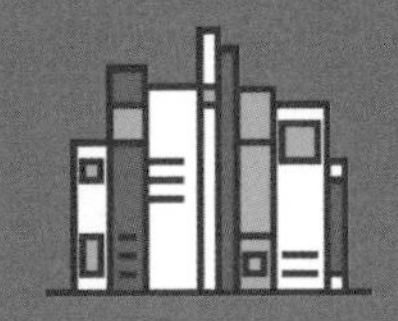

10년 후, 100년 후, 1만 년 후 인류 멸종의 가능성

지구 생명의 역사 365일②: 초대륙 판게아와 공룡의 몰락

지구 생명의 역사 365일③: 12월 31일 오전 10시, 인류 탄생

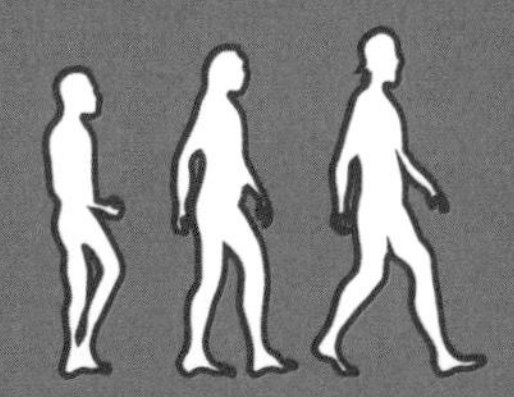

인공지능과 사이보그, 인류의 미래

충분히 발달한 과학기술은
마법과 구별될 수 없다.

아서 C. 클라크

저는 서대문자연사박물관에서 일하고 있습니다. 이름만 보면 소박하게 느껴지지만 사실은 굉장한 곳이죠. 1년에 38만 명이 관람하는 곳입니다. 박물관에 들어오면 어마어마하게 큰 공룡이 떡하니 버티고 있습니다. 아이의 손을 잡고 입장하던 아빠들 가운데는 아이의 손을 놓고 공룡으로 달려가면서 "야, 여기 티라노사우루스가 있네!" 하고 소리치시는 분들도 있습니다. 아빠의 손을 놓친 아이는 순간적으로 당황하지만 뿌듯한 표정을 짓습니다. '와, 우리 아빠가 티라노사우루스도 아시는구나. 정말 자상하고 똑똑한 아빠야.'라는 거죠. 하지만 곧 실망합니다. 공룡 밑에는 '아크로칸토사우루스(Acrocanthosaurus)'라고 적혀 있거든요.

티라노사우루스와 아크로칸토사우루스를 따로 보면 구분하기가 쉽지 않습니다. 제가 쉬운 방법을 알려드리죠. 바로 손가락 수입니다.

공룡도 처음에는 손가락이 다섯 개였어요. 그러다가 시간이 지나면서 점차 네 개, 세 개, 두 개로 줄어들었고 나중에는 손가락이 한 개인 공룡도 등장합니다. 아크로칸토사우루스는 손가락이 세 개이고 티라노사우루스는 손가락이 두 개입니다. 아크로칸토사우루스가 티라노사우루스보다 앞선 시대를 살았다는 뜻이죠.

티라노사우루스나 아크로칸토사우루스처럼 커다란 공룡의 골격이 모두 발견되는 일은 없습니다. 기껏해야 50~60% 정도 발견되죠. 나머지 부분은 다른 개체를 보고서 크기에 맞게 복제해서 끼워 넣습니다. 그래도 가격이 좋은 제품의 경우에는 150억 원까지 나가기도 하지요. 서대문자연사박물관의 아크로칸토사우루스는 100% 복제품이에요. 가격은 단 4억 원밖에 하지 않습니다.

서대문 자연사박물관은 우리나라 공립박물관 가운데 입장료가 가장 비싼 박물관입니다. 우리나라에 자연사박물관은 모두 아홉 곳이 있으며 박물관에서 일하는 과학자도 아홉 명입니다. 그런데 그 가운데 여섯 명이 우리 서대문자연사박물관에 있습니다. 그래서 시설과 환경이 좋을 수밖에 없습니다.(웃음)

저는 '21세기의 과학 최선의 시나리오'라는 주제를 맡았습니다. 여기서 '최선의 시나리오'는 뭘까요? 빈부격차가 해소되고 모두가 중산층이 되어 경제적으로 풍요로운 세상일까요? 과학기술이 극도로 발전되어 화성이나 저 멀리 글리제876 b 행성을 지구 환경으로 만들어 우주로 진출한 세상일까요? 최선의 시나리오가 무엇인지 결론부터

✖ 공룡은 소행성 충돌로 인한 K-T대멸종 시기에 자취를 감췄다. 그에 이은 6번째 대멸종은 인류에 의해 이미 시작되었고 막을 수도 없다. 생명체들의 멸종 속도는 산업혁명을 기점으로 이전보다 무려 1000배나 빨라졌다.

말하자면, '여섯 번째 대멸종에서 살아남는 것'입니다.

인류에 의한 여섯 번째 대멸종이 시작되다

대멸종은 무엇을 뜻하고, 여섯 번째 대멸종은 언제 닥쳐올까요? 대멸종이란 지구 역사상 열한 번의 큰 멸종 가운데 규모가 가장 큰 멸종을 뜻하며, 지금까지 다섯 번 일어났습니다. 그 가운데 다섯 번째 대멸종이며 티라노사우루스와 같은 수많은 공룡이 소행성 충돌로 멸종되었다고 알려진 K-T대멸종이 가장 유명하지요.

그럼 여섯 번째 대멸종은 무엇일까요? 현생 인류가 등장하기 전에는 1년에 100만 종 가운데 한 종이 멸종했습니다. 하지만 현생 인류가 등장한 이후에는 1000종이 사라지고 있습니다. 멸종 속도가 1000배나 빨라진 겁니다. 멸종 속도가 이렇게 계속된다면 과학자들은 향후 1세기 안에 모든 생물의 70%가 사라질 것으로 예측하고 있습니다. 이를 가리켜 '인류세(人類世, Anthropocene) 대멸종'이라고 합니다. 그렇습니다. 우리는 이미 여섯 번째 대멸종에 진입한 것입니다.

여섯 번째 대멸종을 왜 걱정해야 할까요? 페름기 대멸종에서도 95%가 멸종했지만 일부 살아남았잖아요? 그리고 그 후손이 우리입니다. 마찬가지로 여섯 번째 대멸종이 닥쳐도 우리 인간이 살아남으면 되지 않을까요? 하지만 안타깝게도 이는 불가능합니다. 지금까지 다섯 번의 대멸종을 보면 당시 최고포식자는 반드시 멸종했습니다. 그런데 지금 여섯 번째 대멸종기의 최고포식자는 바로 우리 인류이기 때문입니다. 지금까지 경험으로 보건대 우리는 대멸종을 피할 수가 없습니다.

그럼 먼저 멸종이 무엇인지 살펴보도록 하지요. 멸종이라는 말은 어떤 느낌으로 다가오나요? 일어나서는 안 될 것 같죠? 하지만 제가 보기에 멸종은 아주 아름다운 단어인 듯합니다. 옛날에 이런 동물이 있었습니다. 아노말로카리스라는 동물입니다. 이 동물은 덩치가 사람만 해요. 그런데 이런 게 있으면 바다에 가서 헤엄치시겠습니까? 이런 게 우글대는데 수영을 하겠냐는 겁니다.

저는 이런 게 멸종된 게 아쉽지 않습니다. 아노말로카리스가 멸종한 다음에 생긴 게 공룡입니다. 제가 가장 좋아하는 겁니다. 지금도 20만 원짜리 모형을 사곤 합니다. 옛날에는 이런 것을 사면 집에 못 가지고 들어갔는데 지금은 당당하게 가지고 가요. 왜냐하면 저는 박물관 관장이니까요. "다른 박물관에서 선물 받았어"라고 말하면 됩니다.(웃음)

다만 제가 아무리 공룡을 좋아하지만, 저런 공룡이 출몰하는 곳에서 산책을 할 마음은 없습니다. 저건 사나운 육식이니까 그렇지 않느냐고 할지도 모르겠습니다. 그럼 초식 트리케라톱스는 어떨까요? 마찬가지로 초식 공룡이 살아 있다고 해서 우리 인간에 돌아오는 이득은 없습니다. 그리고 초식 공룡이 살아 있으면 젖소는 풀도 못 뜯습니다. 공룡이 멸종한 덕분에 소가 풀을 뜯고 우리가 우유를 마실 수 있는 겁니다. 어르신들이 공원을 가서 다람쥐 먹이 주잖아요? 조그만 공룡에게도 먹이는 줄 수 있어요. 그런데 먹이만 먹을까요? 큰 공룡은 얼마든지 사람을 먹을 수도 있습니다. 그래서 공룡이 멸종된 것이 좋은 겁니다. 저는 공룡 모형을 모으지만 공룡이 살아 있는 게 좋다고 생각하지는 않습니다.

공룡이 멸종을 하고 사람들이 생겼습니다. 멸종을 했기 때문에 이렇게 아름다울 수 있었습니다. 멸종이라는 건 빈자리를 만들어주는 겁니다. 빈자리가 생기면 그 빈자리를 채우는 게 생기기 마련입니다. 멸종은 변화하는 자연에 적응하는 자연스러운 과정입니다. 이런 과정을 진화라고 하죠.

지금까지 생태계에서는 무수히 많은 동물들이 멸종해갔습니다. 남아 있는 생물들은 몇 개 안 됩니다. 인간은 작은 구성 하나를 차지했을 뿐이죠. '니치(niche)'라는 단어가 있습니다. 쉬운 우리말로 옮기면 '빈틈' 또는 '구석' 정도가 알맞을 겁니다. 생태학에서는 '생태적 지위'라고 합니다. 그런데 홍성욱 선생님이 몇 년 전에 이 말을 아주 쉽게 '빈틈'이라고 하더라고요.

여러분은 서로 다릅니다. 의자를 차지하기 위해 서로 경쟁하지 않고 따로 떨어져 있으면 평화롭게 지낼 수 있습니다. 하지만 의자 하나만 주고 앉으라고 하면 상대를 밀칠 수밖에 없죠. 갯벌도 마찬가지입니다. 갯벌에는 다양한 철새가 삽니다. 다리가 긴 홍학은 조금 깊은 물에서 머리를 박고 조개나 갑각류를 잡아먹는 반면에, 다리가 짧은 도요새는 얕은 곳에서 먹이를 먹지요. 아예 발에 물도 안 묻는 새도 있고요. 갯벌의 철새들만 봐도 이처럼 서로 다른 생태적 지위를 차지하고 있습니다. 그런데 이런 다양한 생태적 빈틈을 요즘 같으면 먹이 네트워크라는 말을 썼을 겁니다. 왜냐하면 생태적 빈틈은 일렬이 아니라 복잡하게 얽혀 있기 때문입니다. 복잡한 생태계가 만든 먹이사슬에서 한 물고기가 사라졌다고 해봅시다. 어떤 일이 생길까요? 아무 일도 없을 겁니다. 왜냐하면 이 물고기를 먹어왔던 동물은 다른 물고기를 먹으면 그만이니까요. 물고기 하나가 사라지면 빈자리가 생깁니다. 그러면 다른 물고기가 채우겠죠. 문제는 그룹 군이 단체로 멸종했을 때입니다. 이 경우에는 그룹 군을 먹던 생물도 모두 죽습니다. 그런 식으로 단체로 생태계 전체가 사라질 수밖에 없습니다. 한꺼번에 사라지면 이야기가 달라집니다. 이런 것을 대멸종이라고 합니다. 대멸종은 멸종과 완전히 다른 이야기입니다.

지구 생명의 역사 365일①
: 생명 탄생과 대멸종

지구는 46억 년 전에 탄생했습니다. 지구의 역사는 크게 선캄브리아대와 현생누대로 나뉩니다. 지구 역사의 대부분은 선캄브리아대입니다. 그 이후의 현생누대는 다시 고생대, 중생대, 신생

<table>
<tr><th colspan="13">지질시대</th></tr>
<tr><th colspan="13">선캄브리아대</th></tr>
<tr><td rowspan="3">명왕
누대</td><td colspan="4">시생누대</td><td colspan="8">원생누대</td></tr>
<tr><td rowspan="2">초시
생대</td><td rowspan="2">고시
생대</td><td rowspan="2">중시
생대</td><td rowspan="2">신시
생대</td><td colspan="4">고원생대</td><td colspan="3">고원생대</td><td></td></tr>
<tr><td>시데리
아기</td><td>리아시
아기</td><td>오로시
아기</td><td>스타테
리아기</td><td>칼리미
아기</td><td>엑타시
아기</td><td>스테니
아기</td><td>토니
아기</td></tr>
</table>

✖ 지구 46억 년의 지질시대.

대로 나뉘지요. 자, 5억4300만 년 전에 고생대가 시작되었습니다. 이 표를 쉽게 외우는 방법을 하나 알려드리겠습니다. 이 표만 외우면 지구의 역사에 관한 글을 읽을 때 일일이 자료를 찾아보지 않고 어느 시대인지 알 수 있어서 매우 편합니다. 자, 시작은 come입니다.

"Come!(캄브리아기) 오(오르도비스기)실(실루리아기) 때(데본기) 석탄(석탄기) 퍼(페름기) 오시면 튀긴(트리아스기) 쥐포(쥐라기) 백마리(백악기) 드릴게요."

한번 따라해보면 금방 외울 수 있습니다. 저는 중학교 2학년 때 이렇게 외우고서 아직도 잊지 않고 있습니다.

지구상에는 지금까지 총 다섯 번의 대멸종이 있었습니다. 첫 번째는 오르도비스기-실루리아기 대멸종입니다. 두 번째가 고생대 데본기 대멸종입니다. 세 번째 대멸종은 페름기 대멸종이라고 불립니다. 세 번째 대멸종은 다른 대멸종보다도 거대하고 광범위한 멸종이었습니다. 무려 전체 생물의 95%가 멸종했습니다.

전체 생물의 95%가 멸종했다는 건 100마리 가운데 95마리가 죽

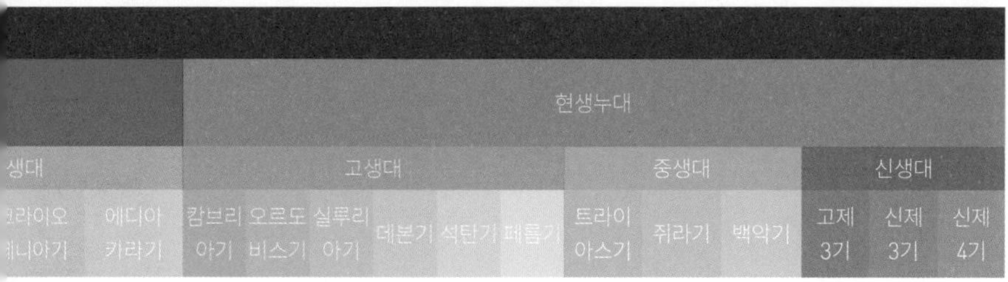

		현생누대											
생대		고생대						중생대			신생대		
라이오니아기	에디아카라기	캄브리아기	오르도비스기	실루리아기	데본기	석탄기	페름기	트라이아스기	쥐라기	백악기	고제3기	신제3기	신제4기

었다는 뜻이 아닙니다. 100가지 동물이 있었다면 95가지 동물은 싹 다 죽고 다섯 가지 동물은 몇 마리만 살아남았다는 뜻입니다. 개체 수로 치면 5%도 산 게 아닙니다. 멸종하지 않은 5%의 종도 몇 마리만 남았습니다.

이렇게 대량의 생물이 자취를 감추면 생태계는 어떻게 될까요? 빈 공간이 생기게 됩니다. 이 빈틈에 새로운 생명들이 생기기 시작하죠. 페름기 대멸종 이후에는 고생대와 완전히 다른 생물들이 생겨납니다. 이렇게 중생대의 역사가 시작되었습니다. 그다음에 트라이아스기에는 전체 생물의 80%가 멸종하고, 백악기가 끝날 때 70%가 멸종합니다. 이때 고양이보다 큰 육상동물들이 모두 멸종했습니다.

지구 생명의 역사를 365일로 표현해봅시다. 먼저, 지구가 탄생했습니다. 태초의 지구는 빨간색이었습니다. 어디에도 지금과 같은 파란색은 없었습니다. 하늘도 빨간색이고 바다도 빨간색이었죠. 여전히 혜성이 지구와 무수히 충돌하고 있었습니다. 바닷물은 혜성에서 왔습니다. 이때 지구의 바다도 빨간색이었습니다. 초록색과 파란색은 지구의 색이 아니었습니다. 지금으로부터 36억5000만 년 전에 첫 번째 생명이 생겼습니다. 이때를 1월 1일이라고 하지요. 그리고 2월, 3월, 4월이 지나갑니다. 지구에는 별다른 변화가 없습니다. 5월이 되자 지구에 변화가 생깁니다. 시아노박테리아(cyanobacteria)라고 하는 남세균이 광합성을 통해서 엄청난 산소를 뿜어내기 때문이죠. 산소들이 바다에 떠다니던 온갖 금속과 결합합니다. 이때 청광석도 생기는 것이지요. 8월 말이 되자 하늘은 파란색이 되고 바다는 투명해졌습니다. 그러면 생명이 살기 좋아졌을까요? 사실 산소는 독입니다. 쇠판에 산소가 결합하면 녹슬어 부서집니다. 양초에 산소가 결합하면 타서 없어지지요. 유전자도 마찬가지입니다. 산소가 유전자를 망가뜨립니다.

이때 생명은 기가 막힌 장치를 발명합니다. 바로 암컷과 수컷, 즉 유성생식입니다. 그때가 바로 9월이지요. 10월에는 다세포생물이 생겼어요. 그전에는 한 개의 세포가 하나의 생명이었죠. 하지만 이제 여러 세포가 모여 생물을 이루게 되었고, 각자 위치에 따라 다른 고유한 역할이 생깁니다. 11월에 생명은 다시 위기를 맞습니다. 산소 농도가 자그마치 15%로 오른 것입니다. 지금 산소의 농도 21%에 비하면 한참 낮은 수준이지만 당시 생명에게는 가혹한 환경이었습니다. 생명은 다시 기가 막힌 장치를 발명합니다. 바로 단단한 껍질입니다. 껍질이 단단해지자 산소가 맘대로 투과되지 못했습니다. 또 단단한 껍질이 생기자 크기가 센티미터 단위로 커진 생명이 등장하게 되었죠. 말랑말랑할 때는 커질 수가 없었습니다. 그래서 이 시대의 지층부터 갑자기 화석이 발견되기 시작합니다. 이때가 바로 고생대가 시작되는 시점입니다. 생명의 역사가 1년이라면, 11월 4일쯤 고생대가 시작합니다.

지구 생명의 역사 365일②
: 초대륙 판게아와 공룡의 몰락

지구의 1년 가운데 12월에는 매우 많은 사건이 일어났습니다. 12월에 들어서 지구는 식물로 뒤덮여 울창하게 변했습니다. 12월 10일부터는 중생대가 시작됩니다. 중생대에는 거의 모든 생물이 멸종합니다. 대멸종의 원인 가운데 하나는 사막화입니다. 사막화는 지구 대륙들이 한데 모여서 초대륙 판게아를 형성했기 때문에 발생했죠. 땅에 비를 뿌리는 구름은 해양에서 만들어집니다. 그런데 대륙이 너무 넓다 보니 대륙 중심부까지 구름이 진출하지 못하고, 비가 안 오니 땅이 사막으로 변해갔습니다. 또한 생물이 살기 좋은 해안가가 내륙으로 뒤바뀌었습니다.

두 번째 원인은 대기 중 산소 농도의 변화입니다. 페름기 초기의 대기 중 산소 농도는 약 30%였던 것으로 추정됩니다. 그런데 대멸종 당시의 지층을 보면 새카만 색입니다. 이는 당시 대기가 무산소 환경이었다는 것을 뜻합니다. 대멸종 시기에는 산소 농도가 무려

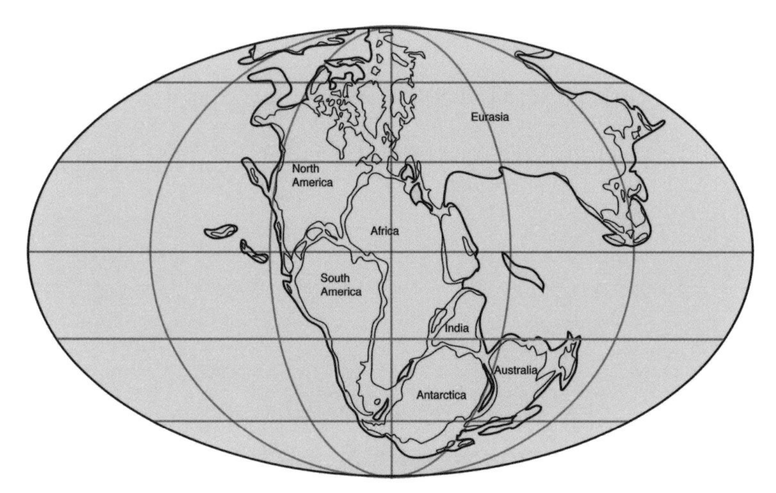

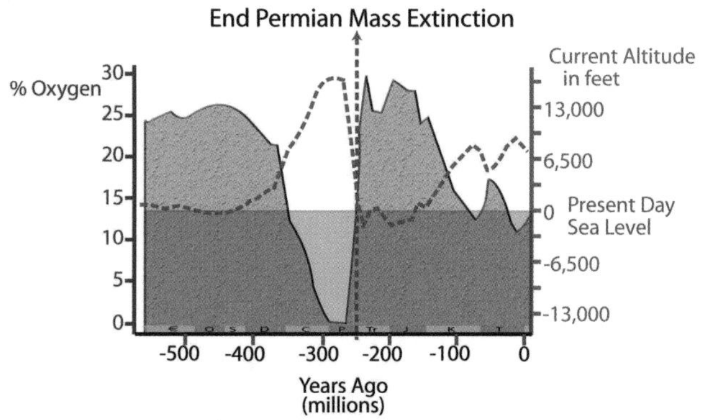

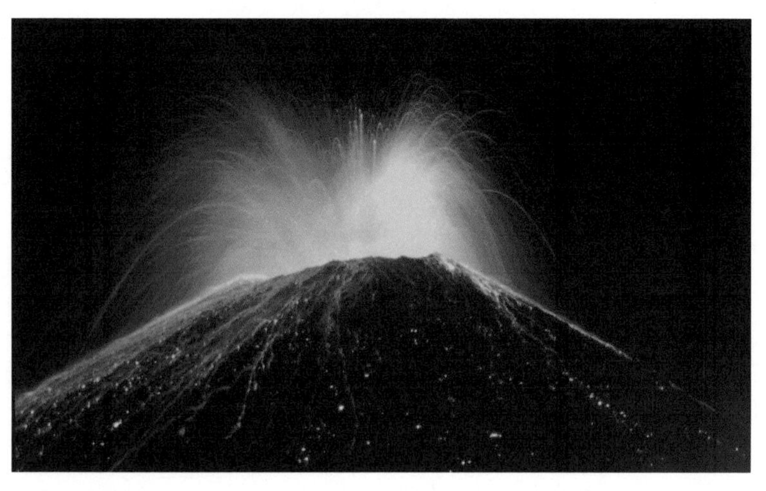

✖ 중생대 대멸종의 세 가지 원인: ①초대륙인 판게아의 형성 ②산소 농도의 급격한 하락 ③거대 화산의 동시다발적 폭발.

10~15%가 하락했습니다. 당시 생물들은 산소가 풍부해서 생장하기에 좋았기 때문에 크기가 컸습니다. 산소 농도의 변화에 큰 타격을 입을 수밖에 없었습니다.

세 번째 원인으로 고생대 말에 터진 화산들을 들 수 있습니다. 시베리아에서 화산 활동으로 생겨난 현무암 지대가 발견되었는데 크기가 유럽만 합니다. 높이는 해발 1950m인 한라산과 비슷하고요. 유럽 전역이 한라산 높이의 현무암이라고 생각해보세요. 당시 화산 활동은 우리가 아는 화산과 규모가 달랐을 겁니다. 이 화산들은 100만 년 동안 쉬지 않고 터졌습니다. 그리고 결정적으로 화산 분화에 따른 화산 가스가 생물 멸종에 큰 영향을 미쳤습니다. 당시 화산은 바다에서 분화했고 바닷물의 온도가 상승하자 녹아 있던 메탄이 기체로 변해 메탄가스로 지구에 퍼져 나갔다고 추측됩니다. 메탄의 공급처는 바다에서 죽은 생물들입니다. 원래 메탄은 물에 잘 흡수됩니다. 여담이지만 일본 사람들이 독도를 탐내는 이유가 독도에 있는 메탄하이드레이트 때문이라는 말도 있죠. 그런데 이 메탄가스가 대기로 퍼져나갔습니다. 메탄의 온실효과는 이산화탄소의 200배에 달합니다. 한마디로 지구가 뜨거워지는 것이죠.

고생대 페름기가 끝난 시점은 12월 10일이었습니다. 그리고 이어진 중생대는 바로 공룡의 시대였죠. 공룡들은 12월 24일까지 살다가 멸종했습니다. 여기서 공룡에 대한 몇 가지 오해를 풀고 넘어갈 필요가 있습니다.

첫 번째 오해는 공룡이 멸종했다는 말입니다. 공룡은 결코 멸종하지 않았습니다. 지금도 우리 곁에서 있지요. 바로 조류, 즉 새입니다. 공룡은 비조류형과 조류형으로 나뉩니다. 비조류형 공룡은 멸종했습니다. 반면에 조류형 공룡은 새로 진화하여 남았습니다. 그래서 "공룡은 새다"라는 말은 오류지만 "새는 공룡이었다"라는 말은 참입니다.

두 번째 오해는 모든 공룡이 6500만 년 전에 멸종했다는 것입니다. 하지만 이건 관점을 달리해서 봐야 합니다. 누군가 사라지고 빈자리가 생겨야 새로운 종이 나타나죠. 생물 종은 하나가 멸종해도 다른 하나가 생겨납니다. 6500만 년 전에 모든 공룡이 멸종했다고 할 수는 없습니다. 마찬가지로 공룡도 이전에 번영했던 종이 사라졌을 때 비로소 등장할 수 있었다는 사실을 잊어서는 안 됩니다.

세 번째 오해는 공룡은 다른 동물에 비해 몸집이 커서 죽었다는 것입니다. 하지만 사실은 그 반대입니다. 공룡은 몸집을 키우는 방향으로 진화했고 덕분에 오래 살아남을 수 있었습니다. 한 면의 길이가 1m인 정육면체의 부피는 1이고, 표면적은 6입니다. 표면적을 부피로 나누면 6이 됩니다. 한 면의 길이가 두 배로 커질 경우에는 부피 대 표면적의 비율이 3으로 줄어듭니다. 여기서 표면적은 바로 동물의 피부를 뜻합니다. 외부 온도가 체온보다 낮을 경우 열 손실이 일어납니다. 표면적이 크면 열을 더 많이 잃을 것 같지만 반대입니다. 몸집이 크면 열을 덜 잃어요. 그래서 공룡은 몸집을 키우도록 진화하는 게 이득이었어요.

지구 생명의 역사 365일③
: 12월 31일 오전 10시, 인류 탄생

지구의 지배자 공룡이 사라지자 포유류의 시대가 열렸습니다. 포유류는 중생대 백악기에 공룡과 동시대에 살았습니다. 하지만 K-T멸종 시기에 지금의 고양이보다 큰 육상동물은 모두 절멸했습니다. 주먹만 한 크기로 야행성으로 살던 포유류는 공룡이 사라진 생태계의 빈틈을 차지하면서 점점 크게 진화해갔습니다.

시간이 흘러 12월 31일, 드디어 인류가 등장합니다. 침팬지들이 일어선 게 700만 년 전이에요. 오전 10시에 인류와 침팬지가 갈라섭니다. 돌멩이라도 남겨놓은 것은 마지막 200만 년 전의 일이지요. 200만 년 동안 돌멩이나 남겨놓았습니다. 그러다가 기원 전 1만 년 전부터 농사를 짓기 시작합니다. 신석기 시대가 시작되는 것이지요. 정착생활을 하게 됐고, 드디어 인류가 환경을 바꾸기 시작한 겁니다. 인류가 직립보행을 시작한 지 700만 년이 지났습니다. 앞의 500만 년을 빼고 200만 년만 인간의 시간이라고 본다 해도 인류 전체 역사의 99.5%는 구석기 시대입니다.

인류는 지금까지 모두 27종으로 밝혀졌습니다. 그러다가 2015년에 두 개 종이 더 발견되어 29종이 되었죠. 이 가운데 한 종은 아직 이름이 없고 다른 한 종은 호모 나델리라고 불립니다. 인류 종은 크게 두 부류로 나뉩니다. 이족보행이 확실한 종과 이족보행이 불확실한 종이죠. 그중에 아르디피테쿠스(Ardipithecus)가 중요합니다. 아르디피테쿠스가 처음으로 발바닥이 단단해진 인류라는 사실이 알려지면서 과학잡지 〈사이언스〉의 표지를 장식하기도 했죠. 발이 침팬지보다 딱딱해요. 땅을 딛고 걸어 다니기에 좋습니다. 그리고 발가락이 갈라져 있습니다. 나무를 잡을 수 있다는 뜻입니다. 아마도 아르디피테쿠스는 나무에서 살았을 겁니다. 아르디피테쿠스는 침팬지와 오스트랄로피테쿠스 사이에 있습니다. 그런데 발가락이 갈라지니까 골반이 변하고 등뼈가 변하고 머리까지 바뀌었습니다. 척추하고 뇌하고 연결하는 부분을 대후두공이라고 합니다. 큰 구멍입니다. 그런데 굳이 대후두공이라고 해서 헷갈리는 겁니다. 개는 네 발로 다닙니다. 그래서 척추가 끝에 있어요. 얼굴이 있으면 한가운데 척추가 있는 거죠. 침팬지, 오스트랄로피테쿠스, 호모 에렉투스로 갈수록 구멍이 중앙으로 들어가요. 그래서 안정적으로 머리가 커질 수 있는 거죠. 게다가 결정적으로 인류는 불을 사용했습니다.

불이 없는 생활을 잠깐이라도 해보면 불이 얼마나 소중한 것인지 알게 됩니다. 마다가스카르에 간 적이 있습니다. 현지 사람들에게 여행에 필요한 짐을 챙겨 오라고 했더니 죄다 이불을 지고 왔어요. 그래서 이불이 왜 필요하냐고 물었더니 "왜 필요 없다는 것이냐"는 모호한 답만 돌아왔습니다.

불과 이불의 필요성을 실감한 건 마다가스카르의 저녁 6시였어요. 거기가 저녁 먹고 나면 바로 해가 집니다. 이 사람들이 6시에 자는 거예요. 왜냐하면 6시에 이미 해가 져서 밤이 되거든요. 잠을 자다가

밤 12시면 또 잠에서 깹니다. 추우니까요. 새벽에는 앉아 있을 수도 없습니다. 스토브도 가져가긴 했지만 밥을 지어 먹을 때 써야 하니까 쓸 수가 없어요. 밤 되니까 추워서 가이드한테 당신 이불 좀 같이 덮자고 하는데, 코리아는 눈이 오는 나라인데 당신들이 뭐가 춥냐고 합니다. 하지만 눈이 오는 나라에서 왔어도 추운 건 춥단 말이죠.

불을 쓰게 된다는 것은 예전에는 추워서 살 수 없는 곳에 살 수 있게 되고, 캄캄해서 사용하지 못하는 시간을 쓸 수 있다는 것을 뜻합니다. 중요한 건 조리입니다. 우리는 하루에 한 시간만 먹어도 유지할 수 있습니다. 만들 수 있는 요리도 여러 가지가 생겼습니다. 그다음에 보니까 침팬지, 루시, 호모 사이펜스, 침팬지의 뇌는 소주 2잔입니다. 인류는 골반이 점점 커지고 뇌도 커집니다. 호모 사피엔스는 뇌가 어미 침팬지처럼 커졌습니다. 약 10만 년 전 일입니다. 그 이후로 뇌는 커지지 않았어요. 우리가 갖고 있는 지혜는 그 사람들이랑 똑같은 지혜입니다.

여기 네안데르탈인과 호모 사피엔스가 있습니다. 왜 네안데르탈인은 사라지고 호모 사피엔스는 남았을까요? 네안데르탈인과 호모 사피엔스는 인두와 후두 사이의 거리가 서로 다릅니다. 네안데르탈인은 두 부위가 너무 붙어 있어서 언어 발달이 되지 않아서 그랬다는 겁니다. 이게 다수의견이고 소수의견은 다릅니다. 제가 더 중요하게 생각하는 게 바늘귀입니다. 이걸 발명한 인류는 호모 사피엔스뿐입니다. 이게 되면 옷을 지어 입을 수 있어요. 네안데르탈인은 못 지어

입습니다. 기껏해야 몸에 두르거나 묶어서 입는 정도였죠. 네안데르탈인의 옷은 빙하기에 노동을 하기가 힘든 구조입니다.

네안데르탈인이 멸종한 원인으로 유형성숙의 영향 역시 무시할 수 없습니다. 어린 침팬지는 높은 이마와 납작한 얼굴을 가지고 있고, 몸에 털도 적습니다. 침팬지는 커가면서 모습이 달라집니다. 이에 반해 호모 사피엔스는 왜 유년기가 긴 것일까요? 호모 사피엔스는 부모의 수명도 길었고 한 번에 한 명씩 낳습니다. 부모의 보살핌도 받습니다. 충분히 긴 유년기를 보냈습니다. 이에 반해 네안데르탈인은 수명이 짧아 유형성숙을 포기했습니다. 네안데르탈인은 금방 어른이 되어야 했습니다. 어린 시절, 즉 유년기는 놀면서 사회성과 창의력을 기르는 시기입니다. 논다는 것은 위험을 감수하는 것입니다. 아이들은 본능적으로 위험을 감수합니다. 예를 들어 정글짐 맨 위에서 뛰어내려서 다리가 부러질 경우 같은 행동을 해서는 안 된다는 사실을 깨닫습니다. 죽지 않을 정도로 여러 경험을 하며 세상을 깨달아가는 시기가 유년기입니다. 하지만 네안데르탈인에게는 이 과정이 없었습니다. 인지 능력도 낮았습니다.

우리는 네안데르탈인처럼 놀이터를 빼앗았습니다. 놀아도 또래끼리 놀게 합니다. 서로 고만고만한 생각에서 연령이 조금 더 높은 생각을 편집하고 자기 것으로 만드는 것이 창의성입니다. 하지만 또래끼리만 놀면 위의 생각과 아래의 생각을 창의적으로 합치기 힘들어요. 우리는 아이들에게서 기회를 빼앗고 있죠. 아이들은 놀이터에서

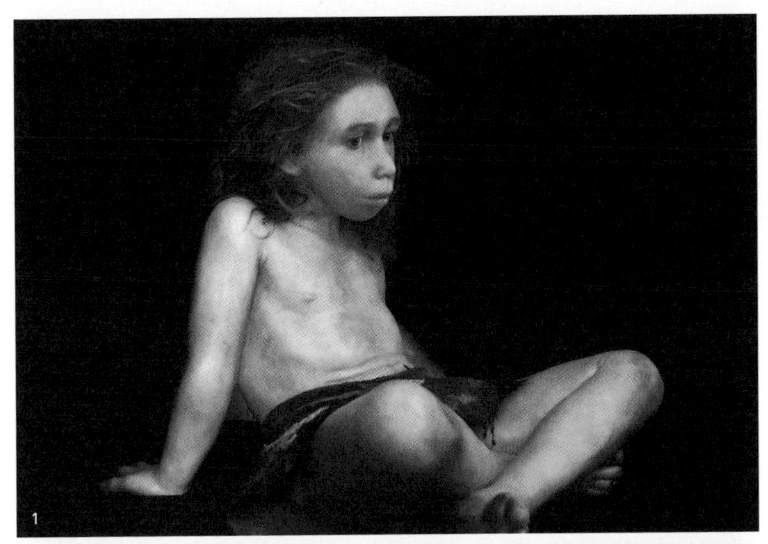

1 네안데르탈인 소녀의 상상화. 네안데르탈인은 소녀의 나이에 이미 임신과 출산이 가능했다.

2 빙하기가 도래한 시대의 호모 사피엔스 모형. 호모 사피엔스는 자녀를 오랫동안 키웠으며 유아기가 긴 특징이 있다.

놀게 해야 하고, 몸을 움직이다가 다치게 해야 합니다. 나이가 다른 아이들과도 놀게 할 필요가 있습니다. 이는 호모 사피엔스와 네안데르탈인의 차이와 같습니다. 호모 사피엔스는 바느질, 놀이, 농사를 했습니다. 그런데 우리가 지금 그걸 하고 있을까요? 우리는 호모 사피엔스의 기본을 잊고 사는 것일지도 모릅니다.

'프로비질(Provigil)'이라는 유명한 약이 있었습니다. 원래 이 약은 군인들이 전투 중에 졸지 않고 계속 집중해서 싸울 수 있도록 돕는 약이었습니다. 그런데 이게 집중이 잘되는 약이라는 입소문이 돌고 학부모들이 사서 시험기간에 자기 아이에게 먹였다고 합니다. 집중을 못 하고 자꾸 졸던 아이가 프로비질을 처방받더니 밤에도 공부를 열심히 하고 성적도 쑥쑥 올랐어요. 그런데 문제가 발생했습니다. 아이들이 자살을 하는 거예요. 이 시기 공부 잘하던 아이들이 자살률이 높아지는데, 많은 아이들이 이 약을 처방받은 이력이 발견되었습니다. 결국에는 17세 이하에게는 처방하지 못하게 했습니다. 이 약은 사실 총알과 포탄이 날아다니는 전쟁터에서 군인들이 밤새도록 싸우게 하기 위해 만들어진 약이었습니다.

인공지능과 사이보그, 인류의 미래

인공지능과 사이보그는 현재 우리가 가장 큰 관심을 갖

고 개발하는 분야입니다. 인공지능끼리 대화를 하기도 합니다. 아직은 사오정 둘이 대화를 하는 것처럼 보일지 몰라도 나름 대화가 성립하고 서로 감정도 나타낼 수 있어요. 아이폰의 인공지능 개인비서 어플리케이션 시리(Siri)가 한때 화제였죠? 저도 직접 써봤습니다. 그런데 계속 제 말을 못 알아들어서 화가 나서 "꺼져"라고 말했어요. 그랬더니 "제가 뭘 했기에 그런 말씀을 하시는 건가요?"라고 묻더군요. 그래서 바로 "미안" 하고 말했더니 "괜찮아요. 벌써 다 잊었어요" 하고 답하더군요. 저는 시리의 알고리즘을 모릅니다. 그래도 충분히 잘 쓸 수 있어요.

미래에 로봇은 생각만으로 조종할 수 있습니다. 머리에 칩을 설치하면 가능하죠. "커피 가져와라" 라고 생각하면 정말로 커피를 가져오지요. 반면에 "산책을 하고 싶어"라고 생각해서 산책을 나가면 산책 생각은 사라집니다. 주위의 꽃을 생각하고 여자친구나 남자친구를 생각하고, 돈 때문에 걱정하기도 합니다. 그런데 칩으로 명령할 때는 달라요. 커피 가져와 하면 로봇이 명령을 수행하는데 이때 우리가 다른 생각을 해도 일단 커피부터 가져오고 다른 일을 합니다. 이 경우 우리는 답답해서 못 견딥니다. 미국에는 '로봇팔'이 있어요. 마찬가지로 명령은 충실히 이행하지만 우리 프로그램을 벗어나질 못합니다.

케빈 워릭이라는 교수가 있습니다. 케빈 워릭 교수는 자신이 사이보그가 되길 꿈꾸는 사람입니다. 몸에 칩을 넣고 뇌로 전기신호를 보

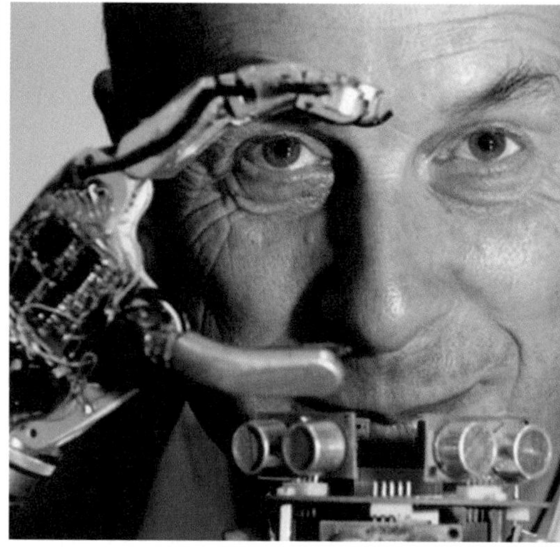

✖ 케빈 워릭 교수는 "만약 인류가 기술을 받아들이지 않고 '보통 인간'으로 남는다면 결국 기계의 지배를 받게 될 것이다. 우리는 '업그레이드'되어야 한다"라고 주장한다.

내는 수술을 받으려 했습니다. 이 교수의 꿈은 자기 부인의 몸에도 칩을 넣어서 서로 텔레파시가 통하는 것이었습니다. 예를 들어 고소공포증이 있는 워릭 교수가 높은 곳으로 올라가면 부인도 공포라는 감정이 들게 하는 것이었죠. 결국 아내가 수술하기 싫다고 해서 이혼하고 말았습니다.

사이보그가 된 사람이 '컵을 들어올린다'는 생각을 한다고 가정해 보죠. 이 사람이 파리에 앉아서 어떤 생각을 합니다. 컵을 들겠다고 생각하면 이 사람 생각이 이쪽으로 와서 컴퓨터로 와서 드는 거예요. 이 기술은 이미 실용화되었습니다. 이 경우 사람은 로봇을 움직이는 것입니다. 우리가 팔을 움직일 때 17° 올려서 옆으로 3cm 돌린다고 생각하지는 않잖아요? 그냥 움직이는 것이죠. 로봇 팔을 만들 때의 난점은 모든 근육과 관절을 통제할 수 없는 것이었습니다. 하지만 지금은 전깃줄로 신경만 만들어서 뇌가 로봇 팔을 조종합니다. 이 기술은 이미 2010년에 나왔습니다. 로봇 다리를 뇌와 근육으로 연결했습니다. 말하자면 신경을 연결한 것이죠. 아무 명령 없이 로봇 다리와 근육을 연결하면 어떻게 될까요? 성공했습니다. 계단을 내려가고 올라가고 다 합니다. 물론 아직은 조금 어색해요.

이 로봇 다리를 이용해 다시 걷는 게 가능해진 경우가 있습니다. 2013년에 보스턴 마라톤대회에서 폭탄테러를 당해 왼쪽 다리를 잃은 댄서가 있습니다. 그녀는 다시 춤을 출 수 있기를 간절히 희망했고 첨단과학이 적용된 로봇 다리를 달게 되었습니다. 크진 않지만 화려한 복귀 무대에서 댄서의 꿈을 이어갈 수 있었죠.

앞으로 신체적 장애의 상당 부분은 로봇 기술로 극복할 수 있게 될 겁니다. 장애인 올림픽은 차기 대회가 세 번 정도밖에 안 남았다고 예측합니다. 장애인들은 로봇 다리, 로봇 팔로 비장애인처럼 얼마든지 운동을 할 수 있을 겁니다.

로봇 신체에 관해 재미있는 전망이 하나 있습니다. 미래에는 축구용 다리, 운전용 다리, 등산용 다리가 나온다는 것이죠. 지금까지 다리의 로봇 기술은 많이 발전했지만 섬세한 힘 조절이 필요한 팔 로봇 개발은 난항이었습니다. 그런데 2015년에 두 개의 팔을 생각만으로 조종하는 기술이 개발되었어요. 팔로 아기 몸도 잡습니다.

환갑을 넘으면 다리가 아파오죠. 이럴 때는 그냥 로봇 다리로 바꾸면 되는 세상이 열릴 겁니다. 여기서 잠깐 뒤집어 생각을 해보죠. 다리나 팔을 꼭 아프거나 장애가 생길 때만 바꿔야 할까요? "아빠, 대학 합격했는데 다리 하나 해줘." 미래에 부모와 자녀는 다리와 팔을 보러 마트에 가는 날이 올지도 모릅니다. 물론 이게 유토피아인지 디스토피아인지는 알 수 없습니다.

에너지 멸종 시대

그동안의 대멸종을 보면 일정한 패턴을 발견할 수 있습니다. 대기 온도가 5~6℃ 오르거나 떨어지고, 대기의 산소 농도는 하락하며, 산성도는 높아지죠. 하지만 지금 여섯 번째 대멸종은 이런 일 때문에 일어나는 게 아닙니다. 그와 상관없이 대멸종이 일어나고 있습니다. 왜일까요? 인류가 너무 많기 때문입니다.

인류가 얼마나 많은지 살펴보죠. 개미는 1만2천 종이 있습니다. 이에 반해 사람은 1개 종밖에 없습니다. 지구 역사상 1개 종의 생물량이 이렇게 많은 적이 없어요. 하나의 구성이 너무 커져버리니까 다른 종이 살 수 있는 공간이 부족합니다. 이 때문에 멸종이 일어나는 거예요.

그럼 우리는 여섯 번째 대멸종을 왜 걱정해야 할까요? 세 번째 대멸종 때에도 지구 생물 종의 95%가 멸종했지만 일부는 살아남았잖아요? 우리만 살아남으면 문제가 없지 않나요? 문제는 최고포식자가 우리 인류라는 것입니다. 진화상으로 우리 인류는 대멸종은 피할 수가 없습니다.

제가 제일 좋아하는 건 자동차와 에어컨 그리고 엘리베이터입니다. 그와 더불어 사막도 좋아합니다. 다만 제가 아무리 사막을 사랑해도 4일째 되는 날에는 에어컨 바람을 쐬고 싶습니다. 시원한 물 한번 먹어봤으면 하는 생각이 간절해지죠.

저는 석유에 중독됐습니다. 물론 저만 중독되어 있는 게 아닙니다. 농사도 석유에 중독되어 있습니다. 비료, 제초제, 농약 다 석유로 만들고 있습니다. 농기계 연료, 건조, 운반 다 석유가 하고 있습니다. 구체적인 예가 있습니다. 쿠바가 붕괴하고 쓸 수 있는 석유의 양이 반으로 줄어요. 그에 따라 식량 생산량도 딱 반으로 줄었습니다. 이건 우리가 석유로 농사를 짓고 있음을 보여줍니다.

쿠바는 석유 부족에 따른 식량 생산량 저하를 도시 농업으로 극복했습니다. 땅만 있으면 농사를 지었습니다. 그러나 소는 잡아먹지 못하고, 견인 동물로 써야 하고 쓸 수 있는 기구는 곡괭이와 삽이 전부였으며, 여자도 아이도 매일 농사를 지어야 했습니다. 저는 대학 다닐 때 매 학기 군사교육을 받아야 했습니다. 쿠바는 지금도 대학생들이 농업수업을 들어서 통과를 해야만 다음 수업을 들을 수 있습니다. 뿐만 아니라 공산주의 국가니까 강제로 시골로 이주를 시킵니다. 땅이 있으니까 거기서 살라고 합니다. 그럼에도 불구하고 이렇게 위기를 넘겼는데 국민의 체중이 9kg이 줄었어요. 제 체중이 9kg이 줄었다고 하면 좋지만, 갓난아기를 포함해서 9kg이 줄었다는 건 쿠바 사회가 정말로 최악의 상황까지 몰렸다는 겁니다.

농업에 관한 지식이 사라지고 있는 것은 큰 문제입니다. 사람들이 농업을 공부하지 않습니다. 우리는 첨단 농법이 필요합니다. 제가 생각하는 첨단농법은 각자 농사를 짓는 겁니다. 제가 실제로 해봤습니다. 처음에는 100평짜리 밭으로 시작했습니다. 성공했습니다. 그래서 욕심이 생겼습니다. 다음에는 3000평으로 농사를 지었습니다. 50명이 100만 원씩 내어서 5000만 원을 모았습니다. 노는 땅을 하나 빌린 다음 농사를 지었죠. 다들 모여서 주말 내내 갈았는데 150평을 채 못 갈았습니다. 그래서 35집이 포기를 해요. 그래서 15집이 일단 위기에 빠졌습니다. 무주로 단체여행을 갔습니다. 회의를 했어요. 도시생태농업을 지향하자, 아니다 일단 석유를 쓰자 등등 이런저런 의견이 나왔습니다. 결국 트랙터로 밭을 갈았습니다. 하루 만에 다 가니까 얼마나 좋은지 몰라요. 자기의 땅을 확보해서 농사를 지을 수 있다고 해도 쉽게 되는 게 아닙니다.

하다하다 안 되니까 제가 직장을 그만두었습니다. 제가 1년 동안 농사 기술을 배웠습니다. 왜냐면 정말 제가 생각했을 때 이러지 않으면 못 산다는 겁니다. 우리나라는 농부의 나이가 높아지고 있습니다. 농업이 사라지고 있는 거예요. 제가 직장을 그만두고 농업기술대학

다녔어요. 농업도 기술발전이에요. 하루가 다르게 다 발전해요. 그런데 그 기술을 구현하려면 에너지와 자원이 있어야 합니다. 그런데 에너지와 자원은 언젠가 떨어져요.

우리는 이미 끝에 다다르고 있습니다. 중동에 이런 말이 있습니다. "내 아버지는 낙타를 타고 다녔다. 나는 차를 타고 다닌다. 내 아들은 제트기를 타고 다닐 것이다. 내 아들의 아들은 이것을 타고 다닐 것이다." 이것이 무엇일까요? 다시 '낙타'를 타고 다닌다는 뜻입니다.

10년 후, 100년 후, 1만 년 후 인류 멸종의 가능성

지금까지는 지구와 인류의 과거를 살펴봤습니다. 지금부터는 미래를 이야기하겠습니다. 우리의 미래를 보기 위해 지구의 시작에서 지금까지 왔으니까요. 초점은 이 장의 주제인 '21세기 과학 최선의 시나리오'에 맞춰보죠.

우리는 언제까지 살 수 있을까요? 하나하나의 개체가 아니라 호모 사피엔스라는 종의 수명을 말하는 것입니다. 보통 종으로서의 수명은 150만 년이라고 합니다. 한 개 종이 발생하여 150만 년이 지나면 전과 다른 종으로 진화하거나 절멸한다는 뜻이죠.

공통 조상으로부터 침팬지와 인간으로 갈라진 지 700만 년 정도 지났다고 봅니다. 직립보행이라는 생물학적 혁명을 이룬 오스트랄로

자동차
휘발유
경유
타이어
부동액
아스팔트
타르
모터 오일
브레이크액
냉각수

개인용품
메이크업 제품
샴푸
치약
냄새제거제
향수
염색 약품
헤어스프레이
콘택트렌즈
로션
자외선 차단제
면도 크림
레이저
면도기
생리대
기저귀
콘돔

테크놀로지
컴퓨터
전화기
프린터
잉크
텔레비전

취미·여가
장난감들
기타 줄
카메라
사진
모든 라켓
모든 공
구명조끼
헬멧
낚싯대와 낚싯줄

의류
폴리에스테르
나일론
인조견
엘라스틱
고무 밴드
단추

건축자재
배수관
배선 자재
리놀륨(바닥재)
카펫
비닐
지붕널
페인트

농업
농약
제초제
살충제
비료
식품 보존제

가사용품
모든 플라스틱(가방, 그릇, 용기, 포장재)
스티로폼
섬유 유연제
테플론 프라이팬
모든 가전제품
가구
스펀지
세척제

의료
항생제
흡입기
산소호흡기
밴드
수술용 장갑
소독용 알코올
일회용 주사기
마취제
기침약
항 히스타민(알러지 치료제)
항생제
비타민

✖ 석유로 만들 수 있는 모든 것. 이들 가운데 단 하나만 사라져도 인류는 큰 불편에 직면하게 될 것이다.

피테쿠스는 300만 년 전에 출현했고요. 인류의 공통조상인 호모 사피엔스는 불과 20만 년 전에 나타났습니다.

우리 인류는 대멸종에서 어떻게 살아남을 수 있을까요? 저는 농업기술대학에서 유기농업기능사 자격증을 취득했습니다. 멸종 시기에서 살아남으려면 각자 농업기술을 배워야 합니다. 땅도 확보를 해야 합니다. 멸종은 금방 다가오리라 생각합니다. 전 세계 석유 매장량은 당연하게도 매년 감소하고 있습니다. 석유를 대체할 에너지원으로 풍력이나 태양력을 거론하지만 석유는 에너지 발전뿐만 아니라 여러 소재의 재료가 됩니다. 석유가 없으면 플라스틱도 못 만들고 농약이나 비료도 만들지 못합니다. 기술이 아무리 발전해도 안 됩니다.

우리 인류가 고안한 과학기술 최선의 시나리오는 무엇일까요? 실마리는 영화 〈인터스텔라〉에서 존 브랜드 박사와 딸인 아멜리아 브랜드의 대화에 잘 나타나 있습니다. "우리는 개인으로서가 아니라 종으로서 우리를 생각해야 한다." 맞는 말입니다. 멸종의 위기에 처한 종으로서 우리는 개인이 아니라 전체를 봐야 합니다. 다만 〈인터스텔라〉의 인류 생존 프로젝트 '나사로 프로젝트'에는 크리스토퍼 놀란 감독이 의도한 것인지 모르겠지만 커다란 생태학적인 오류가 있습니다. 새로운 행성에 수정란 상태의 인류를 정착시킨다는 것이죠. 물과 공기가 인류 생존에 적합해도 2000개의 수정란으로는 아무것도 할 수 없습니다. 생태계가 조성되지 않기 때문이죠. 각각의 생물은 생태계에서 복잡하게 얽혀 있습니다. 수천, 수만 개의 동물과 식물들이 같이 살고 있습니다. 우주에 인간 생존이 가능한 거대한 거주구역을 만들고 생태계를 옮기는 것이 가능한 것일까요? 과학기술이 극도로 발전한다면 가능하겠지만 그 노력과 에너지라면 차라리 지구를 되살리는 게 효과적일 것입니다.

"우리는 종으로서 인류를 사랑해야 하며 지구에 충성을 다해야 한다."

저명한 과학자 칼 세이건 박사가 다큐멘터리 〈코스모스〉에서 남긴 말입니다. 놀란 감독은 칼 세이건 박사의 말을 인용하면서 지구에 충

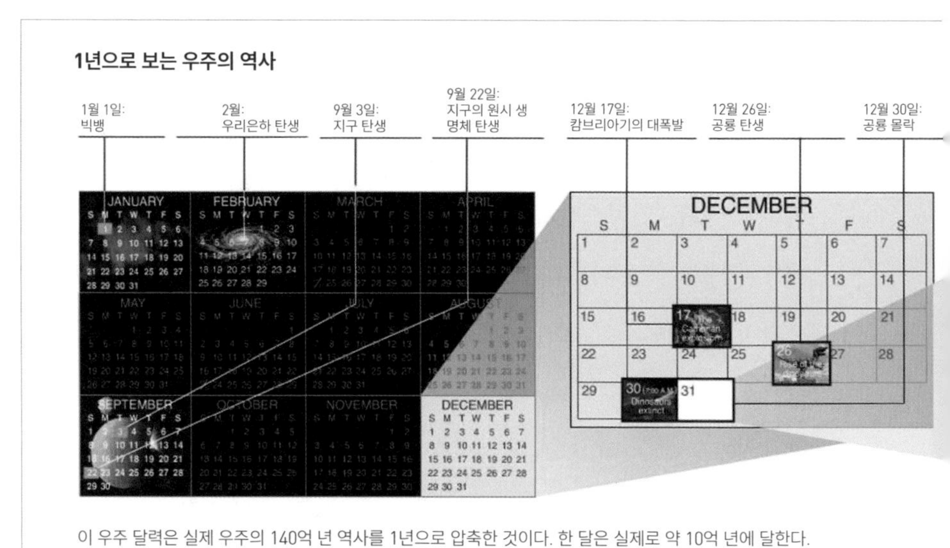

이 우주 달력은 실제 우주의 140억 년 역사를 1년으로 압축한 것이다. 한 달은 실제로 약 10억 년에 달한다. 이 달력은 칼 세이건이 만들었으며 그의 사후에도 계속해서 업데이트되고 있다.

✖ 우주 역사가 1년이라면.

성해야 한다는 뒷부분을 누락했죠. 칼 세이건 박사는 지구에 충성을 다해야 한다고 말합니다. 생존하고 번성하는 것은 우리만을 위한 게 아니라 우리가 나고 자란 이 우주, 즉 코스모스를 위한 것이라고도 합니다.

우리 인류는 수많은 종 가운데 하나이지만 코스모스를 인식한 첫 번째이자 유일한 종이기도 합니다. 다른 동물은 서로를 먹잇감으로 인식합니다. 호모 사피엔스가 등장하기 전까지 지구에 살던 어떤 생명체도 '이름'을 가져본 적이 없습니다. 그 어떤 꽃도 예뻤던 적이 없습니다. 호모 사피엔스가 처음으로 꽃을 보고 예쁘다고 불러주었지

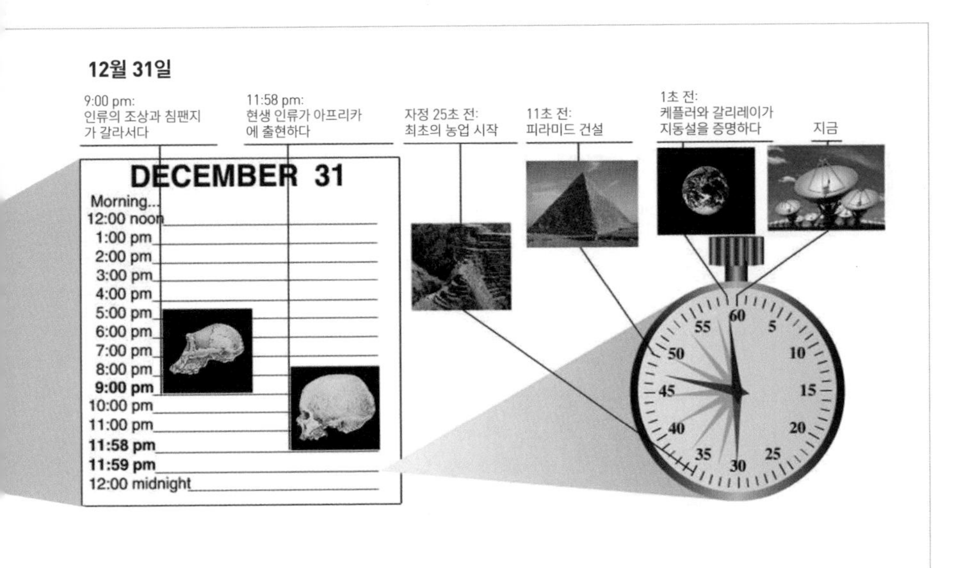

요. 우주가 장대하고 아름다운 것도 우리 인류가 그렇게 생각하기 때문입니다. 그만큼 우리 인류는 중요한 존재입니다. 반드시 살아남아야 합니다.

멸종은 필연, 그래도 130만 년만 버티자

21세기 과학의 최고 시나리오가 뭘까요? 바로 여섯 번째 대멸종에서 살아남기입니다. 모든 생명은 멸종합니다. 어떻게 무한히 살겠어요? 하지만 앞으로 130만 년은 더 버텨야 마땅한 인류가 문명이 시작된 지 1만 년 만에 사라져야 하다니 억울하지요? 그러니 앞으로 몇 만 년이라도 버텨보자는 겁니다. 그럼 우리는 어떻게 버틸 수 있을까요? 생태학적으로 보자면 각기 다른 생태계와 모여 사는 거예요. 어려운 게 아니라 우리 삶을 조금만 바꾸면 가능합니다.

인류 생존의 힌트는 어디서 배울 수 있을까요? 바로 자연사박물관에서입니다. 여기서 자연사의 전제는 '실패한 생명'입니다. 열심히 살았지만 결국 멸종한 생명들이 있습니다. 인류가 역사를 기록하고 배우고 후대에 전하는 이유도 여기에 있습니다. 우리가 어떻게 생겨나고, 어떤 시간을 거쳤는지 보고, 앞으로 어떻게 살아가야 할지 알기 위해 역사를 배우는 것입니다.

지금 우리는 여섯 번째 대멸종의 때를 맞이했습니다. 우리 인류가 멸종을 피할 수 있는 방법, 그것은 역사에서 배워야 합니다.

에필로그

여러분은 성선설과 성악설 가운데 어느 쪽이 진실에 가깝다고 생각합니까? 만약 인간이 악하다고 믿는다면, 인간이 만들어낸 과학도 악의로 가득 차 있다고 말해야 하는 걸까요? 어쩌면 과학에 선악은 없으며 그저 도구에 불과할 뿐이라고 생각할지 모릅니다. 과학이란 무엇인지, 과학에 선악이 존재하는지 왜 고민해야 할까요? 그 이유는 정치·문화·경제를 비롯해 인간과 관련된 모든 것에 과학기술이 접목되지 않은 분야가 없기 때문입니다. 이제 과학기술은 그 자체로서 하나의 생명체가 되었습니다. 그렇다면 자연히 이 피조물은 창조주 인간의 모습을 닮았을 것입니다. 인간과 세계는 과연 선한 이들의 선한 세상인지 한번 곰곰이 생각해봐야 합니다.

나의 유토피아를 위해 너의 디스토피아를 만들지는 않겠다

인류 문명의 꽃이라고 불리는 선진국의 대도시를 봅시다. 빛의 기둥 같은 마천루 속에서 세계경제가 숨쉬고, 최고의 문화·오락 시설에 전 세계인의 눈과 귀가 집중됩니다. 미국, 중국, 일본, 유럽의 첨단과학단지들은 SF소설에서나 나옴직한 기술들을 쏟아내고 있습니다. 하지만 부와 기술의 향연이 벌어지는 곳들은 대부분 불과 10km 떨어진 곳에 빈민가를 마치 위성처럼 두고 있습니다. 뭄바이 중심가의 부자들은 외곽 주민들을 정신병자 취급하며, 멕시코시티의 부자들은 개인 수영장에서 빈민층 꼬마가 더러운 물을 긷는 모습을 '감상'하고 있습니다. 이쯤 되면 이 세계는 유토피아가 있기 때문에 디스토피아 역시 필연적으로 존재하는 것처럼 느껴지기까지 합니다.

만약 우리 모두가 행복한 세계를 만들기로 마음먹는다면, 세상 곳곳의 디스토피아를 조금이라도 더 사람 살기 좋은 곳으로 만들어갈 수 있습니다. 지금 우리가 서로에게 해줄 말은 이런 것이 아닐까요? "나의 유토피아를 위해 너의 디스토피아를 만들지는 않겠다." 유토피아가 어떤 곳인지는 알 수 없지만 디스토피아가 끔찍하다는 사실은 누구나 압니다. 이때 사람들의 반응은 크게 두 가지로 나뉩니다. 부의 평균이 떨어지더라도 둘 다 적당히 부족하지 않은 삶을 택하는 것과 디스토피아는 절대 사양이며 어떻게 해서든 유토피아에 들어가야겠다고 생각하는 것입니다. 우리는 이 두 가지 갈림길에서 한쪽을 이미 선택한 상황일 수도 있습니다. 인구는 늘어나고, 자원은 줄어들고, 값비싼 기술은 독점될 수 있습니다. 그리고 지금 우리의 세계는 부와 욕망을 무절제하게 추구하고 있습니다. 행복을 수치화하여 일정한 기준 이상을 충족하는 곳이 유토피아라고 한다면, 현실 세계는 이미 소수의 유토피아와 다수의 디스토피아로 나뉘었습니다. 그리고 이 현상은 앞으로 더욱 가속화될지 모릅니다. 하지만 그럼에도 우리는 끊임없이 디스토피아를 몰아내야 합니다. 한때 소수에게 집중된 과학의 혜택을 모두가 누리도록 해야 합니다. 그리고 이 일의 최전선으로 과학과 과학자가 나서야 합니다.

인간을 인간답게 하는 과학의 미래

구약성경 창세기에 소돔이라는 도시가 등장합니다. 요르단과 이스라엘 사이에 있는 사해 근방에 실존했으리라 추측하고 있습니다. 소돔은 성적 문란 및 도덕적 퇴폐가 만연했다고 전해집니다. 그래서 하나님이 소돔을 없애려고 합니다. 소돔에 사는 유일한 의로운 사람인 롯에게 너 같은 사람 다섯 명을 찾으라고 했지만 롯은 결국 찾지 못했습니다. 그래서 하나님은 화가 나서 롯에게 빨리 도망가라고 합니다. 소돔을 불로 태워버릴 생각이었기 때문입니다.

소돔은 유황불이 내려서 멸망했다고 합니다. 현대에 소돔은 죄악의 도시를 칭하는 대명사로 쓰이고 있습니다. 소돔이 멸망한 것은 성적인 문란과 도덕적 퇴폐 때문이었습니다. 근데 과연 소돔만 타락했을까요? 현대로 생각하면, 성적 문란과 도덕적 해이가 지금의 서울만 할까요? 현대의 대도시들은 대부분 성적 문란과 사치, 방탕에 빠져 있습니다. 우리가 사는 세상 자체가 성경에서 최악의 도시로 꼽는 곳들과 별 차이가 없습니다. 한때 성적 문란과 도덕적 해이는 멸망당해도 싼 죄악이었는데 지금 각국의 도시는 왜 소돔처럼 변했을까요? 그것은 가치가 전도되었기 때문입니다. 가치 기준은 점점 빠르게 변하고 있습니다. 그리고 이제 과학이 그 어느 때보다 중요한 위치에 섰습니다.

유토피아의 바탕은 아틀란티스라고 합니다. 그런데 아틸란티스도 소돔과 비슷한 원인으로 멸망했다고 알려져 있습니다. 그럼 서울을 비롯해 우리가 살고 있는 곳들은 유토피아입니까, 디스토피아입니까? 이렇게 시대 변화와 그에 따른 관점이 바뀌면서 최선과 최악은 계속 혼재됩니다. 이런 상황에서 인간은 복잡한 사회문제에 합의를 못 하고 있습니다. 서로 얼마나 덜 양보할 것인지, 아니 서로 얼마나 더 차지할 것인지를 두고 여전히 싸우고 있습니다. 하지만 이 순간에도 과학기술은 빠르게 발전합니다. 그리고 기상천외한 것을 만들어갈 것이고요. 이대로 가다가는 21세기 안에 과학기술이 인간을 이겨먹을지도 모릅니다. 굳이 말하자면 이것이 최악의 미래 중에 하나일 것입니다.

인류 최고의 과학기술은 '불'입니다. 인간은 불을 발명한 덕분에 추위를 피하고, 익힌 음식을 먹었으며, 금속을 벼르고, 증기기관을 만들고, 우주를 향해 나아갔습니다. 이 위대한 발견이 호모 사피엔스라는 종(種) 전체의 일생을 풍요롭게 했습니다. 하지만 21세기를 사는 인류는 그 불에서 파생된 과학이라는 거대한 파도에 휩쓸릴 위기에 처했습니다. 소돔을 태웠던 불이 신의 유황불이었다면, 현대 인간의 도시를 태울 불은 인류 스스로 만들어낸 것입니다.

인간에게 불씨를 건네준 프로메테우스의 상냥함을 기억합시다. 의료, 생명공학, 에너지, 로봇공학, 가상현실 등 과학의 모든 분야는 인간에게 따뜻해야 합니다. 과학기술은 인간을 위한 것이어야 하며 무엇이 인간다운 것인지 알기 위해서는 인문을 알아야 합니다. 애초에 과학과 인문은 하나였으며 현대에는 그 어떤 시대보다도 더욱 절실하게 과학과 인문의 만남이 필요합니다.

역사상 거대한 혁신의 시대를 살았던 사람들은 자신이 그런 순간을 함께했다는 사실을 모르고 지나왔다고 합니다. 지금 우리도 마찬가지입니다. 앞으로 100년 후에는 지금이 인류가 유토피아로 나아가느냐, 디스토피아로 추락하느냐가 걸린 중대한 기로였다고 평가할지 모릅니다. 이러한 흐름에서 여러분이 과학과 인문을 향해 던지는 여러 질문에 이 책이 도움이 될 것이라 믿어 의심치 않습니다.

2024년 9월
원종우

호모 사피엔스 씨의 위험한 고민

미래과학이 답하는 8가지 윤리적 질문

초판 1쇄 2015년 11월 10일 발행
개정판 1쇄 2024년 9월 12일 발행

지은이 권복규 원종우 이명현 이정모 이창무 이필렬 정지훈 홍성욱
펴낸이 김현종
출판본부장 배소라 **책임편집** 한진우 **디자인** 김바람
마케팅 최재희 안형태 김예리 **경영지원** 박정아 신재철

펴낸곳 ㈜메디치미디어
출판등록 2008년 8월 20일 제300-2008-76호
주소 서울특별시 중구 중림로7길 4, 3층
전화 02-735-3308 **팩스** 02-735-3309
이메일 medici@medicimedia.co.kr **홈페이지** medicimedia.co.kr
페이스북 medicimedia **인스타그램** medicimedia

ISBN 979-11-5706-371-0(03100)